Creative

文創大觀

1

台灣文創的第一堂課

陳郁秀・林會承・方瓊瑤／著　財團法人白鷺鷥文教基金會／策劃

各界鄭重推薦

嚴長壽　曾志朗

黃光男　陳文茜

徐莉玲　邱坤良

林懷民　吳清友

朱宗慶　王榮文

（依姓氏筆劃為序）

讓文創產業為全人類做出更多貢獻

施振榮 國家文藝基金會 董事長

在我接任國家文化藝術基金會董事長之後，與陳主委有較多的接觸機會，她也是國藝會的董事，她對文化建設方面很多的見解及論述，十分具有前瞻性，她對推動文化建設的熱忱與執行力，同樣令人印象深刻。

我也曾經邀請她到台灣精品品牌協會演講有關如何形塑國家品牌的議題，她的分享同樣令與會人士留下深刻的印象。

在本書中，陳主委從文化政策的形成與探討切入，對於台灣文化政策形成的過程有很詳盡的說明，同時也介紹了各國文化創意產業的概況，並提出台灣的文創產業發展要以國土規劃及生活美學為依歸的許多新觀點及新思維，其宏觀的視野不僅對我有很多的啟發，相信也十分值得有志投入文創產業的人參考。

文化是人所生活的環境，包括種種有形與無形的文化，與每個人息息相關，每天影響著我們，因為我們就身處其中。文化是有生命及歷史的，不斷演進，也因此，我們要不斷賦予文化新的生命，才能讓文化與時俱進，跟得上時代。

當然，許多傳統文化的精華需要保存及發揚，不過面對社會變遷，文化也需要不斷有新生命，因此透過文化建設，一方面讓我們發揚傳統的文化，另一方面也讓文化找到新的生命，並透過文化來提升生活層次。

此外，文化在全球化的過程中，也變成了整體競爭力的一項指標，更是國家形象的一環，文化力的展現也往往與該國的經濟實力息息相關，成為其他國家的學習對象，並可對全人類做出貢獻。

但要讓文化落實在生活之中，讓文化發揮更廣大的影響力，就要進一步讓文化創意產業化，同時要給文化新的生命，就需要不斷有創意才能創造價值。

本書中介紹了許多國外的案例與經驗，也有台灣推動社區營造、地方文化館等等的案例，相信對有心參與文創產業的人來說，是很好的參考依據，我也期盼有更多的生力軍一同努力，發揮創意與影響力，並對全人類做出具體貢獻！

「拾力」雄厚的文創大觀

吳靜吉 政大創造力講座 主持人／名譽教授

2007年3月1日國立中正文化中心新舊董事長交接典禮上，我用了「四力」形容正要接下新任董事長的陳郁秀教授。

第一個是「魄力」，文創產業的職責橫跨文建會、經濟部、新聞局、財政部、教育部等等幾個部會，文創產業的政策也必須以地方為生活實踐的基地，中央政府既然決定推動文化創意產業政策，而民間也充滿期待準備在地播種開花；因此，迫在眉睫不能拖延的政策，必須刻不容緩的展開落實的行動，她很快地而且持續地親赴文化現場，觀察聆聽國內外的想法和做法，台灣的文創產業就這樣動了起來。

說她有「魅力」，因我想起了村上隆，他是東京藝術大學的藝術博士，卻勇敢地提出《藝術創業論》，為LV設計櫻桃包等等。當他的員工被問到：「村上隆最大的魅力是什麼？」他們的答覆是：「永不放棄。」陳董事長就有這樣永不放棄的魅力。只要她找到了方向，就一定往前奔跑，韌性十足，這也就是為什麼我說她具有第三力 ──「衝力」的原因。

當然她的「能力」很強，具備了文創產業領頭羊的核心能力，如文化藝術的認知美學能力、國內外相關領域趨勢的掌握、詮釋與轉化能力，和文創的經營管理能力。

卸下文建會主委之職後，她就不在政府裡面手握正式職位的權力，更需要仰賴發揮領導學專家所謂的專業知識、能力和技巧，以及堅持、說服和感染的權力，她一樣走遍台灣和國際的創意城鄉和聚落，積極觀察互動。

看完了她《Creative‧文創大觀》的理論篇之初稿與未來即將出版的另外四冊大綱之後，我發現她至少還具備了其他「六力」。

　　這本書所包含的文化政策、文創產業的政策，或者是成功案例之內容，從「台灣」到「國際」擇優敘述，高度反映出她的「在地力」和「國際力」。

　　「史觀力」和「脈絡力」是第一冊的特色之一，以時間軸整理台灣文化政策形成的歷程及其社會、政治、文化、歷史、國際的脈絡之關係，理出容易理解和思考的頭緒，足以成為以後在研究或了解政策不可或缺的文創講義。其中穿插幾個國內外案例，讓讀者不會入寶山而空手回。

　　著作反映作者的理念、態度和經驗，閱讀這本書，很快就讀出陳教授的「統合力」與「執行力」。她提出「以國土規劃為依歸的文創發展」，因而提升了文化創意產業發展的高度、廣度和深度，既然文創產業必須以國土規劃、城鄉發展為依歸，那麼政府就必須一方面，由上而下統合各種影響文創發展的成功元素，另一方面，由下而上讓地方的特色、民間的活力和創意分享貢獻。陳教授在她的正式職位和非正式工作中，一直都在展現她的執行力，親赴國內外的文創現場觀察、諮詢、分享和記錄。

　　例如台灣擁有許多文化特色，如何讓這些特色被世界看得到，她在兩廳院的董事長任內開辦了「台灣國際藝術節」（TIFA），運用國際藝術節的舞台借力使力，促成國內外的藝術家和藝術團體合作，再借力使力

使這些共創作品能夠在國際的舞台上被看得見，被創新擴散。

　　尋找台灣的文創原色，也是發揮「統合力」與「執行力」的實例，在文建會主委任內推出的「台灣紅」，已經深入民間，正在推動的「台灣金」文創原色，一定可以在國內外的舞台上收到更大的效果。

　　政策的形成、國土的規劃、創意城鄉的建構、文創的發展，處處都需要有願景的統合力和徹底的執行力，由下而上和由上而下，互磋互補；文建會的社區總體營造，就是由下而上和由上而下，發揮「統合力」與「執行力」的成功案例，已經在台灣許多的地方開花結果，這是台灣文創發展或建構創意城鄉由下而上的活力。這本書描述的例子，激發了我重遊舊地的探索願望。

　　總而言之，這本著作是「拾力」雄厚的台灣文創講義。

文創政策的觀照面

吳思華 國立政治大學 校長

　　文創是近年來相當流行的一個名詞。所謂文創，顧名思義，就是以傳統的文化資本為基礎，融入現代人的創意，創造出感動人心的作品。文創是一個腦力密集、勞力密集的工作，不僅能創造許多高成就感的工作機會，也讓很多年輕人勇敢築夢、歡喜圓夢，是各個國家積極發展的領域，在台灣也不例外。但或許是受到過去三十年傳統科技產業成功經驗的影響，目前的文創政策並未能針對各個文創領域的不同特質給予不同的關照，只是移植過去的產業政策工具，反而讓台灣的文創產業無法順利發展。

　　重新檢視文創政策，首先要關心文化本身。文化包含物質與精神兩個層面，都是人類克服自然環境或自我心中障礙過程中所產生的美好事物。換言之，文化是精緻生活的歷史累積，以及全民擁有的共同記憶，政府最大的責任，是將其有效的保存，同時設計一套有效的機制，讓這些文化資產能夠合理的供人自由公開使用，這是文創政策第一個值得觀照的面向。

　　其實，文化如果能和現代生活直接對話，不僅可以豐富日常的生活，更可以幫助文化找到新的生命，讓文化更形豐富。現代台灣在許多創意人的辛苦耕耘下，無論在食衣住行育樂各面向，都看到許多令人驚嘆的成果。他們運用創意，重新融合傳統的文化和現代的品味、科技與媒介，強調獨特、多變與時尚，讓生活時時有驚喜。這些作品不一定有很高的經濟產值，但充分展現了人文的關懷與在地的創意，創造社會的幸

福感，更值得我們珍惜。

　　因此，文創與生活的連結是政策應該觀照的第二個面向，而其中創意人的孕育最為關鍵。一般而言，文化創意工作通常不需要太昂貴的機器設備，創意人往往只是一個小小的工作團隊，他們不要求太高的報酬，只希望能不斷的追求夢想的自我實踐，政府應該提供這個族群一個棲身之地，以及一個能夠展現創意的舞台。

　　文創政策第三個值得觀照的面向是土地。文化創意不論來自先人的遺產或現代人的原創，都必須和這塊土地發生連結，才能讓這些文創出現蓬勃的生命力。也因為這些文化資產與新創作，使得我們生長的家鄉不僅能建立居民們的認同感與自信心，更能吸引全球的目光，讓世界各地的人願意來到這裡觀光、消費、生活、創作與展演交流。因此，如何有系統的營造社區，發展創意市集、創意園區與創意城鄉，更是重要的政策議題。

　　當文創有能力和生活對話，又能夠和我們生長的土地緊密連結後，文創才具備成為產業的必要條件。當然這個面向的文創也會面臨一些新的挑戰，例如：它需要結合適切科技與現代經營管理能力，讓文創商品能夠引起眾人共鳴，又能快速複製；當然它更需要一位有品味的事業經營者，以及雄厚的資金和國際行銷的通路，讓產業走向全球，真正達到高投資、高回報的目標等等。

　　陳郁秀教授是一位傑出的音樂家，更是一位優秀的政務官和藝術行政

總監，曾經擔任文建會主委與兩廳院董事長等職多年。她離開公職以後將豐富的實務經驗與深厚的學理加以結合，撰寫《Creative・文創大觀》系列叢書。陳教授在這套書中不僅讓大家理解台灣文創政策的演變過程，更透過宏觀的學理架構以及豐富的國際案例提出，從國土規劃和生活美學發展文創的觀點，嘗試闡明文化、創意和生活、土地、產業間的相互關係，對於有志於從事文創領域研究與藝術行政的朋友們，實在是一套難得的參考著作。我們也期盼政府各部門的政務官都能有一套清晰的政策思維架構，未來也都能撰寫成書，如此政策有機會檢視延續，知識經驗得以累積，才是社會之福、國家之福。

文創與永續發展

陳郁秀

　　撰寫《Creative・文創大觀》系列叢書，心情是惶恐與掙扎的。身為一位職業鋼琴演奏家，因緣際會成為台灣民主運動政治人物的牽手，穿梭於各種反對運動中，有機會接近台灣的土地、社區、人民等基層生活環境的人事物，對於寶島這塊土地是有特別的觀察與感受的。2000年被任命為政府最高文化行政部會首長，更讓我得以雙腳踏遍台灣319鄉鎮的每一個角落。2002年在我任內所推出的「文化創意產業」政策，即是一項由土地和人民出發、創造新時代生活風格的政策，未料到如今已成為國家最重要的政策之一。此政策推動至今已有十一年之久，產、官、學各界對政策內容的詮釋可以說是眾說紛紜，教育部雖在全國各大專院校創設新系所來因應政策，積極培育人才，但細觀內涵，不管在課程規劃、師資延攬等諸多方面，都常偏離主題。

　　文化創意產業是一門理論與實作並行的學問，與一般學術相較，在理論基礎之外，需要更多的實作來印證，並且強調上、中、下游產業鏈的規劃與建立；它注重「團隊」的學習和培養，困難度特別高。文建會主委卸任之後，我擔任外交部無任所大使（2004-2008）、文化總會秘書長（2005-2009）、兩廳院董事長（2008-2011），現在擔任台法文化協會理事長、誠品生活股份有限公司獨立董事、學學文創志業顧問、安益國際展覽股份有限公司顧問等官方或民間機構要職，給予我實際操作的機會。因此，我義不容辭地將自身所見、所作訴諸文字，希望能把「文化創意產業」政策的來龍去脈，藉由理論和實例雙方面來解說清楚，讓大

家能在此一基礎上共同思考、發想，繼而創造未來。

　　本系列叢書包括「台灣文創的第一堂課」「創意空間篇」「表演藝術篇」「視覺藝術篇」「生活藝術篇」「電影電視篇」等六冊。這套書於現在進行式的情境下建立架構，過程中，我既身為論述者，同時又是政策的統籌、執行者，行文之間，無論是第一人稱的主觀見證，或者第三人稱的客觀評述，皆是據實書寫，尤其在智慧財產權、鑑價制度、文化統計等各方面資料尚未明確之際，很難依據數字資料、法律條文等細節，以斬釘截鐵之勢來書寫。這套書的目的不在於交代政策執行的細節，而是試圖在「台灣文創的第一堂課」中將架構釐清，後續出版的數冊為國內外實例介紹，如此可透過實例來印證理論。

　　「文化創意產業」並非無中生有的政策，它是奠基於台灣過去所累積的重要資產（除了歷史文化資產之外，還包括經濟、農、工業、科技……等各項成果），它是以「藝術文化」與「科技發明」來促進「產業升級」的知識經濟時代作為。因為它幾乎無所不包，所以必須以「國土規劃」的高度及「生活美學」的廣度來詮釋它。

　　文化政策必須依法執行，書中對於相關的三項法令略有介紹。《文化資產保存法》的制定與執行，孕育了生活文化的廣度，1981年立法、2000至2005年修法是關鍵時刻。1992年《文化藝術獎助條例》的立法，構築當代文化藝術環境，為台灣的表演及視覺藝術開創了多元的大道，更累積藝術文化的高度。2002年提出的文化創意產業政策，在2010年

公布施行《文化創意產業發展法》中，則整合了《文化資產保存法》及《文化藝術獎助條例》的廣度與高度，更結合科技、教育政策以及國土規劃的遠見，形成廿一世紀的國家文化經濟政策，為台灣儲備堅實的競爭力。

文建會自1994年起推動「文化產業化、產業文化化」的觀念，二十年來在「文化產業化」已有諸多努力，但在「產業文化化」方面卻流於形式。甚至我們可以說，正因為「產業文化化」不只是文建會或文化部業務所及的層次，它必須是由上至國家領導人、各部會首長、各縣市首長，在國家治理、部會治理、城鄉治理方面，藉著文化的態度和思考，透過跨部會、跨中央及地方的合作，才能實現及執行的內容；如果執政者沒有這種認知，則難以達成目標。這樣的思維早在半世紀之前，即被法國文化部首任部長、也是全世界第一位文化部長馬勒侯（André Malraux）提出，他以總理兼文化部長之尊治國，在上任之時就開宗明義地表達了這樣的文化治理態度。聯合國在第六十五屆大會討論「千年發展」計畫時，也曾經強調文化對促進、實現世界發展之貢獻至為重要，呼籲各國領袖將文化納入國家發展政策。由這些事實中可見文化之於國家治理、城市治理已日趨重要。

文化創意產業需要跨部會、跨中央及地方來共同執行，身為文化首長的政務官更須具備寬大的胸襟。文化是累積出來的，施政千萬不能好大喜功、短視操作，歷任首長的政策能夠持續，並在延續之中創新才是

王道。最近幾年文化首長的更迭，讓我們看到政策的斷層，對於國家發展的傷害很大。只有把全民利益、國家發展放在心中，屏除個人作秀心態，制定並執行可長可久的政策，政策要宏觀，執行要細緻，才是應有的態度。政府各部門的政策均環環相扣，如何順應廿一世紀的普世價值，效法上述聯合國所推動的「千年發展」精神，充分發揮文化統整的力量與特質，讓文化政策與永續發展連結，才是理想中文化大國所應呈現的遠見與氣度。

希望本書的出版能提供學習、執行或有興趣加入行列的相關人士一些基本但重要的認識，並在此基礎上展開討論，邁向未來。

本書出版要感謝的人很多，無法一一列名，尚祈見諒。特別感謝林會承教授、方瓊瑤前處長，藉由他們兩位專業的論述，「台灣文創的第一堂課」得以完整鋪陳。另向藝術家董陽孜女士、白鷺鷥文教基金會賴淑惠秘書、特約編輯張晴文女士、圓神出版社簡志忠董事長、李美綾主編、撰寫序文的專家學者們，以及所有協助本書出版的資料及圖片提供者，在此一併致謝。因資料數量龐大，錯誤難免，尤其在著作權方面若有不妥，懇請告知，當公開致歉並處理。最後，我也要謝謝共襄盛舉、慷慨解囊贊助的企業及個人，包括蘇天財董事長、洪敏弘董事長、台新銀行、東和鋼鐵，以及宏昇營造等。本書若有疏漏或錯誤之處，敬請不吝指教。

CONTENTS 目錄

第三章
台灣文化設施發展概要（方瓊瑤撰文）　　108

Chapter 1

文化政策的形成與文化政策的內涵

陳郁秀撰文

雖然文化政策的影響力難以評估，卻絕對存在，

它可以左右民眾對國家的認同，

累積並形成共同的價值觀，

更可以建立現代化、美好的生活方式。

第一節
何謂文化？何謂政策？

一、何謂文化

　　聯合國教科文組織（UNESCO）對文化的定義為：「文化是一套體系，涵蓋精神、物質、智識、情緒等，使社會或社群得以自我認同，它不但包括藝術和文學，而且是生活的模式、人的基本權利、價值系統、道統和信仰。①」國內外學者也有各種不同的見解與說法。人類學之父泰勒（E. B. Tylor）在1871年的著作《原始文化》（*Primitive Culture*）提出，文化是人類因為身為社會的成員所獲得的「複合整體」（complex whole），包括知識、信仰、藝術、道德、法律、風俗等，以及其他能力和習慣。1984年獲選為我國中央研究院院士的台灣人類學家李亦園，在《文化與行為》（1970）中則將文化分為多個層次，包括（1）可觀察的外在部分：如物質文化（或稱技術文化），指因克服自然，並藉以獲得生存所需而產生的事物，包括食、衣、住、行所需之工具，乃至於現代科技；社群文化（或稱倫理文化），指人類經營社會生活而產生的事物，包括倫理道德、社會規範、典章制度、律法……等；精神文化（或稱表達文化），指為克服自我心中之障礙而產生的事物，包括各類藝術、文學、音樂、戲劇以及宗教信仰……等。（2）不可觀察的內在部分（文化的深層結構），指支配著人類，經常是下意識的一套價值觀念、符號系統或意義系統。

　　如同學者對於文化的定義各有差異，重點與領域也不盡一致，世界

各國文化發展的重點與內涵也因地制宜，各有差異，但綜觀其內容，我認爲文化是無所不在爲全民的事務，它包括文學、建築、生態、文化資產、表演藝術、視覺藝術、生活藝術等，經過長時間實踐、累積而形成的生活型態。雖然文化政策的影響力很難評估，但卻毫無異議，絕對存在，它可以左右民眾對於國家的認同、累積並形成共同的價值觀；也可以發展創意，建立人民現代化、美好的生活方式。

一個國家文化政策的形成，是需要經過長時間的演化與累積的過程，因人民有感覺、有需求，形成政策制定的支撐，所以非一蹴可幾。即使被世人譽稱「文化大國」的法國，也是歷經古羅馬時代、中世紀時代，到廿世紀等悠久歷史不斷的演變、沉積甚至蛻變，其文學、建築、電影、音樂、時尚、飲食等璀璨亮麗的文化內涵，也是透過文化部的成立、政策的執行，才形成引領風騷的世紀文化。

二、何謂政策

政策是政府、機構、組織爲實現特定目標而訂立的策略及計畫，包含一連串經過彙整、研究、討論、歸納、立法後，所形成之有組織的行動方案或活動展演。

政策的目的在達成施政設定的目標，就文化範圍而言，包含過去優質的固有傳統文化資產、現在的當代藝術創作及生活內容，以及將開創之前衛藝術型態，和未來之生活趨勢，兼顧過去、現在和未來，而其發展途徑就是一種政治化的過程。通常文化人不願意談及政治或政策，而何謂「政治」，即是管理眾人之事，你不管它、它也會來管你，我們幾乎無可避免的，不可以自外於它；說得明白一點，文化就是政治內容中之一環。因此文化政策的內容是需要被討論、溝通和研究的，而落實政策的工具必須由國家機器扮演，以法令規章規範其制度，也必須有組織去

分配資源、建立適合文化開展的環境，才能帶動全民享受文化生活，所以文化政策需要國家和全民的關懷，尤其是文化人之積極、主動參與。

政府成立文化部，最重要的關鍵點，在於其組織、行政與政策內涵。如前述，文化是全民的事務，有待全民覺醒、反省、參與及支持，唯有人民對文化事務有感覺、有需求，文化政策才有社會基礎；有了厚實的社會基礎，透過文化專責機構彙整內容、整合資源，並妥善經營、執行，文化政策才能成功推動。這過程雖因不同國家而需求有所不同，但文化政策之制定確實是有其必要的，唯有立基於全民，因應需求而訂定的政策，才是有血有肉、可長可久的政策，也才能累積國家精神的核心內涵並建立國家形象。所以，文化政策形成的前提是人民有感覺、有需求。既然如此，文化政策的形成會是先由下而上形成內涵，接著由上而下形成相關的法規、行政操作等，是有其特殊性與目的性的。

每個國家都需要文化部嗎？其實並不盡然。例如法國與英國分別成立文化部及文化媒體運動部，訂定明確的文化政策。而美國是由國務卿掌管，形式上是以民間基金會為推動文化藝術活動的主力，未設立文化部。德國是個聯邦制的國家，各個邦聯有其自立的文化部門。日本在中央以文部省管轄全國文化。台灣，歷經三十一年行政院文化建設委員會（以下簡稱文建會）的歷史，於2012年5月21日成立文化部。所以世界各國均有適合自己國情的方法，文化部未必明設，但文化政策卻是必然的。觀其功能，雖各有利弊，也不能一概而論，還是必須分別了解的。

然而，觀察世界各國文化發展過程，卻可以發現一個共同存在的隱憂。即使有國家領導人的大力支持、有魅力文化界菁英的遠見擘劃，其過程也是荊棘重重，而非一帆風順。即使公部門數十年來投入大量資金與精力，藝文活動依舊難以遍及社會各階層，好似「運動」一般成為真正的全民運動。最主要的原因在於，文化藝術的欣賞有其特定門檻，社會成員的職業種類、學歷高低、年齡與性別等，仍然是決定是否參與文

化藝術活動的重要因素。所以，文化政策必須與教育政策結合，這個門檻必須透過教育才能跨越。當前所推動的藝術教育，必須讓民眾喜愛藝術，進而認識藝術，除了吸引民眾接觸文化藝術之外，也必要重視藝術可以深入生活之特質，所以須有充裕的時間、專業的教師，使得民眾從薰陶、喜愛到內化成為氣質的表現。教育與媒體，是兩大主要學習與傳遞媒介，但就目前的情況來看，其效果不是很樂觀的，所以文化藝術如何透過教育的教化、媒體的傳播，三者之關係是不可忽視的。

第二節
文化政策的內涵與形成

　　既然文化是全民的事務，無所不在，應先由下而上形成內涵，再由上而下形成政策，它是雙向進行並互動的。例如日治時期，推動的「市政改正計畫」是從上而下的影響台灣文化資產的保存事務；而文建會於2002年底經過多次的分組研商與諮詢才完成的《文化資產保存法》修正過程，則是從下而上的制度建立模式。

一、文化政策的內涵

　　文化政策之內涵即為文化，而文化可以分為「廣義的文化」及「狹義的文化」。「廣義的文化」包括人民生活的總括，意含人生老病死的祭典科儀，日常生活的食、衣、住、行、育、樂，所以在2012年文化部成立之前，文化事務分散於行政院各部會管理，例如宗教隸屬內政部民政司管轄，「行」的事務隸屬交通部管轄，建築在內政部營建署，育樂在行政院體育委員會、文建會及新聞局，電影、電視在新聞局，藝術教育、社會教育在教育部，軍歌、心戰在國防部，工業設計在經濟部……等，其他大部分內容則屬文建會。「狹義的文化」即指精緻文化，包括表演藝術、視覺藝術、文史哲及文化資產。而本書所敘述的文化政策，以文建會時期（1981-2012）國內的文化政策為主②，包括文化資產之保存與活化、文化環境營造、文化人才的培育、精緻藝術文化的創作與展演、文化行政的規範、生活美學的養成、文化經濟、文化外交等。

　　2000至2004年我擔任文建會主委期間，將文建會所管轄業務在大歷史

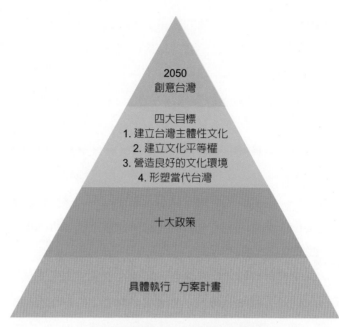

「2050 創意台灣」施政理念示意圖

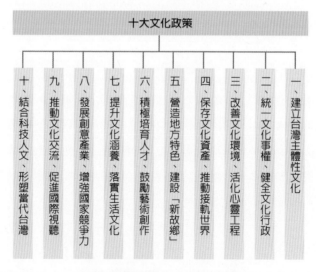

「2050 創意台灣」十大文化政策

的脈絡下，訂定「2050創意台灣的願景」，以四大目標、十大政策，及具體的文化內涵推動方案計畫，清楚地揭示了文化內涵、政策、目標、願景的思維。

前頁二圖即為「2050創意台灣施政理念」以及「2050創意台灣十大文化政策」的內容。我再將文化的內涵以歷史的縱軸線來思考，包括過去、現在和未來，以及使一切媒合交織的文化行政。過去沉澱累積的即是文化資產的保存、歷史建物的再生；現在是指目前的流行文化、常民文化與精緻文化；未來則是以旗艦計畫透過突破性、多元性及挑戰性的手法，引領文化未來走向。這一切勿忘記另一項重要項目，即是我們目前汲汲經營的藝文經營管理人才及行政人才。

文化的內涵由歷史縱軸，以「過去」「現在」與「未來」展開，橫軸則是以流行、常民、精緻展開，充分展現台灣文化的多元與深廣。相關的執行內容，讀者可以參閱2004年1月20日由文建會出版的《台灣文化新思維》（*New Thoughts on Taiwan's Culture*）一書。

二、文化政策形成的方式

（一）由下而上

文化是生活的方式，在戰前以學校教育推行之；戰後則附屬於教育政策以及宗教慶典之中，透過藝術教育與社會教育，以小型展演活動的形式在節慶活動中表演，其形成過程自然而然地產生感覺與需求，也漸漸成為家庭生活的氛圍，並促使社區建立文化環境，成為地方的特色、城鄉新風貌，並慢慢形成豐富之內容。

（二）由上而下

文化在生活的時間縱軸，以及生活內容所編織而成的橫軸下，涉及

的範圍遍布個人、家庭、職場、地方、國家社會、國際社會等，影響是廣而直接的。所以由民間舉辦的藝術、學術、節慶等活動慢慢擴大化、精緻化，就形成了場地的需求。政府因應需求由小的表演及展演中心，到專業的展演場所，劇院、音樂廳、美術館、博物館、文化館就陸續建立。館舍所需的典藏品管理、蒐集，展演，也形成專業行政，如此一來，由「人民＋地方政府＋民間企業＋中央政府」互補互助的文化需求就日趨明顯。中央、地方的主管機關相繼成立，為了有效經營管理，就必須思考文化政策的制定，如此文化政策就形成了。

三、文化政策的評估

文化政策所涉及的範圍十分廣闊，而政府的經費有限，所以資源的分配與民間的結合，乃至於定期的評估、檢驗、研考是十分重要的。評估是奠基於資料彙整、有效的分析和研考制度的制定，但文化有時是抽象的，如何做好文化統計、文化預算、文化鑑價、著作權的保護等，成了重要的基礎工程。目前大部分的國家在這方面做得水準不一，台灣更是剛起步，所以如果這一環不下定決心，立即開始累積文化政策的基本工具，未來執行效益是不可能大的。所以我們要積極由年鑑、統計、鑑價、經濟分析各方面著手，著作權、文化平等權方面更需著力，由各項文化領域中先做基礎調查和基本的累積工作，未來彙整研究才能創出一套屬於自己國家、在質與量方面都能照顧得到的文化研考制度。唯有健全的研考制度，文化政策、文化管理、文化預算，乃至藝術創作、應用藝術文化之產業，才能健全發展。再次強調，在質與量雙方面都能兼顧，國家文化品牌才能成立。

第三節
台灣文化政策探討

一、文化機關發展史與相關政策概要

　　早期，「文化」並無主管的政府機關，藝術活動為常民生活的一部分。日治時期，文化藝術歸屬在教育範疇中。國民政府抵台實施戒嚴政體後，以建構中原中華文化為主，開始以政府力量介入文化藝術的發展方向。1949年國民政府制定以「反共抗俄」為主軸的藝文政策；1951年實施戒嚴，文化成為領導統治的思想管理工具；1962年通過《國軍新文藝運動推行辦法》推動新文藝運動；1967年在教育體系下設立文化局、中華文化復興運動推行委員會，進行生活教育與中華文化道統的傳承；1979年教育部擬訂《文化建設規劃草案》於各地建立縣市文化中心；1981年成立文建會。1987年解嚴後，因應政治、經濟與社會的開放，開始推動以文化藝術為主的文化政策，各種族群的文化逐漸萌芽、開花。近二十多年，台灣的文化已經是百花齊放，豐富且多元。2012年文化部的成立，則完成文化事權統一的願景，開啟台灣文化容顏的新貌。每一個文化機關在不同的階段、不同的時空背景下，均肩負不同的任務，以下僅摘述台灣重要文化機關（構）發展概況與主要文化政策內涵。

（一）教育部文化局（1967-1973）

　　1967年11月10日教育部成立文化局，推動文化復興、文藝發展、廣播及電視事業，以及電影檢查與輔導等工作，歷經五年餘，於1973年5

月裁撤，相關業務移併教育部社教司與行政院新聞局。

（二）中華文化總會（1967-）

　　中華文化總會歷經幾度更名，最早爲創立於1967年的「中華文化復興運動推行委員會」（簡稱文復會），爲當時國民黨以黨領政的文化機構，以「促進中華文化復興、發展三民主義文化建設」爲宗旨，承擔維護文化正統、復興中原文化使命。1967至1970年間主要工作包括（1）學術研究與出版；（2）國民生活須知訂定與輔導；（3）新文藝之輔導與倡導；（4）教育之改革；（5）僑界文化復興運動；（6）對匪文化作戰；（7）慶祝建國六十年中華文化復興展覽。由內容可見，當時對外工作以保密防諜、對匪心戰及對僑界之連絡爲主；對內則由教育著手，推行新生活運動，進行思想改造，實施中華文化一元的文化政策，這一切均由此組織完全掌控。每星期由蔣介石總統親自主持會議，全體內閣（包括行政院長）均參與每週例會，進行思想統治，以文化統戰的策略治國，其層級之高超過目前的行政院院會。

　　隨著國內外政經局勢的轉變，1977年時任行政院院長的蔣經國推出包含文化建設的「十二項計畫」，並制定「建立縣市文化中心計畫」與「加強文化及育樂活動方案」，文化治權開始由中央下放地方。在1981年文建會成立並成爲國家最高文化政策統合機關之後，文復會所扮演的政策領導地位與功能逐漸弱化，轉爲執行文化復興結合生活、教育、學術、外交、國防等相關推展工作，退居第二位，主要辦理表揚活動以及出版中華傳統典籍與科學相關叢書，相關工作包括（1）推行國民生活須知暨國民生活禮儀；（2）辦理全國好人好事表揚暨孝行獎活動；（3）舉辦科學才能青年選拔；（4）實施中華科學技術研究發明獎助；（5）編譯中國之科學與文明，編輯中國科學技術史、中國歷代思想家、中國人文及社會科學史等叢書，辦理古籍今譯今註；（6）發行《中華文化復興》

月刊（爲七〇、八〇年代藝文界重要刊物之一）；（7）舉辦文藝金筆獎暨主編獎、全國優良文藝雜誌獎；（8）莊敬自強徵文比賽、愛國歌曲教唱；（9）推廣梅花運動並辦理各種展覽、交流活動。這個階段的文復會擔任催生全國各縣市文化中心及文建會、主導全民文化生活的任務，而其出版品更是影響國家的文教工具。

　　1987年解嚴後，政府補助文復會預算，屢受立法院質疑，爰於1991年改組爲「中華文化復興運動總會」（簡稱文化總會），逐步轉爲全國性社團法人。此時期以「復興中華文化，發揚倫理道德」爲宗旨，工作內容已經包含台灣本土文化，但經費與業務已日漸減縮，影響力日益下降，以出版《活水》雙週報爲最頻繁運作的常態性工作。此階段由李登輝總統所主導的社區總體營造以及心靈改革運動成爲主軸，積極關懷人民生活內容。2000年第一次政黨輪替四年內，以舉辦人權與前衛藝術等爲主，其他主要工作包括：（1）舉辦新春聯誼活動；（2）舉辦孝行獎選拔表揚活動；（3）編印中國科技文明、中華科學技藝、古籍今譯今註、中國醫藥研究叢刊叢書暨四庫全書索引編纂；（4）推廣梅花運動，促進社會團結和諧；（5）舉辦全民道德重建運動、藝術走入校園、社區文化觀摩活動；（6）舉辦五四文藝節慶祝活動、五四獎、文藝界重陽敬老聯誼活動暨青年文學會議；（7）推動心靈改革；（8）辦理重要民族藝術藝師遴選暨民族藝術藝師傳承計畫推動工作；（9）推動社區文化工作；（10）舉辦總統府人權婚禮活動。

　　此四年陳水扁總統延續李登輝總統的計畫，在2004年第二任期間開始著手改革並推動正名運動。2006年隨著角色功能的調整，更名爲「國家文化總會」，並以「文化深耕與傳承，推動文化創意產業、促進文化經濟結合，文化出擊、世界展顏」爲三大經營理念，推動深耕在地文化、擴展國際交流、建立文化詮釋權、文化資產的保存與再生、文化創意產業的推動等主要業務，除延續辦理「總統文化獎」「新春文薈」等活動，

並出版《走讀台灣》《新活水》《台灣史料集成》《台灣經典藝術大系》《閃亮台灣》，以及《Fountain》英文版雜誌等刊物，其餘重要工作在深耕台灣方面包括拍攝《長流》《看見台灣》紀錄片，舉辦總統府、原住民、勞工、教育人員人權婚禮，以及舉辦「台灣之歌——詞曲創作徵選」活動。文創產業方面，包括成立「好文化」文化創意產業展售空間，舉辦「探索台灣青」產品開發活動、「66文化學園創意課程」「時尚的樣子——邂逅法國在台灣服裝秀」等。國際活動方面，則包括辦理「台灣獎」「建築台灣獎」「台灣歷史與文化研究國際研討會——世界都在哈台灣」等。

2008年馬英九總統上任，以文創產業及兩岸文化為政策重點，並退居榮譽會長之位，將實際執行任務交予劉兆玄前行政院長擔任會長之職，除延續之前的新春文薈、總統文化獎，出版《走讀台灣》與《新活水》雜誌外，其業務以推動兩岸文化交流為主軸，例如設置「中華語文知識庫」（雲端知識庫）。另，於2011年2月為方便兩岸交流，對中共讓步，剔除國家文化總會中「國家」這個敏感的字眼，將國家文化總會更名為「中華文化總會」，文化再次成為政治工具。

（三）各縣市文化局（1979- ）

台灣早期無專業的展演空間，廟埕通常充當廟會的節慶活動空間，以及庶民參與文化藝術的場域，美術類的展覽則多半在省立博物館、國軍藝文中心或中央圖書館等地展出。直至1979年政府推動十二項建設，於各縣市興建文化中心，各地方才陸續出現隸屬於教育體系的地方文化機構。2000年，隨著文化事務的蓬勃發展，各縣市文化中心紛紛獨立改制為縣市文化局。2007年隨著中央文化資產業務的事權統一以及文化觀光產業的興倡，各縣市文化局業務逐漸擴增，部分縣市文化局因地制宜的陸續改制為文化觀光處（如苗栗縣政府國際文化觀光局、嘉義縣文化觀

光局），或縣市文化局（如基隆市、花蓮縣、彰化縣、新竹市、金門縣等，爲府外局），或縣市政府文化局、文化處（如台南市、高雄市、台中市等，爲府內局）。早期，地方政府文化事務與經費雖仰賴文建會甚深，但因其機關組織與業務內容的調整方向與速度，較中央政府來得有彈性且有效率，不必受制於行政院組織法各部會職掌內容一再變更的影響，因此產生縣市文化局之業務超越未來文化部職掌範圍，形成與多部會合作的現象。至文化部成立時，各縣市（尤其是五都）在政策上雖仍依歸文化部的文化創意產業政策，但實質上已逐漸形成地方政府自理的新局面。尤其聯合國倡導以城市爲基礎單位的「創意城市」計畫，更加速文化政策的「去中央化」。

　　另一影響地方深遠的政策是，2003年起不再是由文建會分撥預算給縣市文化局，而改採行政院統籌分配款政策（亦即文化預算分配地方，已非專款專用性質，而由縣市自決文化預算）。意即縣市長對文化重視的程度高低，決定了該縣市文化經費的多寡。

（四）文建會（1981~2012）

　　1981年以前，除黨政系統的文復會外，主管文化事務的政府機關爲教育部，1981年行政院成立文化建設委員會，始成爲中央文化最高主管機關，專責推動文化事務。文建會屬行政院轄下的委員會，由相關部會局處首長、文化界學者專家組成的委員會，爲最高決策單位，以統籌規劃及協調、推動、考評有關文化建設事項。1999年配合精省改隸作業，原臺灣省文化處改隸文建會爲中部辦公室，而其附屬臺灣省立博物館（今國立臺灣博物館）、省立臺中圖書館（今國立公共資訊圖書館）、省立臺灣交響樂團（今國立臺灣交響樂團）、省立美術館（今國立臺灣美術館）、臺灣省手工業研究所（今國立臺灣工藝研究發展中心），以及省立歷史博物館籌備處（今國立臺灣歷史博物館）等文化機關，隨之一併

改隸文建會。至2012年爲止，文建會歷屆主委（共十四位）的重要文化政策，於下詳細說明。

二、文建會歷屆主委主要文化政策

陳奇祿（任期1981.11~1988.07，共六年八個月）

在文建會成立之初建立文建會的各項典章制度與辦事規則，並將學術研究風氣帶進文化領域。1983年修訂「加強文化及育樂活動方案」，隨之於1987年擴充爲「加強文化建設方案」，並以充實文化機構內涵及維護文化資產、提升藝術欣賞及創作水準、改善社會風氣爲政策目標。爲保存維護國家重要文化資產，以古蹟、民俗等奠基工作爲施政重點，進行古蹟訪視與評鑑工作，修訂《古物保存法》爲《文化資產保存法》，將民族藝術、古蹟、自然文化景觀與民俗納入文化資產保存範圍，並出版文化資產叢書。爲強化各縣市文化中心體制，於1985年成立「文化中心訪視小組」，協助地方發掘特色文化、設置特色館，並以「傳統與創新」爲主題，安排文藝季、民間劇場等活動至各主要都市演出，落實文化在生活中生根的理想，同時，扶植培育藝術專業人才，使得當代藝術得以蓬勃發展。

1981年11月11日文建會成立，陳奇祿先生（右）受任為第一任主任委員。

郭為藩（任期1988.07~1993.02，共四年七個月）

以「縮短城鄉文化差距、文化均富」為施政理念，並特別重視文化政策的擬定與計畫的評估，為評估相關文化政策效益與提供各界便捷的文化資訊，1989年建置全國藝文資訊系統（至今仍在運作）、出版《文化統計》等刊物，並委託學術機構進行「文化發展之評估與展望」。同年，提出國家建設四大方案之一的「文化建設方案」，以長期性的計畫提升社會品質、增進人文素養、推動藝文發展。

1990年召開第一屆全國文化會議，並配合「國家建設六年計畫」提出新版「文化建設方案」，其中，以闢設文化育樂園區、籌設文化機構、落實文化中心功能、推動國際文化交流、策定綜合發展計畫為重點。現今藝術村、文化義工、扶植國際團隊、中書外譯、海外文化中心、傑出績優藝文人士獎助等計畫的推動，即是當時方案之一部分。1992年完成《文化藝術獎助條例》立法。

申學庸（任期1993.02~1994.12，共一年十個月）

以縣市與鄉鎮的文化發展為施政主軸。1993年提出「十二項建設計畫」，包含研擬成立文化部、文藝季的轉型、地方文化自治化、強化文化行政等政策。1994年又配合中央「十二項建設計畫」訂定「充實省（市）、縣（市）、鄉鎮及社區文化軟硬體設施」計畫。此計畫影響爾後地方文化發展甚深，包含縣市文化中心擴展計畫、縣市主題館的設立、全國文藝季的轉型、縣市小型國際文化活動的舉辦、社區總體營造觀念的推動、傳統建築空間的美化、鄉鎮展演設施的充實、地方文史工作的發展、社區文化與環境的美化、公共藝術的推動等，甚至現今國立傳統藝術中心及所屬臺灣音樂館（原稱民族音樂研究所）、文化資產保存研究中心、國立臺灣文學館等機關（構）的成立，亦與之相關。

此外，參考國外基金會與國科會的獎助制度，於1993年頒布實施《文

建會獎助申請須知》以透明化藝文補助機制，並於1994年完成《財團法人國家文化藝術基金會設置條例》的立法程序。

鄭淑敏（任期1994.12~1996.06，共一年六個月）

重視政策的穩定與施政的接續，致力縮短城鄉文化差距，以發展地方文化與促進國際文化交流為主要施政重點，強調社區的自主性，鼓勵社區以DIY的方式建立特色。1996年成立「財團法人國家文化藝術基金會」，為健全該基金會的運作，訂定《監督辦法》督促該會依法辦理各項業務，以及建立人事、會計及內部稽核等制度。

林澄枝（任期1996.06~2000.05，共四年）

以「提升文化素養、提升文化環境品質、蓄積文化國力」為施政目標，「縮短城鄉文化差距、加強文化資產保存與發展、拓展文化藝術活動、推動國際文化交流」為重點工作，透過書香滿寶島文化植根計畫，以及延續前述「充實省（市）、縣（市）、鄉鎮及社區文化軟硬體設施」等社區總體營造與文化資產等計畫，增進國人的文化素養與心靈境界。其間，1996年為加強與歐洲的文化合作關係，開辦「中法文化獎」（今台法文化獎），以鼓勵歐法人士研究我國文化；1997年辦理第二屆全國文化會議；1998年提出《文化白皮書》，另為鼓勵與表揚出資贊助文化藝術事業者，創辦文馨獎，以引振更多民間共鳴，集結更多民間資源。

此外，在文化推廣方面，則製播「文化新聞」「文化專題」等電視節目，辦理「好戲開鑼作夥來」基層巡演、表演藝術團體巡迴校園等活動，製作盲人點字書與有聲書籍，以及辦理各種提升生活品質與精神層次的研討會。在國際文化拓展方面，經過多年的努力，1999年亞維儂藝術節終於敲定以「台灣藝術」為活動重點，邀請了我國亦宛然掌中劇團、復興閣皮影戲劇團、小西園掌中劇團、優劇場劇團、漢唐樂府南管古樂

團、無垢舞蹈劇場舞團、當代傳奇劇場及國立國光劇團等八個團隊前往演出，開啓國際交流大門。

陳郁秀（任期2000.05~2004.05，共四年）

政策明示對自我詮釋權及台灣主體文化之建立；就任時即以約五十年時間爲段落的所謂「大歷史」，思考文化變遷與發展，執政四年訂定政策導向的施政方針分別是：2001文化資產年、2002文化環境年、2003文化產業年、2004文化人才年，而其所開辦「國家文化資料庫」亦即當今雲端發展的基礎。

在2001文化資產年時，推動閒置空間再利用；歷史文化產業之資產保存（2003年通過《文化資產保存法草案》）；加入「世界古蹟日同盟」。2002年爲文化環境年，舉辦第三屆全國文化會議；提出文化創意產業政策並納入「挑戰2008：國家發展重點計畫」；配合《文化藝術獎助條例》行政程序法的實施，擴增公共藝術的範疇，修訂公布新的實施條款；執行

2000年5月20日陳郁秀女士接任主委，與林澄枝女士辦理職務交接。

2001年8月25日文建會搬遷到北平東路，朝文化部邁出第一步。圖爲入厝的米龍。

2005年1月完成《文資法》修法，歷屆主委共同慶賀。

「地方文化館計畫」；推動「台灣世界人類遺產潛力點」選拔；責成清點1945年後就未曾清點的國立台灣博物館；策劃出版「台灣之美」系列叢書，並陸續出版音樂、美術、戲劇、歷史、文學、傳統藝術等主題叢書（至2004年卸任為止，文建會總共出版六百多種重要叢書），逐步建立「台灣主體文化」內涵。2003年為文化產業年，推動文創產業全國五大園區及陶瓷旗艦計畫；催生《台灣美術地方發展史全集》（2005）共十九冊、《台灣當代藝術大系》（2004）、《台灣現代藝術大系》（2005）、《台灣藝術經典大系》（2006）各二十四冊，以及《台灣史料集成——明清台灣檔案彙編》《全臺詩》《台灣歷史辭典》等之出版工程；推動「音樂人才庫」培植新秀；舉辦第一屆台灣國際鋼琴大賽；配合行政院「五年五千億新十大建設計畫」規劃大台北新劇院、衛武營藝術文化中心，及北、中、南、東流行音樂中心等重要文化建設。

2004年為文化人才年，出版《文化新思維》及《2004文化白皮書》；策劃文化志工、社造人才、青年藝術家、文創產業人力資源等培育方案。至2004年5月離職，對於形塑台灣意象，並將台灣文化推向世界之文化工程，建立基礎。

陳其南（任期2004.05~2006.01，共一年八個月）

以「文化立國」做為施政總目標，延續社區總體營造的理念，以「文化公民權」與「生活美學」為施政理念，提出「文化台灣101」等計畫，藉建立文化認同，凝聚「台灣主體性的確立」。為提升鄉鎮圖書館功能，輔導鄉鎮圖書館設立「地方生活學習中心」，以普及社區生活學習；為善用與彰顯台北蘊含的豐富文化資產，擘畫首都文化園區計畫，透過古蹟保存與再利用，促進土地開發及都市計畫容積轉移的進度，建構完整網路的首都文化核心園區；為建立台灣主體性，鼓勵全民參與台灣文化的詮釋，辦理《台灣百科網路版》編撰計畫。

邱坤良（任期2006.01~2007.05，共一年四個月）

以「以人為本、從心做起」為施政主軸，希冀找回民間參與文化的活力。除延續原有政策方向外，強調文化創造力、執行力與管理能力的重要性，加速文化資產統籌機構與相關文化設施的規劃與執行進程。其間，不定期訪視社區與地方文化館，調整補助原則；推動「中部文化生活圈」等資源整合互利的區域文化設施合作方案；為加速推動文化創意產業，重新確定華山文化園區的定位，並進行劇場、電影院、展覽空間等建置；進行《台灣大百科專家版》編輯計畫；研擬「新故鄉社區營造」與「文化創意產業」後續中程計畫。

翁金珠（任期2007.05~2008.01，共八個月）

以「文化台灣、世界發光」為施政方向，「全民參與」「文化公民、文化環境、文化外交」「全民分享」為三大目標，並從文化深耕、空間活化、文化交流的角度切入，加強藝文人才培育、促進藝文人口倍增、鼓勵藝文人才下鄉；活絡文化創意空間、保存文資環境、推動文化設施整建；增設海外文化據點、加強國際文化交流及台灣文化輸出。為推動相關工作，進行文建會組織的改造，預計將業務分為計畫處、生活文化處、藝術處、文化產業處、博物館處與國際交流處等六個處，設置「文化資產總管理處籌備處」與「傳統藝術總管理處籌備處」以整合文化資產與傳統藝術等業務，為未來文建會轉型為「文化觀光部」奠基。

王拓（任期2008.02~2008.05，共三個月）

以「文化融合、和平共生」為施政理念，致力於成立「文化觀光部」。從文化藝術的互相尊重、互相包容與互相欣賞，重塑社會風氣、激盪創作的動力與能量；強調藝術投資的觀念，藉以培養團體與人才；營造有利台灣文化發展的環境。

黃碧端（任期 2008.05~2009.11，共一年六個月）

以「扎根、平衡、創新與開拓」為施政方向，提出「落實組織再造、基層扎根、資源平衡、創意開發、交流拓展、資產維護」六項原則，推動「台灣生活美學運動」「文字方陣——文學著作推廣計畫」「揚帆——藝術深耕、國際啓航計畫」「創意產業發展計畫（第二期）」「磐石行動雙核心計畫——新故鄉社區營造第二期計畫及地方文化館第二期計畫」等五項中程計畫。

盛治仁（任期 2009.11~2011.11，共兩年）

強調「向下扎根、走向國際」，延續「扎根、平衡、創新與開拓」的基礎方向，提出「扶植藝文產業、形塑文創品牌」「基層扎根、資源平衡」「藝術深根、國際啓航」「活化文化資產、厚植觀光資源」「檢討各種法規之適用性、推動組織再造、充實文化設施」「提高文化預算、強化執行效能」「建立文化行政專業、培育文化志工」等七項關鍵策略目標，推動建國百年系列活動。

曾志朗（任期 2011.11~2012.02，共三個月）

提出提升人文素養，透過人文詮釋科技文明；結合行政院其他部會的資源，如交通部觀光局、行政院體育委員會、行政院農業委員會等，擴大文化經費等政策。

龍應台（任期 2012.02~2012.05，共三個月，後出任文化部長）

以成立文化部為最重要的任務，並提出「泥土化、雲端化與國際化」等政策方向。2012 年 5 月 21 日文化部成立，龍應台成為我國首位文化部部長。文化部首要職責在於文化國力的培養與提升，將文化視為國力，在政策上有四個主要基本目標：（1）公民文化權的全面落實；（2）美

2012 年 5 月 21 日文化部成立，藝文界同歡揭牌儀式。

學環境的創造；（3）文化價值的維護與建立；（4）創意產業競爭力的
提升。基於這樣的文化目標，文化部所有施政深刻思考「泥土化」「國
際化」「產值化」「雲端化」的做法，亦即，向泥土扎根，服務於庶民；
向國際拓展，以「軟實力」領航；向雲端發展，讓文化與先鋒科技結合。

三、文化政策分析與建議

　文建會歷屆主委因應時代的變遷與需要，也因其學養背景，各有其政
策方向與重點。

　首任主委陳奇祿，以其人類學學者背景，著重古蹟的探勘與保存，
奠定文化資產業務；教育界出身的郭為藩主委，開始策劃長期的重大文
化政策，其中「文化建設方案」納入「國家六年計畫」，現今扶植表演
團隊計畫為當時提出的重要計畫之一。資深音樂家申學庸女士擔任文建
會主委，台灣的文化政策進入關鍵性的轉型期，開始重視地方與社區的
文化事務，最具有代表性的政策為「社區總體營造」的推動。這個政策

影響深遠，後繼主委均延續推動，包括擅長傳播媒體及行銷的鄭淑敏女士，以及倡導讀書風氣、心靈改革政策的林澄枝女士。

陳郁秀（筆者）任期間著力最深的是台灣主體文化的建構。首先是以大歷史觀點，一方面完成1990年蔣經國時代留下的文化建設方案，例如：國立傳統藝術中心於2002年開幕、國立臺灣文學館2003年正式開館、2003年國立臺灣歷史博物館動土開工並於2007年揭牌營運。另一方面針對明清以降所有台灣文史資料加以蒐集、研究、出版、推廣，責成「國家文化資料庫」之運作，開啓雲端化之濫觴。第二在法令方面，主導《文化資產保存法》的大幅修法，使其與世界同步，並擴展藝術範疇，其中以2002年「公共藝術」的開放，開創藝術與空間的直接對話，進而發展並提升至都市計畫、創意城市乃至國土規劃的思考，影響之深刻，始料未及。第三在行政效率與革新，透過「新故鄉社區營造」計畫，加強橫向與各部會、直向與各縣市的合作並制定流程與模式。第四配合「五年五千億新十大建設計畫」與其他部會合作，規劃大台北新劇院、台中大都會歌劇院、故宮南院、衛武營藝術文化中心、高雄流行音樂中心，將北、中、南等地生活圈與國際接軌。第五最具代表性及影響力的是「文化創意產業」政策之提出，影響廿一世紀台灣的未來發展。

繼任的陳其南主委，提出文化公民權運動、公民美學等政策，可惜在民眾還未清楚了解其政策內容，也尚未見具體的實施計畫，文建會又換了多位主委，在2004年至2008年間，不論是文化界菁英邱坤良主委、立委出身的翁金珠主委、王拓主委，以及來自教育界的黃碧端主委、曾志朗主委，或是最年輕的盛治仁主委，大都因襲前幾任主委的政策方向，以扎根、創新、開拓、國際等為推動方向。

以近年政府推動的文化創意產業政策為例，這個政策關係所有人民的生活。文化創意產業的主要核心內容是以台灣為原鄉、以時尚為工具之目標，可分為三大部分，文化產品、文化服務與文化空間來看待，其

中創意產品帶給民眾生活美感體驗，創意服務帶來嶄新的生活內容與文化環境產業，而文化空間則可成為國土計畫成功的關鍵，唯有充滿想像力、有創意力、有張力的文化城市，才能使城市脫胎換骨，重新出發。歐洲文化首都，諸多成功的案例，可為借鏡。就政策推行而論，一個合宜的、成功的政策，必須有其配套措施，才能執行，而其執行成果也必須經過評核，才有成效，否則恐僅淪為「口號」或只是一種想法、一種概念，無法對全民事務產生效益。換言之，主事者在確定政策方向之外，也應該向外界（包括立法院）清楚說明施政理念與實施策略、方法，甚至評估考核的方式，才能有效爭取預算、妥適分配資源，並透過計畫執行累積成果。

四、建立台灣主體文化

台灣是個很年輕的國家，歷史較短，正式成立專責文化機關，訂定可推動的文化政策也僅三十一年左右，就其政策效能而言，尚無法有合理的尺度評價，也較難以深入討論，或許百年之後，就可以客觀地評價各項文化政策的效應。但文化部已經成立，其文化政策的訂定有其必要與急迫性，達致完整，以下是個人幾個重要觀點，做為國家文化政策觀察的結論。

國家之事是眾人之事、文化是全民的事務，應以國土計畫、國格建立為依歸。由全民生活的角度去思考，必須和所有中央部會分工、和地方政府合作，並獲取企業與個人的贊助、投入及支持，以及藝術家、文史工作者的協助，有志者共同戮力以赴、共同推動才能產生最大的功效，成為全民文化生活運動。

文化政策不可忽視「由下而上＋由上而下」，以及「全民＋民間企業＋地方政府＋中央政府」，缺一不可，思考制度時必須考量納進內容。

所以政府必須由下而上，彙整、確立廿一世紀台灣文化的內涵，並由上而下，制定有遠見的政策。政策之下要有完整的執行計畫、基本資料、基本工具及評估配套措施，使政策不流於口號，使文化成為全民運動，生活的型態。

　　文化部成立是台灣文化發展的一個重要里程碑，邀請各界重視文化政策的重要性，訂定可展現台灣優勢、文化強項且可供全民共享的文化政策，並有效監督所有計畫的內容、流程和成果，以確保政策能引領全民達到目標，建立台灣主體文化，創造文化平等的社會，形塑國家形象的品牌。（本章內容發表於2010年5月22日白鷺鷥文教基金會主辦「蘆葦與劍──文化政策與政策之形成研討會」，2012年6月增修〔至2012年5月21日文化部成立為止〕）

註釋

① 原文為 Culture comprises the whole complex of distinctive spiritual, material, intellectual and emotional features that characterize a society or social group. It includes not only the arts and letters, but also modes of life, the fundamental rights of human being, value systems, traditions and beliefs.

② 2012 年 5 月文化部成立之後，其執掌包括統籌規劃及協調、推動、考評有關文化建設事項及發揚我國多元文化與充實國民精神生活。依照文化部組織法規定，其掌理事項如下：（1）文化政策與相關法規之研擬、規劃及推動；（2）文化設施與機構之興辦、督導、管理、輔導、獎勵及推動；（3）文化資產、博物館、社區營造之規劃、輔導、獎勵及推動；（4）文化創意產業之規劃、輔導、獎勵及推動；（5）電影、廣播、電視、流行音樂等產業之規劃、輔導、獎勵及推動；（6）文學、多元文化、出版產業、政府出版品之規劃、輔導、獎勵及推動；（7）視覺藝術、公共藝術、表演藝術、生活美學之規劃、輔導、獎勵及推動；（8）國際及兩岸文化交流事務之規劃、輔導、獎勵及推動；（9）文化人才培育之規劃、輔導、獎勵及推動；（10）其他有關文化事項。參見中華民國文化部網站 www.moc.gov.tw

Chapter 2

台灣文化資產保存簡史

林會承撰文

隨著經濟成長、民間文化保存意識高漲，
加上社區營造計畫推動與文建會的創意推廣，
由下而上的文化力度逐漸加強，
最終形成民間與官方力量競合的形勢。

文化資產的定義，因時代及國情不同而略有差異，大體上指人類文明發展過程中，所形成的具有顯著普世價值（outstanding universal value）的物件、活動及環境，以及珍貴的自然區域及物件。在我國最新版的《文化資產保存法》（2005年2月公布）中規定，「文化資產」指「具有歷史、文化、藝術、科學等價值，並經指定或登錄之資產」，包括古蹟、歷史建築、聚落、遺址、文化景觀、傳統藝術、民俗及有關文物、古物、自然地景等九種。

台灣文化資產的相關記載，始見於十七世紀初期，到了1930（昭和五）年首度擁有保存的法律《史蹟名勝天然紀念物保存法》。第二次世界大戰後台灣政權易幟，在經過冗長的重建之後，於1982年公布《文化資產

屏東東港東隆宮平安祭最後一天火化王船,為祭典的高潮。

保存法》(以下簡稱《文資法第1版》),施行十九年之後,鑑於法規不夠周延,或有窒礙難行之處,進行整體性及結構性修法,於2005年完成《文化資產保存法》修正工作(以下簡稱《文資法第2版》)迄今。

總體而言,從法制建置角度來看,台灣文化資產保存經歷過以下五個時期:(1)法制建置前(-1930);(2)《史蹟名勝天然紀念物保存法》時期(1930-1945);(3)戰後初期(1945-1982);(4)《文資法第1版》時期(1982-2005);(5)《文資法第2版》時期(2005-)。以下依據時間先後,分期簡要說明。

第一節
法制建置前台灣文化資產記載

　　台灣島民情風俗的文字資料始見於四百多年前漢人與荷人的文獻①中，但是到了1684年清廷統治之後，因滿漢官吏及文人來台，才有較爲詳細的紀錄。其中由各級政府所編修的方志，在體例上較爲類似、在內容上較爲嚴謹，以及開始採用「古蹟」及「民俗」等現今文化資產的相關用詞，爲了解台灣清代知識份子的文化資產觀念、態度及知識的適合對象。

　　在清廷統治台灣的二百一十一年間②，共完成各級方志四十餘種，其中有二十一種較爲完備③。在前述的二十一種方志中，多數均擁有〈風俗志〉及〈雜記志〉。在〈風俗志〉中，編纂者多以漢人禮教觀念爲基礎，來詮釋風俗習慣的意義，其後區分「漢俗」及「番俗」，分別介紹其轄區內居民的物質文化、生命禮俗、歲時祭祀、鬼神信仰、祈福辟邪等；而在「叢談」一類的條目中，也或多或少記錄了一些民間特殊習俗；上述各種即現今文化資產中所稱的「傳統藝術」及「民俗及有關文物」等無形文化資產④的相關資料。

　　在方志的〈雜記志〉中，多包括古蹟、寺廟、墳墓等項目。少數方志於

台東卑南遺址挖掘出的人獸形玉玦，為國立臺灣史前文化博物館珍貴館藏。

古蹟目下區分次類，如陳文達《台灣縣志》分城、井、澤、池四類⑤，陳壽祺《重纂福建通志》分名勝、園宅、冢墓、石刻四類⑥。概略地說，各種方志所列古蹟條目，多涵蓋現今《文化資產保存法》所稱的古蹟、文化景觀及自然地景等類別。

在方志中，有關古蹟的描述多很簡要，其內容包括所在地、簡史或景觀、現況、傳說等，長者約二百至三百字，短者約數十字。例如：

玉山：在鳳山縣。山甚高，皆雲霧罩於其上，時或天氣光霽，遙望皆白石，因名爲玉山。⑦

水沙浮嶼：水沙連四週大山，山外溪流包絡。自山口入爲潭，廣可七、八里；曲屈如環圍二十餘里。水深多魚。中突一嶼，番繞嶼以居，空其頂；頂爲屋，則社有火災。岸草蔓延，繞岸架木浮水上，藉草承土以種稻，謂之浮田。隔岸欲詣社者，必舉火爲號；番划蟒甲以渡。嶼圓淨開爽，青嶂白波，雲水飛動，海外別一洞天也。⑧

除了文化資產的相關記錄，在方志中也記載了少數清代古蹟修復的事蹟，例如1718（康熙五十七）年官方修葺安平熱蘭遮城⑨、1724（雍正二）年重修淡水紅毛城⑩，以及1746（乾隆十一）年及1751（乾隆十六）年兩度整修台南五妃廟⑪等，但是似乎並非採取現今的古蹟修復原則。

至於民間文化資產保存或推廣作爲，以推動或傳習技藝或藝能者居多，常見者如武術、文武陣頭、南北管、子弟戲、八音、歌仔戲、布袋戲、採茶歌等。在澎湖縣望安島上，於1880（光緒六）年由八罩網垵澳⑫紳士許樹人、許清省、吳鼎盛等人共同捐資成立好善堂，則將其保護對象擴及現今第一級保育類動物、定期返島產卵的綠蠵龜等動物，這也是台灣清代罕見的自然保育行動之一。

台南市赤崁樓為荷蘭時期遺留下來的重要史蹟。

　　綜觀方志的記載，台灣清代官方及知識份子對於古蹟應有所聽聞，但未加以重視，同時也沒有保存觀念。至於庶民大眾的認知，無法從史籍中體會，以當時民間識字及官話聽講能力普遍不佳的情形來看，方志中有關古蹟的知識對於民間的影響似乎有限，就目前所知少數民間有形文化資產及自然資產的保存活動，均屬於慈善、移風易俗，或是念舊或珍惜的個別行為，而非基於歷史文化價值而有的普遍現象。換言之，當時社會中尚無有形資產的保存風氣。至於因應社會生活所需而有的職業性、休閒娛樂、或儀典性的展演活動，即現今所稱的傳統藝術、民俗及有關文物等無形文化資產，融於日常生活中，為習俗的一部分，透過民間社團自發性的推動，而普遍留存於社會基層之中。

第二節
《史蹟名勝天然紀念物保存法》時期

1895年日本政府依據〈馬關條約〉接管台澎，至1945年第二次世界大戰失敗後撤離，總計治台五十年。在日本統治期間，台灣文化資產保存的法制及政策作為，由無到有逐漸的形成。

來台初期，由於生活環境差異，日人罹病或死亡極多，為此台灣總督府（以下簡稱「總督府」）在市街地區展開衛生下水道改善工程、市區改正，以及都市計畫等一系列的環境改造工程。其中的市區改正計畫，前後施行了三十餘年，導致許多城牆、大宅，以及傳統漢式店仔的臨街面遭到拆除。另一方面，隨著許多日籍自然及文化學者專家應聘來台，台灣文化資產保存的「暖場」事務也零星浮現，包括文化資產相關法規公布、考古發掘、史蹟調查、妥協式的保存活動、文化社團成立等。

在法規方面，總督府於1896（明治二十九）年公布《本島廟宮寺院保護相關規則告諭》，要求部隊善盡保護借用廟宇及其文物之責。在考古發掘方面，1896（明治二十九）年總督府國語學校教師粟野傳之丞在台北市芝山巖發現一件史前人類的石器；次年，伊能嘉矩與宮村榮一在台北市圓山發現一處含有石器、骨器和陶器的貝塚。這兩次的發現，開啟了台灣現代考古學活動⑬。在基礎調查方面，包括總督府殖產局川上瀧彌調查採集上萬份植物標本（1903）、殖產局完成台灣鳥類調查（1903）、總督府土木課職員安江正直完成《建築史編纂資料蒐集復命書》（1907）、殖產局完成台灣名木調查（1915）⑭。在妥協式的保存活動方面，包括了以下漢式建築因道路開闢或設施興建而加以移築：台北市石坊街急公好義坊（1900）、台中市原台灣省城大北門（坎孚門）

彰化市孔廟 1726 年創建，現貌大致經 1830 年大修，列屬國定古蹟。

城門樓（明遠樓）（1903）、台北市東門街黃氏節孝坊（1906）、台中市原台灣省儒學考棚（1912）及其主樓湧泉閣（1924）、台北市欽差行台（1932）等。

對於台灣文化資產保存環境造成較全面的影響者，為 1930（昭和五）年總督府修正公布《行政諸法台灣施行令》，將《史蹟名勝天然紀念物保存法》等運用於台灣，這是台灣歷史上第一次擁有文化資產保存相關法規。總督府隨後於同年底進一步公布三種相關子法，包括《史蹟名勝天然紀念物保存法施行規則》《史蹟名勝天然紀念物保存法取扱規程》，及《史蹟名勝天然紀念物保存調查會規程》，以利保存事務之推動。

於法規制定完成後，總督府隨即展開史蹟名勝天然紀念物指定工作。

台南市鹽水區八角樓為鹽水的地標，也是日本時代《史蹟名勝天然紀念物保存法》指定物之一。

從現有資料來看，總督府在1933（昭和八）、1935（昭和十）及1941（昭和十六）年完成三次史蹟名勝天然紀念物的指定工作，包括史蹟三十一筆及天然紀念物十九筆，總計五十筆，但並未指定名勝。所指定的史蹟包括芝山巖、熱蘭遮城、（清代鳳山縣）舊城跡、琉球藩民墓、北白川宮能久親王御遺跡、圓山貝塚、恆春城、墾丁寮石器時代遺跡、太巴塱社蕃屋、比志島混成枝隊良文港上陸地、伏見宮貞愛親王御遺跡、南荣園、第二師團枋寮上陸地、文石書院等；所指定的天然紀念物包括：海蝕石門、泥火山、帝雉、過港貝化石層、（高雄港內）紅樹林、熱帶性海洋原生林、寬尾鳳蝶、華南鼬鼠、仙腳石海岸原生林、野生稻種自生地、台灣高地產鱒、蓮角鷸等⑮。

除了推動指定工作之外，總督府也從事熱蘭遮城遺跡測繪及整修（1929-1930）、墾丁寮遺址發掘（1931-1932）、普羅民遮城測繪及修復（1942-1944）、北荷蘭城考古發掘（1936）等保存工作；以及籌設大屯、次高太魯閣、新高阿里山等三個國立公園；設立台南（1902）、台灣總督府殖產局（1908）、台中（1909）、嘉義（1923）等博物館，以及台北市動物園（1916）、基隆市水族館（1916）、台北植物園（1921）等與文化保存或自然保育相關的設施⑯。

　　日治期間台灣文化資產的保存環境，大體上以1930（昭和五）年為界，分為兩個時期，上半期因急於從事生活環境改造，且未將歷史文化列為規劃指標之一，雖然改善了市街的居住品質，但也對文化資產造成傷害；下半期因《史蹟名勝天然紀念物保存法》施行，使得台灣的文化資產保存首度邁入法制時期，所指定的物件受到法律保護。

　　日治期間台灣史蹟名勝天然紀念物保存的法制建構及調查修復推動，主要力量來自於少數知識份子及官吏，社會大眾並未參與，屬於由上而下的文化活動，加上於萌芽階段，即爆發第二次世界大戰，而未能深植於社會基層中，導致戰後政權轉移、日人離境後，台灣文化資產保存機制及成果歸零外，社會中的保存氛圍也因根基淺薄而煙消雲散。

第三節
戰後初期的雜沓與重建

　　1945年日本政府因第二次世界大戰失利，放棄台灣島及澎湖的主權，
同年中華民國國民政府（1947年後改稱「中華民國政府」）來台。在文
化資產保存方面，原先由日本政府所施行的《史蹟名勝天然紀念物保存
法》失去法律效力，其指定物件不再受到保護；在另一方面，中華民國
國民政府於1930年於中國公布施行《古物保存法》，然其中央主管機
關中央古物保管委員會未在台恢復，加上相關部會對於文化保存並不重
視，致使台灣文化資產保存淪於有法律、但沒執行的處境。

　　戰後政權更替後的最初二十多年間，政府的不同單位多次命令地方政
府拆除日治統治象徵物，其中以1974年為了報復台日斷交，由內政部所
函頒的《清除台灣日據時代表現日本帝國主義優越感之殖民統治紀念遺
跡要點》影響層面最大，導致國內多數神社及碑石上的日治年號遭到破
壞。在下令拆毀日本統治象徵物的同時，全台各地也奉令進行數次史蹟
調查，但是未有實際的保存作為。

　　在歷經戰後前期二十年的低迷之後，到了六〇年代中期，受到中國政
局影響，台灣文化資產的保存環境逐漸的回溫。1966年中國展開文化大
革命，中華民國政府決議以文化建設為主體加以反制，包括由內政部及
教育部推動《古物保存法》修正工作。《古物保存法》修正工作從1968
年開始推動，至1982年5月26日《文化資產保存法》公布施行為止，前
後長達十四年之久，其工作目標由原先的「修正」轉變為「立法」，即
制定新的法律，其過程概分為五個階段：（1）《古物保存法》修正時期
（1968-1972）；（2）《古物古蹟保存法草案》時期（1972-1980）；（3）《文

化資產保存法草案》時期（1980）；（4）行政院版《文化資產保存法草案》時期（1980）；（5）《文化資產保存法》公布施行（1981-1982）⑰。

在修法的同時，台灣社會因經濟的快速成長，連帶的喚起了蟄伏於社會大眾心中的文化需求，陸續爆發鄉土文學運動、民歌運動（1975-1981），以及新北市板橋林本源園邸（1967-1986）、彰化縣彰化孔子廟（1970-1978）、彰化縣鹿港老街（1975-1995）、台北市林安泰古厝（1976-1984）等數起古蹟保存運動。面對著接二連三浮現的文化運動，行政院決定順應民情，調整政策方向，於1977年9月宣布，在完成十大建設（1974-1979）後，將進行新的十二大建設（1980-1985），其中之一為文化建設，計畫在五年內分區完成每一個縣市的文化中心，隨後推動長期性的綜合性文化建設計畫。為了配合前述計畫，行政院在1978年12月通過「加強文化及育樂活動方案」⑱，包括十二項措施⑲，其中的九項與文化資產保存有關，內容包括建構台灣文化資產保存法制的所有要項，如法規增修、主管機構設立、人才資料蒐集及培育、經費規劃、獎勵措施、基礎調查及研究、活動推廣、主辦機關等。

於方案公布後，各主管機關積極推動，很快的便有了具體成果，例如設立行政院文化建設委員會（1981，以下簡稱「文建會」；2012年5月以後改制為「文化部」）、《文化資產保存法》公布施行（1982）、設立國立藝術學院（1982）、舉辦民族藝術薪傳獎（1985）、設立文化建設基金（1992），及《文化藝術獎助條例》公布施行（1992）等。1983年行政院有鑑於「加強文化及育樂活動方案」中所列部分重要措施已執行完畢，部分則持續推動中，為因應當時國家總體文化環境之需要，以及輔導縣市文化中心推廣文化活動，而加以修正，條列「重要措施」十項⑳，其中第三項為「文化資產之維護與宣導」。此外，第四項「國劇、地方戲曲及話劇之推廣與扶植」，也屬於文化資產中民族藝術（或稱傳統藝術）範疇；同樣的，在接下去數年之後，所列之工作項目也陸續完

成，如教育部先後核准增設七個以上文化資產相關系所、將古蹟修復列爲特殊工程而不受《政府採購法》限制、成立國立台灣戲曲專科學校（1999）等。

綜觀戰後初期，在經歷過一連串的鏟除前朝遺物工作之後，隨著政治高壓統治逐漸紓緩、家庭經濟趨於小康、社會氛圍略顯開放，人心從壓抑中釋放、文化意識漸次復甦，在十二大建設的文化建設及「加強文化及育樂活動方案」搭配推動下，國內文化資產的保存環境由失序狀態逐漸邁入軌道，最終促成台灣文化資產第二度受到法律的保護，以及擁有一套規劃合宜的保存機制。

第四節
《文化資產保存法》第1版時期

　　《文化資產保存法》於1982年5月26日公布施行後，成為台灣繼日本時代的《史蹟名勝天然紀念物保存法》後，第二個確實執行的文化資產保存的母法。

　　《文化資產保存法》先後進行過七次修正，其中前四次為部分條文修正，分別為1997年1月22日第一次修正公布、1997年5月14日第二次修正公布（以下簡稱《文資法1-3版》）、2000年2月9日第三次修正公布（以下簡稱《文資法1-4版》），以及2002年6月12日第四次修正公布，以下統稱上述各版為《文資法第1版》。2005年2月5日第五次修正公布，此次為整體性及結構性修法，修正後之分類及條文內容與《文資法第1版》明顯不同，以下稱為《文資法第2版》。2011年及2012年因應古蹟土地容積移轉規定及政府組織改造，在條文上略作修改。

　　在《文資法1-3版》以前，台灣的文化資產分為五類，包括古物、古蹟、民族藝術、民俗及有關文物、自然文化景觀；2000年2月《文資法1-4版》施行後，新增歷史建築類，共計六類。各類的中央主管機關分別為教育部（古物、民族藝術）、內政部（古蹟、民俗及有關文物）、經濟部（自然文化景觀）[21]，以及文建會（歷史建築、文化資產保存之策劃與共同事項之處理）。此外，文建會先後設立國立傳統藝術中心[22]、國立文化資產保存研究中心籌備處[23]，以及民族音樂中心籌備處[24]等三個與文化資產保存有關的附屬機構。

　　由於中央主管機關眾多，因此在《文資法第1版》期間，台灣文化資產保存的成果並不一致，其中以古蹟、自然文化景觀及歷史建築的指定

彰化縣鹿港鎮龍山寺現址是 1786 年由泉州郊商集資興建，原為第一級古蹟，1997 年之後改稱為國定古蹟。

登錄績效較佳。在古蹟指定方面，於 1972 年《古物保存法》修正案調整為《古物古蹟保存法》草案，並以內政部為古蹟的暫定主管機關之際，同年內政部隨即推動古蹟指定的先期作業，於 1979 年完成調查及審查作業，共列暫定古蹟三百四十四處㉕。1982 年《文化資產保存法》公布施行後，同年由文建會遴聘專家學者進行複審，次年（1983）由內政部公布指定第一級古蹟十五處，1985 年公布第一、二、三級古蹟共二百零六處，總計二百二十一處㉖。此後改由地方政府提報審議，從 1986 至 2005 年年底，共增列古蹟三百九十四處，總計六百一十五處。

在自然文化景觀指定方面，於《文資法第 1 版》期間，行政院農業委員會共指定珍貴稀有動物二十三種，包括帝雉、蘭嶼角鴞、櫻花鉤吻

鮭、台灣黑熊、百步蛇、綠蠵龜等，所有指定對象於2001年《野生動物保育法》公布施行後，全數自《文化資產保存法》中移除，改列爲保育類野生動物。自然保留區十九處，包括關渡、哈盆、鴛鴦湖、淡水河紅樹林、澎湖玄武岩、九九峰等。珍貴稀有植物五種，包括台灣穗花杉、台灣油杉等㉗。

歷史建築爲2000年新增的文化資產類型，自2001年開始從事登錄工作，在《文資法第1版》期間，共登錄五百六十七處。至於民俗及有關文物並不從事指定工作，而古物及民族藝術於《文資法第1版》期間未推動指定工作。

除了指定登錄㉘之外，內政部及文建會先後推動「全國古蹟修護技術人才調查研究」（1985）、「台閩地區傳統工匠之調查研究」（1991-1994）、「台灣地區重要考古遺址初步評估」（1991-1992）、「台閩地區考古遺址」（1992-）、「近代歷史建築調查」（1993-1994）等全國性普查工作。在九二一大地震發生後，文建會立即投入震災地區歷史建築的相關調查及研究（1999-2000），次年《文資法1-4版》修正公布後，文建會成爲歷史建築的中央主管機關，除了從事「歷史建築清查」（2001-2003）、「產業文化資產清查」（2002-）、「國有宿舍總清查」（2003-）等基礎調查之外，也推動全國性保存活動，如文化資產年及世界古蹟日活動（2001-）、歷史建築百景徵選活動（2001）、閒置空間再利用計畫（2001-）、台灣世界遺產潛力點計畫（2002-）等。

隨著《文化資產保存法》施行及「加強文化及育樂活動方案」成果陸續浮現，除了各主管機關之外，相關部會也調整政策方向，將部分心力改以文化藝術爲基礎，提出改善環境品質的計畫內容，或是協助保存工作之推動；在另一方面，民間的文化資產保存意識急遽提升，紛紛組織文史社團或設立文化館場，同時也引爆許多保存事件。

在相關部會的施政作爲方面，較具成效者有文建會推動設立縣市特

色館㉙、文建會推動社區總體營造、國家文化藝術基金會獎助及推廣、教育部推動鄉土教育、教育部訂頒《大學聘任專業技術人員擔任教學辦法》、內政部營建署推動「城鄉景觀風貌改造運動」、內政部營建署設立國家公園、內政部營建署辦理都市計畫、內政部建築研究所推動「古蹟暨歷史建築保存修復與活用科技計畫」、經濟部推動「活化地方商業環境計畫」、交通部設立國家風景區、行政院國科會推動「數位典藏國家型科技計畫」、地方政府設立社區大學等。

台灣在1949至1987年間施行戒嚴，民間多不敢設立文史社團，以免招惹不測，至七〇年代後期戒嚴管制略顯鬆散之際，民間社團才開始浮現，代表性團體有彰化鹿港文物維護及地方發展促進委員會（1977）、財團法人中華民俗藝術基金會（1979）、財團法人施合鄭民俗文化基金會（1980）、財團法人鹿港文教基金會（1983）等；1993年文建會提出「文化地方自治化」的構想，次年展開社區總體營造工作，受此影響，各地文史工作者紛紛組織社團，如財團法人金廣福文教基金會（1995）、財團法人雲林縣螺陽文教基金會（1995）、美濃文史協會（1995）、財團法人淡水文化基金會（1995）、台北市八頭里仁協會（1995）、台南市文化資產保護協會（1997）、桃園縣大溪鎮歷史街坊再造協會（1997）、財團法人新故鄉文教基金會（1999）等；2000年文建會成為歷史建築的中央主管機關後，推動一系列的普查工作，促成地方基層再次掀起成立民間文史社團風潮，如宜蘭縣大二結文教促進會（2000）、宜蘭縣博物館家族協會（2001）、台中市惠來遺址保護協會（2002）、台南市佳里蕭壠社北頭洋發展協會（2003）、台灣花宅聚落古厝保存協會（2005）、嘉義市洪雅文化協會（2008）、中華民國傳統匠師協會（2009）等。

至於在《文資法第1版》期間，發生且見諸媒體的文化資產保存事件，有五十五件左右，平均一年超過兩件，其中影響層面較廣者為桃園縣桃園神社保存事件（1985-1994）、新北市三峽老街保存事件（1989-2007）、

台南市台南地方法院保存事件（1989-1991）、台北市蔡瑞月舞蹈研究社保存事件（1994-2003）、台北市北投溫泉公共浴場保存事件（1995-1998）、台中市潭子摘星山莊保存事件（1997-2003）、嘉義市嘉義稅務出張所保存事件（2000-2002）等。

回顧《文資法第1版》期間台灣文化資產保存的總體表現，從業務執行角度來看，在《文資法第1版》施行的二十三年間，大體上以九二一大地震為界，分為前期「例行業務」型及後期「文化展演」型等兩個風格迥異的時期。在「例行業務」期中，主管機關將文化資產保存視為專業工作，採取例行業務操作方式，逐年編列預算，進行指定、修復等實務性工作；在「文化展演」期中，文建會成為新增歷史建築的中央主管機關後，採取中央策劃、全國動員，以展演藝術所習見的活潑創意方式推動保存工作，使得文化資產廣受社會注目、進而激發國人的熱情，保存績效也急速累積。

就保存環境上來看，《文資法第1版》施行初期，保存工作多由主管機關與少數知識份子主導，但是隨著經濟成長、民間文化保存意識高漲，在社區總體營造計畫推動及文建會創意推廣下，由下而上的文化力度逐漸加強，最終形成上下競合的形勢。

就執行成果來看，在指定登錄及維護保育方面，古蹟、歷史建築、自然文化景觀有顯著進步，民族藝術差強人意，而古物、民俗及有關文物則成效不彰；至於在預防性保存、再利用、保存科學等方面，則均未能有效推動。

在《文資法第1版》施行期間的另一項特徵，是由民間發動的保存事件頻率及數量，隨著台灣文化資產指定登錄數量增加，不減反增。這個事實說明了民間文化保存意識成長的速度，超過了主管機關的行政效率，以及文化資產保存法規及機制尚有不足之處。

第五節
《文化資產保存法》第2版時期

2001年6月，因應立法院所提《文化資產保存法》修正案，文建會邀請各級文化主管機關人員及學者專家會商。在會議中，部分與會者認為整體性及結構性修法較能徹底解決《文資法第1版》缺失，隨後於2002年底完成修正草案並陳報行政院。2005年1月經立法院通過，2月總統明令公布，11月行政院發布全部施行。自此之後，台灣擁有一部嶄新的《文化資產保存法》，以下簡稱《文資法第2版》。

《文資法第2版》的主要修正內容包括將台灣文化資產的種類由原本六種調整為九種：古蹟、歷史建築、聚落、遺址、文化景觀、傳統藝術、民俗及有關文物、古物、自然地景，以及擴大保存對象至保存技術及保存者；其次，將中央主管機關由原本的四個，縮減為文建會（除自然地景以外的其他保存工作）及農委會（自然地景）兩個；為了因應新增業務，文建會於2007年於台中市成立文化資產總管理處籌備處（2012年5月改名為「文化部文化資產局」），成為台灣第一個統籌文化資產保存業務的專門機關。

除此之外，《文資法第2版》將文化資產工作目標由保存為主，調整為保存與再利用並重，以及強調下列事項：文化資產保護網之完整性及強度、文化資產保存與都市計畫的連結、對於私有權益的尊重，以及獎勵措施等。《文資法第2版》另一項嶄新的設計為將保存方式區分為指定制與登錄制兩種，以分別運用於不同對象上㉚，「指定制」傾向於強制性保護，經指定的物件，可獲得稅金減免、經費補助等獎勵，但是違反保存作為者將受到懲罰；「登錄制」傾向於獎勵性保護，可獲得類似

的獎勵，但無罰則；強制性保護方式導致部分文化資產所有權人，為避免被指定而先行破壞，或於指定後消極抵制；獎勵性保存提供了緩衝空間，可以有效紓解情緒性的破壞事件。而針對聚落保存不易，於《文資法第2版》中設計一套聚落專屬的由下而上、官民合作的保存制度。

由於事權統一，因此各類文化資產的指定登錄數量全面性的提升，至2010年底以前，共有古蹟七百三十五處、歷史建築九百七十六處、聚落八處、遺址三十九處、文化景觀二十九處、傳統藝術一百一十三項、民俗及有關文物七十項、古物八百六十組。在自然地景方面，除了《文資法第1版》期間所指定者外，僅新增澎湖南海玄武岩自然保留區（東吉嶼、西吉嶼、頭巾、鐵砧）一處；在保存技術及保存者方面，至2011年12月為止，共指定四位、列冊四十二位。

在全國性普查工作方面，除了延續《文資法第1版》期間尚未完成者外，新增以下各種：依據《輔導直轄市及縣市政府推動文化資產保存維護工作作業要點》推動文化資產普查（內容包括聚落、文化景觀、傳統藝術、民俗及有關文物、古物、保存技術及保存者等，2005-）、「眷村文化潛力發掘普查計畫」（2006-）、「文物保存修護人力資源及就業市場調查計畫」（2006）、「建築類文化資產保存修護傳統工匠調查及培育策略研究計畫」（2006-2007）、「古蹟、歷史建築、聚落及文化景觀之維護、修復匠師人力資源守護計畫」（2009-）等。在《文資法第2版》施行後，由文建會所推動的大型全國性保存活動，較重要的有古蹟與歷史建築再利用（2001-）、國際文化資產日活動（2005-）、社區文化資產守護網（2005-）、水下考古工作（2006-）、區域型文化資產環境保存及活化計畫（2006-）等。

隨著台灣文化資產保存風氣的提升，文化資產國際交流及相關部會對於文化資產保存周邊協助也持續加溫。在國際交流方面，從2001年開始，台法之間共同推動馬勒侯文化管理研討會（2001-2008）、文化資產

詮釋人才培育計畫（2005-2007）等中長期性國際合作計畫；2006年以後，台灣進一步經援及派員協助瓜地馬拉（Republic of Guatemala）推動世界遺產安地瓜古城索爾璜納修道院（Sor Juana de Maldonado）及聖方濟女修道院（Las Capuchinas）的維護與再利用計畫。

在相關單位推動文化保存活動方面，有文建會推動文化創意產業、行政院原住民族委員會推動原住民族基礎研究及文化園區展演、行政院客家委員會推動客家文化資產保存及設置文化園區、國家文化總會投入文化資產推廣、各部會共同推動文化觀光及地方產業振興計畫等。

在《文資法第2版》期間所發生的保存事件，數量上明顯減少，但是多夾雜著政治或社會動機，較受矚目者有新北市新莊樂生療養院保存事件（2002-2009）、台北市陽明山草山行館火災事件（2007）、台北市台灣民主紀念館指定事件（2007-2009）、台北市台北府城東門黨徽油漆事件（2009）等。

綜而言之，從法規設計及初步執行成果來看，台灣文化資產保存環境在《文資法第2版》施行後，有了一些改變：（1）將空間範圍較大、同時具有較廣面社會文化意涵的聚落、遺址、文化景觀提升爲單獨類型，以及增加保存技術及其保存者之保存，使得台灣文化資產保存朝向大型化、統合化，以及物、人並重化的方向發展；（2）由於事權統一，使得以往照顧不足的聚落、文化景觀、傳統藝術、民俗、古物、保存技術及其保存者等之基礎調查或指定登錄，在政策推動下成果逐漸浮現，促成台灣文化資產保存朝向全面關照的方向發展；（3）《文資法第2版》強調文化資產保存與再利用並重，加上近年來政府強化文化產業加值及文化傳播功能，導致台灣文化資產價值朝向多元面向發展；（4）在《文資法第1版》期間，地方政府只擁有古蹟及歷史建築㉛的指定登錄權，於《文資法第2版》施行後，地方政府擁有所有九種類型的指定登錄權，說明了台灣文化資產保存由中央集權的菁英調性，轉變爲中央與地方共

權及「菁英庶民並重」的文化基調；（5）《文資法第2版》建構多重預防性保存措施及保護網，以及將保護方式彈性區分為強制性「指定」以及獎勵性「登錄」兩種，這種「預防重於治療」的保存政策，使得台灣文化資產破壞事件明顯降低；（6）《文資法第2版》採取以補助方式推動古蹟、歷史建築及聚落保存，逐漸形成政府與所有權人共同分擔保存經費，以及由出資超過一定比例的所有權人自行發包的作業型態，促成台灣文化資產保存朝向公私協力的方向發展。

第六節
現階段台灣文化資產保存的問題與期許

《文資法第2版》公布施行後，台灣的文化資產在法規及機制上較以往周全，在政策及執行上保持穩定發展，加上民間文化保存已形成風氣，綜合來說，總體氛圍朝著正面成長。

即使如此，台灣現階段的文化資產保存環境及法制，仍有尚待改善之處，如國家文化預算不足、文化部及地方文化局處人力嚴重短缺、《文化人員任用條例》遲遲未能通過、修復師傅證照制度及從業人員回訓制度尚未建構、現行的《專門職業及技術人員高等考試建築師考試規則》窄化了台灣文化資產保存人才培育的管道、相關法規並未針對文化資產保存特性量身打造出適當的作業機制等。其次，文化資產保存為跨領域事務，公務職系的剛性規定導致專業人員無法適才適用或升遷困難；而保存科學研究、文化資產檔案及史料整理、師傅及藝師培育、文化資產保存知識納入中小學教育課程、文化景觀及民俗缺乏中央層級的保護、聚落及文化景觀之相關法條缺少對其內無形文化資產應有的保護等，則是現階段台灣文化資產保存需要強化的事務。

至於保存專業上的問題，隨著大環境變遷而有所不同，以下幾項為現階段需要積極部署，以利往後台灣文化資產保存成果繼續提升的事務：

（1）加強各類資產保存的橫向整合：於《文資法第2版》施行之後，台灣的文化資產分為文化性資產[32]及自然資產兩大塊面，分由文化部與農委會主管，兩者之間，並未有良好的連結。其次，目前台灣的有形文化資產與無形文化資產各有其保存的法制與政策；事實上多數的資產，

其文化與自然內涵是無法分割的、有形與無形內涵是互爲表裡的，因此將各類資產的保存機制統整成一體，對於台灣文化資產保存將會有結構性的幫助。

（2）推動台灣文化資產保存旗艦計畫：台灣現階段的文化資產保存，就空間格局而言，多屬於尺度偏小的個別類型的個體式保存，缺乏跨類別的廣域型保存；當時文化部也注意到這個問題，除了強化聚落及文化景觀等大尺度的資產保護外，也陸續推動「世界遺產潛力點」計畫，以及「區域型文化資產環境保存及活化計畫」，文化部的政策作爲大體上符合現今國際趨勢，也比較能夠完整呈現出文化資產的總體價值，但是需要有更長期、更廣面的計畫推動，以及投入更多的資源，才有可能發揮功能。

（3）參考世界遺產法規調整台灣文化資產保存規範：就指定登錄的相關規範而言，《文化資產保存法》以及其相關法規，雖然有詳細規定，但是似乎流於瑣碎而缺乏重點；相較之下，在聯合國教科文組織「世遺準則」（Operational Guidelines for the Implementation of the World Heritage Convention）中，對於申報及審核程序、評估方式與準則等，以及要求對於保護狀況、經營管理狀況、顯著普世價值、完整性（integrity）、眞實性（authenticity）的說明等，雖然較台灣現行法規精簡，但是更爲周全，很值得我們加以參考；其次，聯合國教科文組織「世遺準則」規定世界遺產地（World Heritage Sites）需定期性報告（periodic reporting）以及接受評鑑（evaluation），而許多國家於世界遺產地附近設立專責的保存研究中心，以便就近照應及管理；這些作爲對於文化資產的經營管理維護，有很大的助益，值得我國參考，甚至於引用。

（4）建立國際文化資產交流平台：隨著九〇年代冷戰時期結束，國際間文化意願提升，使得許多文化保存團體的活動及重要性，以及國際合作修復世界遺產與日俱增，成爲重要的國際交流場合，是國人開

澎湖縣萬安鄉花宅為中央登錄的重要聚落。

拓國際性胸襟及眼界,以及吸收新知、提升形象及績效的捷徑,目前
國際上有許多重要的非政府組織,如國際文化資產保存修復研究中心
(ICCROM)、國際文化紀念物與歷史場所協會(ICOMOS)、國際自
然保育聯盟(IUCN)、國際博物館協會(ICOM)、國際工業遺址保
存協會(TICCIH)、國際現代主義文件及建築、場所及社區保存協會
(DoCoMoMo)、國際景觀建築師聯盟(IFLA)等,如何統整台灣相關
資源,建構一個既可觀照全局、又可以彈性支援各種國際組織活動的平
台,是現階段台灣文化資產保存界需要著手策劃的工作之一。其次,國
外許多世界遺產地,如柬埔寨吳哥窟(Angkor)、越南會安(Hoi-an)、
瓜地馬拉安地瓜古城及提卡國家公園(Tikal National Park)馬雅遺址等,
均邀請外國專業團隊分區認養從事研究修復工作,台灣目前已具備足夠
的文化資產保存知識與能力,宜更積極推動海外文化資產保存修復合作
計畫。(本章摘錄自林會承,《台灣文化資產保存史綱》。台北:遠流
出版,2010。)

《史蹟名勝天然紀念物保存法》指定名單

史蹟	第一次指定 （1933.11.26）	芝山巖、北荷蘭城、熱蘭遮城、舊城跡（鳳山縣舊城）、琉球藩民墓、北白川宮能久親王御遺跡（共3筆）
	第二次指定 （1935.12.5）	北白川宮能久親王御遺跡（共34筆）、艾爾騰堡、圓山貝塚、台北景福門麗正門承恩門重熙門（共4筆）、竹塹迎曦門、普羅民遮城、台南東安門寧南門靖波門（共3筆）、恆春城、明治七年龜山本營之址、石門戰蹟、墾丁寮石器時代遺跡、佳平社蕃屋、民蕃境界古令埔碑、太巴塱社蕃屋、比志島混成枝隊良文港上陸地
	第三次指定 （1941.6.14）	北白川宮能久親王御遺跡（共1筆）、伏見宮貞愛親王御遺跡（共3筆）、南菜園、乃木館、乃木母堂之墓、三角湧戰跡、第二師團枋寮上陸地、文石書院、千人塚、海軍聯合陸戰隊林投上陸地
天然 紀念物	第一次指定 （1933.11.26）	芝山巖、海蝕石門、北投石、泥火山、儒艮、帝雉
	第二次指定 （1935.12.5）	過港貝化石層（苗栗後龍）、紅樹林（高雄港內）、毛柿及榕樹林（墾丁）、熱帶性海洋原生林（鵝鑾鼻）、寬尾鳳蝶、華南鼬鼠
	第三次指定 （1941.6.14）	仙腳石海岸原生林、野生稻種自生地、台灣原始觀音座蓮及菱形奴草自生地、台灣高地產鱒、穿山甲、小紅頭嶼植物相、蓮角鷸

資料來源：《臺灣總督府府報》昭和八（1933）年11月26日告示第166號、昭和十（1935）年12月5日告示第184號、昭和十六（1941）年6月14日告示第474號。

依據《文化資產保存法》所指定的「自然保留區」（至2012.3為止）

	名稱	位置概述	面積（公頃）	公告日期	主要保護對象
1	關渡自然保留區	台北市關渡堤防外沼澤區	55	1986.6.27	水鳥
2	哈盆自然保留區	宜蘭事業區、烏來事業區	332.7	1986.6.27	天然闊葉林、山鳥、淡水魚類
3	鴛鴦湖自然保留區	大溪事業區	374	1986.6.27	湖泊、沼澤、紅檜、東亞黑三稜
4	坪林台灣油杉自然保留區	文山事業區	34.6	1986.6.27	台灣油杉
5	淡水河紅樹林自然保留區	台北縣竹圍淡水河岸	76.41	1986.6.27	水筆仔
6	苗栗三義火炎山自然保留區	大安溪事業區	219.04	1986.6.27	崩塌斷崖地理景觀、原生馬尾松林
7	台東紅葉村台東蘇鐵自然保留區	延平事業區	290.46	1986.6.27	台東蘇鐵
8	大武事業區台灣穗花杉自然保留區	大武事業區	86.4	1986.6.27	台灣穗花杉
9	大武山自然保留區	大武事業區、台東事業區、屏東林區	47000	1988.1.13	野生動物及其棲息地、原始林、高山湖泊
10	插天山自然保留區	大溪事業區、烏來事業區	7759.17	1992.3.12	櫟林帶、稀有動植物及其生態系
11	南澳闊葉樹林自然保留區	和平事業區	200	1992.3.12	暖溫帶闊葉樹林、原始湖泊及稀有動植物

	名稱	位置概述	面積（公頃）	公告日期	主要保護對象
12	澎湖玄武岩自然保留區	澎湖縣錠鉤嶼、雞善嶼、及小白沙嶼	19.13 (30.87)	1992.3.12	玄武岩地景
13	台灣一葉蘭自然保留區	阿里山事業區	51.89	1992.3.12	台灣一葉蘭及其生態環境
14	出雲山自然保留區	荖濃溪事業區	6248.74	1992.3.12	闊葉樹、針葉樹天然林、稀有動植物、森林溪流及淡水魚類
15	烏山頂泥火山自然保留區	高雄縣燕巢鄉深水段	4.89	1992.3.12	泥火山地景
16	挖子尾自然保留區	台北縣八里鄉	30	1994.1.10	水筆仔純林及其伴生之動物
17	烏石鼻海岸自然保留區	南澳事業區	347	1994.1.10	天然海岸林、特殊地景
18	墾丁高位珊瑚礁自然保留區	墾丁熱帶植物第3區	137.625	1994.1.10	高位珊瑚礁及其特殊生態系
19	九九峰自然保留區	埔里事業區	1198.4466	2000.5.22	地震崩塌斷崖特殊地景
20	澎湖南海玄武岩自然保留區（東吉嶼、西吉嶼、頭巾、鐵砧）	澎湖南海	176.2544	2008.9.23	玄武岩地景
21	旭海－觀音鼻自然保留區	屏東縣牡丹鄉境內	841.3	2012.1.20	高自然度海岸、陸蟹、原始海岸林、地質景觀及古道

台灣世界遺產潛力點
（2012.3的公布名稱）

1	玉山國家公園
2	大屯山火山群
3	太魯閣國家公園
4	棲蘭山檜木林
5	澎湖玄武岩自然保留區
6	卑南遺址與都蘭山
7	金門戰地文化
8	馬祖戰地文化
9	淡水紅毛城及周遭歷史建築群
10	水金九礦業遺址
11	台鐵舊山線
12	阿里山森林鐵路
13	蘭嶼聚落與自然景觀
14	澎湖石滬群
15	桃園台地陂塘
16	排灣及魯凱石板屋聚落
17	樂生療養院
18	烏山頭水庫及嘉南大圳

台灣非物質文化遺產潛力點
（2013.3的公布名稱）

1	泰雅族神話傳說
2	布農族歌謠
3	北管音樂戲曲
4	布袋戲
5	歌仔戲
6	阿美族豐年祭
7	賽夏族矮靈祭
8	媽祖信仰
9	王爺信仰
10	糊紙（紙紮）
11	中元普渡
12	上元節民俗

國定古蹟名單（至2013.3為止）

	所在地	古蹟名稱		所在地	古蹟名稱
1	基隆市	二沙灣砲台	22	桃園縣	大溪李騰芳古宅
2	基隆市	大武崙砲台	23	新竹市	進士第（鄭用錫宅第）
3	基隆市	槓子寮砲台	24	新竹市	竹塹城迎曦門
4	台北市	台北府城：東門、南門、小南門、北門	25	新竹市	鄭用錫墓
			26	新竹市	新竹火車站
5	台北市	台灣總督府交通局鐵道部（廳舍、八角樓男廁、戰時指揮中心、工務室、電源室、食堂）	27	新竹市	新竹州廳
			28	新竹縣	金廣福公館（含天水堂）
6	台北市	專賣局（今台灣菸酒股份有限公司）	29	苗栗縣	鄭崇和墓
			30	台中市	台中火車站
7	台北市	台灣總督府博物館	31	台中市	霧峰林宅
8	台北市	總統府	32	彰化縣	彰化孔子廟
9	台北市	監察院	33	彰化縣	鹿港龍山寺
10	台北市	行政院	34	彰化縣	元清觀
11	台北市	台北賓館	35	彰化縣	道東書院
12	台北市	司法大廈	36	彰化縣	馬興陳宅（益源大厝）
13	台北市	嚴家淦故居	37	彰化縣	聖王廟
14	台北市	蔣中正宋美齡士林官邸	38	南投縣	八通關古道
15	台北市	台灣民主紀念園區	39	雲林縣	北港朝天宮
16	新北市	淡水紅毛城	40	雲林縣	麥寮拱範宮
17	新北市	廣福宮（三山國王廟）	41	嘉義市	嘉義舊監獄
18	新北市	鄞山寺（汀州會館）	42	嘉義縣	王得祿墓
19	新北市	林本源園邸	43	嘉義縣	新港水仙宮
20	新北市	理學堂大書院	44	台南市	台南孔子廟
21	新北市	滬尾砲台	45	台南市	祀典武廟

	所在地	古蹟名稱
46	台南市	五妃廟
47	台南市	大天后宮（寧靖王府邸）
48	台南市	台灣城殘蹟（安平古堡殘蹟）
49	台南市	赤崁樓
50	台南市	二鯤鯓砲台（億載金城）
51	台南市	北極殿
52	台南市	開元寺
53	台南市	台南三山國王廟
54	台南市	開基天后宮
55	台南市	台灣府城隍廟
56	台南市	兌悅門
57	台南市	四草砲台（鎮海城）
58	台南市	台南地方法院
59	台南市	台南火車站
60	台南市	原台南州廳
61	台南市	原台南測候所
62	台南市	原日軍台灣步兵第二聯隊營舍
63	台南市	熱蘭遮城城垣暨城內建築遺構
64	台南市	南鯤鯓代天府
65	台南市	原台南水道
66	高雄市	鳳山縣舊城
67	高雄市	鳳山龍山寺
68	高雄市	台灣煉瓦會社打狗工場（中都唐榮磚窯廠）

	所在地	古蹟名稱
69	高雄市	原日本海軍鳳山無線電信所
70	高雄市	竹仔門電廠
71	屏東縣	恒春古城
72	屏東縣	魯凱族好茶舊社
73	屏東縣	下淡水溪鐵橋（高屏溪舊鐵橋）
74	澎湖縣	澎湖天后宮
75	澎湖縣	西嶼西台
76	澎湖縣	媽宮古城
77	澎湖縣	西嶼燈塔
78	澎湖縣	西嶼東台
79	澎湖縣	馬公風櫃尾荷蘭城堡
80	澎湖縣	馬公金龜頭砲台
81	澎湖縣	湖西拱北砲台
82	金門縣	邱良功母節孝坊
83	金門縣	瓊林蔡氏祠堂
84	金門縣	陳禎墓
85	金門縣	文台寶塔
86	金門縣	水頭黃氏酉堂別業
87	金門縣	陳健墓
88	金門縣	金門朱子祠
89	金門縣	虛江嘯臥碣群
90	連江縣	東犬燈塔

重要聚落、國定遺址名單（至2013.3為止）

重要聚落名單		
	所在地	重要聚落名稱
1	澎湖縣	望安花宅聚落

國定遺址名單		
	所在地	國定遺址名稱
1	台北市	圓山遺址
2	新北市	大坌坑遺址
3	新北市	十三行遺址
4	高雄市	鳳鼻頭（中坑門）遺址
5	高雄市	萬山岩雕群遺址
6	台東縣	卑南遺址
7	台東縣	八仙洞遺址

重要傳統藝術名單（至2013.3為止）

重要傳統藝術名單			
	所在地	重要傳統藝術名稱	保存者／保存團體
1	台北市	布袋戲	陳錫煌
2	台北市	相聲	吳宗炎
3	新北市	歌仔戲	廖瓊枝
4	新北市	說唱	楊秀卿
5	桃園縣	客家山歌	賴鶯櫻（碧霞）
6	宜蘭縣	北管戲曲	漢陽北管劇團
7	苗栗縣	客家八音	苗栗陳家班北管八音團
8	台中市	南管戲曲	林吳素霞
9	南投縣	竹編工藝	黃塗山
10	南投縣	漆工藝	王清霜
11	南投縣	布農族音樂pasibutbut	南投縣信義鄉布農文化協會
12	彰化縣	北管音樂	梨春園北管樂團
13	彰化縣	粧佛	施至輝
14	彰化縣	傳統木雕	施鎮洋
15	彰化縣	錫工藝	陳萬能
16	台南市	南管音樂	張鴻明
17	屏東縣	排灣族口鼻笛	許坤仲、謝水能
18	宜蘭縣	宜蘭本地歌仔	壯三新涼樂團
19	屏東縣	恆春民謠	朱丁順
20	屏東縣	滿州民謠	張日貴
21	桃園縣	泰雅史詩吟唱	林明福
22	台南市	傳統建築彩繪	陳壽彝

重要民俗及有關文物名單（至2013.3為止）

	所在地	重要民俗名稱	保存者／保存團體
1	基隆市	雞籠中元祭	各宗親會輪值
2	苗栗縣	白沙屯媽祖進香	--
3	台中市	大甲媽祖遶境進香	--
4	雲林縣	北港朝天宮迎媽祖	--
5	雲林縣	口湖牽水車藏	--
6	嘉義縣	鄒族「戰祭」（MAYASVI）	--
7	台南市	東山碧軒寺迎佛祖暨遶境	東山碧軒寺
8	台南市	西港刈香	西港慶安宮
9	屏東縣	東港迎王平安祭典	--
10	花蓮縣	花蓮縣豐濱鄉Makotaay（港口）部落阿美族ilisin豐年祭	--

一場歷史百景票選活動的後效
——產業文化資產政策的推進

陳郁秀撰文

　　古蹟、歷史建築、聚落，係指人類為生活需要所營建之具有歷史、文化價值之建築物及附屬設施群。遺址則是指蘊藏過去人類生活所遺留具有歷史文化意義之遺物、遺跡及其所定著之空間。這些文化空間，皆細訴著生活在台灣這塊土地上人民的篳路藍縷，也是一種共同記憶與文化認同。

◎九二一大地震震出歷史建築議題

　　1999年9月21日清晨一場近百年來台灣最大地震，強大的威力毀損了台灣中部許多精美的古蹟、歷史建築與產業遺址，也震醒了台灣各界長期未具體保護文化資產的意識，引發一波波史蹟、史料清查、登錄、保存、再活化等法制化與相關推廣活動，開創了文化資產發展的新紀元。

　　文建會成立後於1982年公布實施的《文化資產保存法》，規範對象為古物、古蹟、民族藝術、民俗及有關文物與自然文化景觀；在中央政府分屬內政部（古蹟、民俗及有關文物）、教育部（古物、民族藝術）、經濟部（自然文化景觀，農委會成立後改歸農委會管轄）主管，而文建會卻未擁有管轄類項，所以文化資產保存之策劃與共同事項的處理，可說是處於事權紛歧、多頭馬車的狀態，加上，當時的《文化資產保存法》對於古蹟的規定大致著重於指定登錄、維護、修護等保存相關的規範與理念宣揚，對於被指定的所有人而言，缺乏再活化與運用等誘因下，猶如被判監禁，無法依照自己的意願修護、使用或再開發運用，導致時常

發生將被指定為古蹟的建物，在一夕間毀於一場無名大火或突然被一台怪手摧毀成為一堆廢墟。例如1999年10月台灣知名前輩舞蹈家蔡瑞月舞蹈社在被評定為二級古蹟後三天，被一場原因不明的大火燒燬，毀損的不僅是一棟建築物，更燒斷了台灣舞蹈史；2002年的大稻埕長老教會也是在被指定為古蹟的前夕，遭到教會以老教堂安全堪慮為由將教會拆除，諸如此類案例層出不窮，令人扼腕。

九二一震災後的重建之路百廢待舉，受損的古蹟如霧峰林家花園雖嚴重的損壞，但尚有修復法源與原則，而更多數未經指定的歷史建築則面臨無相關法令可協助修復、重建的狀態。例如1935年興建完工的台中放送局也遭受地震的摧毀，它是台灣日治時期三大放送局（廣播局）之一，是那個時代的精神傳播紀痕，這些彌足珍貴表現台灣各時代、各地方特色的建物，怎可就此毀滅？因此，文建會在被「九二一重建委員會」指定負責重建區歷史建築的搶救工作後，即一方面成立「九二一震災重建區歷史建築修復輔導小組」與「九二一震災重建區歷史建築修復再利用工程技術服務分區專業團隊」，協助進行緊急修復工程；另一方面與內政部及相關的學者專家共同進行《文化資產保存法》修訂作業。於2000年2月9日公布《文化資產保存法》修正版本，增加歷史建築一項，文建會為主管機關，並增訂有關重大災害古蹟及歷史建築緊急修復條文，使得歷史建築與古蹟一樣被重視，可以受到保護且於遭受重大災害時得以迅速的應變與處理。

其實，換個角度，我們可以觀察到：台灣許多精美的歷史建築是因未被指定為古蹟，才能留存至今，否則在僵化、未能提供彈性且有效使用誘因的《文化資產保存法》的條文下，如何鼓勵歷史建築所有人願意被指定或登錄？這也是後來修正第二版《文化資產保存法》強調保存與再利用並重，以及提供許多獎勵措施的原因之一。

◎全民文化運動——歷史建築百景徵選活動

　　政策要能落實，必須先蒐集基本資料與問題，才能擬定有效的推動策略與計畫。文化資產保存也是如此。2000年在重建區歷史建築的搶修過程，為了逐行《文化資產保存法》新增的歷史建築相關政策，文建會開始進行「歷史建築清查」工作；2002年行政院責成文建會辦理「全國性國有財產產業文化資產調查及保存工作」；2003年文建會進行「國有宿舍總清查」等全面性的清查工作，以了解台灣歷史建築的全貌。這三項重大清查奠定了台灣文化資產產業政策的基石。

　　文化資產屬於全民的資產，保存維護與再利用工作也是全民的功課，必須人民支持，才能克盡其功。文建會為了提升民眾對於生活周邊文化資產的認識，從而產生認同與愛護之心，將2001年定為「文化資產年」，舉辦「世界古蹟日」「歷史建築百景徵選」「台灣世界遺產潛力點」等活動，發掘各地特色、提升民眾保存意願。

　　其中，值得一提的是「歷史建築百景徵選」活動，這個活動先由二十五個縣市政府先自行選出十個景點，再由學者專家從二百五十個建築中挑選一百五十處，最後交由民眾票選出一百大景點。從2001年8月開始至12月公布票選結果，連續三個月台灣進入前所未見的故鄉捍衛戰，許多民眾競相走告催票，深怕自己鍾愛的家鄉景點未能順利入選，其過程與緊張程度比民意代表選舉更加的激烈。為期二個星期的票選活動，共收到二百三十六萬張票，超過十分之一的民眾參與了此次的活動，可說是一場全民文化運動。而此次活動參加徵選的歷史建築，除古蹟外還包括橋梁、灌溉渠道、民宅、廟宇、古道、古墓、古碑、砲台、車站、醫院、護城河、糖廠、酒廠、燈塔……等具有美感、歷史意義、在地人文情感與觀光價值的建物，擴大了文化資產的意涵，協助文建會日後建立更健全的歷史建築清查與登錄制度，確保台灣歷史空間記憶的永續留存。

票選結果，名列前十名依序為：高雄市的玫瑰聖母堂、台南市新化老街、南投縣集集車站、台南市原新化街役場、彰化縣八卦山大佛、新北市淡水紅樓、台南市鹽水八角樓、雲林縣彰化縣西螺大橋、金門縣風獅爺，以及高雄市舊車站。

◎產業文化資產政策

台灣歷經荷西時期的傳教通商、明清的開發，以及日治時期郵電工商建設，留下許多珍貴的產業文化資產，例如糖廠、林場、菸廠、酒廠、鐵道、車站等代表台灣現代化發展的產業文化。而這些傳統產業與相關設施在經濟轉型過程中逐漸的蕭條、停產，導致許多廠房或宿舍關閉、荒廢。歷史百景徵選過程中，屢屢可見這些廠房、空間一再的被推薦，例如花蓮縣的酒廠舊址、林田山聚落、松園別館、台鐵舊花蓮管理處辦公室；宜蘭縣的酒廠；嘉義縣的蒜頭糖廠車站；新北市的菁桐坑車站、菁桐選洗煤場；雲林台糖虎尾總廠等，均突顯曾經供應民眾生計與生活的產業資產，是民眾生活中最熟悉、最親切的生活記憶，有其特殊的文化價值。

文建會為了增進這些資產保存的效益，於2002年間陸續推動「閒置空間再利用」「地方文化館」「鐵道藝術網路」，以及「創意文化園區」等計畫，讓藝術家、藝文活動以及文化創意產業為產業遺產注入新生命，讓這些產業遺產可以全新的面貌展現於世人眼前，再度以文化空間的角色，扮演服務民眾的功能，而台灣產業文化資產的政策於焉產生。當今，地方文化館已進入第二期中期計畫（磐石計畫）持續推動，並以文化生活圈的方式，整合資源提供民眾更多的服務功能；而五大文化創意園區也成為文化創意產業的基地，可以為地方與創意產業帶來更多的經濟價值。

1. 花蓮市松園別館原為日治時期花蓮港兵事部辦公室，為歷史百景之一。

2. 南投縣集集車站，曾於九二一地震損毀，2001 年 2 月 7 日依原樣修復。

3. 新北市瑞芳區金瓜石太子賓館是 1922 年為接待當時日本皇太子所興建的臨時行館。

4. 高雄市玫瑰天主堂混哥德式與羅馬式風格的尖塔建築，入選歷史百景鰲首。

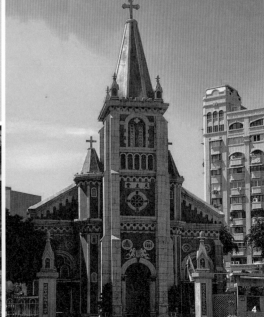

連江縣馬祖芹壁位於北竿島北面，面向大陸，傳統古厝櫛比鱗次，呈顯富裕景象。

◎國際工業遺產保存委員會

國際工業遺產保存委員會（簡稱TICCIH）2012年第十五屆會員大會暨學術研討會於2012年11月初首度在亞洲舉辦，由中原大學主辦，台灣文化資產學會及台灣文創發展股份有限公司合辦。這是一場讓台灣這十多年產業文化資產政策的成果躍升國際舞台的關鍵活動，二百六十三位來自二十六個國家的貴賓與專家學者（國外一百六十三位，國內約百餘人）在這八天的大會、國際研討會、參訪活動、實務工作坊、主題展覽等議程與過程中，透過討論、實地訪視與展覽資料充分的認識台灣產業文化資產保存現況。會中發表了一篇台北宣言，強調亞洲地區的工業有其特殊發展脈絡、工業遺產大都具備當地建築美學與科學價值先驅的功能，並與當地景觀產生異質地誌性、與當地居民關係密切，是百姓生活史與記憶的一部分，因此無形文化遺產也應受到保護且應鼓勵當地居民參與；而在不犧牲其普世與核心價值的前提下可彈性再利用，以確保維護的正當性。

◎小結

一場九二一大地震，為台灣的歷史建築帶來生機。一場歷史百景徵選活動，開啓日後一連串的清查、登錄、保存與再利用政策的推動，之後延伸到文化創意產業的空間新觀念，進而結合創意城市、設計城市、鄉村新風貌等城市鄉鎮治理的理念，乃至五都規劃、國土規劃等國家政策的高度，我們看到「文化政策」的深度和重要性，以及它「從下而上」「從上而下」並進的理念。惟有主政者有完整的施政方向與步驟，並且透過全民運動所凝聚與認同的政策，才能建設一個因「文化」而偉大的國家。

亞洲工業遺產台北宣言

國際工業遺產保存委員會提供

（原文請參閱 http://www.ticcih.org/public/docs/TaipeiDeclaration_eng.pdf）

序言

2012年11月5日至11月8日，國際工業遺產保存委員會（TICCIH）在台北舉行大會，這是該會第一次將例行大會移往亞洲城市舉行，彰顯了這個國際組織對於亞洲地區日益受到威脅的工業遺產的關注。經過了四天的議程，與會代表一致認為通過一個以亞洲工業遺產為主軸的宣言，以推動該地區工業遺產的保存維護是十分適切而且有其必要性。

第一條

本宣言認知聯合國教科文組織通過的《世界遺產公約》、第二屆歷史建築專家及建築師會議通過的《威尼斯憲章》、國際文化紀念物及歷史場所委員會（ICOMOS）歷年來所通過的文化遺產相關憲章和宣言、國際工業遺產保存委員會（TICCIH）通過《下塔及爾憲章》、ICOMOS與TICCIH通過的《ICOMOS-TICCIH工業遺產地、結構物、地區與景觀維護原則》及聯合國教科文組織通過的《監護無形文化遺產公約》之存在與貢獻，並根基於它們的基礎與精神來發展宣言的內容。

第二條

體認到亞洲地區由於都市擴張、土地開發、人口快速成長、產業結構、技術更新及生產方式的快速改變，導致許多位於都市或是市郊的工業遺產面臨閒置或拆除的命運，因此採取從國際層級、國家層級到地方層級的保護策略是必須立即執行的事。

第三條

體認到亞洲地區工業發展的歷程與西方世界有所不同。自發式的生產方式與設施的發展是當地歷史的一部分。工業遺產的定義在亞洲地區應該更加廣闊，包含了前工業革命時期及工業革命之後的技術、機器與生產設施、人造物與人造環境。

第四條

體認到亞洲地區工業遺產見證了所在國家或地區現代化過程，它們提供了這些國家與地區自明性的一種重要感知，是歷史不可分割的一部分。另一方面，亞洲地區工業化的成果，也經常是當地百姓辛苦付出的成果。工業遺產與百姓生活史、記憶與當地人民的故事及社會變遷密不可分。

第五條

體認到亞洲地區工業遺產往往跟當地的自然資源、土地發展與風土經濟有著密切的關係。不管在都市或鄉間，亞洲地區工業遺產經常是一種綜合性的文化景觀。除了人造環境外，還深刻地反映人與土地互動的成果，也具備有異質地誌性的特色。

第六條

體認到亞洲地區工業遺產大都由西方國家或殖民者引入，廠房建築與設施在當時都是最前衛的先驅，具備當地建築史、營建史或設備史的美學與科學的價值，因此要盡可能保存以反映其整體性。與廠房建築與設施密不可分的勞工住宅、原料產地及交通運輸設施等也都對其整體性有所貢獻，因此也應考量加以保存。

第七條

體認到亞洲地區工業遺產在當年運作時都牽涉到機械的操作及知識，經常具體化於當地居民作為技術者的事證中。在保存亞洲地區工業遺產時，也應保存操作技術與相關的檔案及文獻。與工業遺產及當地居民關係密切的無形文化遺產也必須被視為整體保護的一部分。

第八條

體認到為確保亞洲地區工業遺產的永續發展，保存維護的策略與方法可以具有彈性。除非某些廠址及廠房具有高度的建築藝術價值不宜大幅干預外，工業遺產可適性再利用為新用途以確保它的維護是可以被接受的。

第九條

體認到亞洲地區工業遺產的保存維護，可以具備部分再利用彈性。不過再利用新用途不能犧牲工業遺產的普世性價值與核心價值。

第十條

體認到亞洲地區工業遺產與當地人民的密切關係，每一處工業遺產的保存維護都應該鼓勵當地居民的涉入及參與。

第十一條

體認到國家與跨國間的工業遺產都是同等重要，且日後亞洲國家間的合作推動工業遺產保存維護之需的重要。因此，第十五屆國際工業遺產保存委員會大會同意，在該會的架構內建立一個亞洲工業遺產網路是必要之事。

深秋南台盛事
——屏東東港迎王平安祭典側記

陳郁秀撰文

◎王爺信仰、王船祭典與無形文化財

　　民間尊奉王爺（千歲爺）是由天上玉皇大帝派來人間具有驅除瘟疫、賜福安民的守護神。王爺信仰的系統相當複雜，祭典日期不一，而其中以「台南西港王醮刈香祭典」與「屏東東港迎王平安祭典」最受矚目，坊間遂有「北西港，南東港」之美譽。每逢丑、辰、未、戌年舉行一次，稱為「三年一科」。

　　西港刈香祭典分為「刈香」與「王醮」兩大部分，為刈香與王醮合而為一的香醮型廟會。祭典中著重在典型「王醮」（或稱溫醮）道教儀式的舉行，藝閣、藝陣豐富，其中以由孩童扮演歷史人物的「蜈蚣陣」最為特別，南瀛附近信眾尊稱為「百足真人」。白天送船時所舉行之搶富庇佑意義的「鯉魚旗」之活動，以及送王後道士團在五角頭執行的「普渡」科儀，都十分熱鬧莊嚴自成一格，三百年來始終如一，保存了民間最純樸的宗教慶典。

　　東港王船祭，除祭典、科儀遵行古禮，特別注重祀王、晏王的儒家式祭儀外，以王船建造美觀、船體龐大、雕刻精緻、彩繪生動以及凌晨送王著稱，其中以王船建造及裝飾工藝藝術最為文化界所稱道。目前東港、西港的王船祭典被文化部訂為「國定民俗」無形文化財之列。

◎東港王船祭

　　2012年秋天，正值壬辰正科東港迎王之年，把握難得機會，南下屏東

參加「東港王船祭」盛會。王船祭始於請水（請王）、過火，止於送船、送王，歷時八天，而籌備期間長達兩年之久，工作繁雜、組織綿密。主事的東隆宮主祀溫府千歲，副祀福德正神土地公及註生娘娘，因意取「東港興隆」而名為東隆宮。建築殿宇巍峨，前方轅門金碧輝煌威震南台灣。溫王爺被視為保境安民的大神，三年一科透過燒王船平安祭典祈福保安。

祭典準備期整整兩年時間，首先成立「祭典委員會」來負責統籌整個祭典流程及各項事宜。委員會組織以早期的地域劃分，稱為「角頭」（類似現今村里等單位）來分工合作。東港地區分為七個角頭，各角頭人員負責迎送大千歲、五千歲、中軍府及溫王爺等七尊神祇的神轎，完成迎王遶境、王船遷船及送王等儀式。角頭參與人員稱為「轎班」，成員是以「血脈相傳」方式甄選的，長久以來，在東港子弟的心中，過年可以不回來，但是迎王一定要回來。而以父傳子，或由兄弟子嗣相承接替的轎班人員，在歷年都有為數不少遠在遠洋捕魚也都特地乘飛機返鄉執事一星期後再返回遠洋捕魚工作。這些子弟「飲水思源」感恩的傳統行為，認同土地、敬天畏神的精神，是這次最令我刻骨銘心的故事。接著中軍府安座，造舟大師在中軍府保佑及監督下完成王船建造。

祭典前一個月，委員會即設置「代天府」，這是千歲爺安座主位的行館，位於東隆宮正殿，接著由請水（請王）揭開序幕、經過火、安座、祀王、每日遶境出巡等活動直至晏王、送王，可謂高潮迭起、熱鬧非凡。此時東港居民家家戶戶門前擺設香案，上備貢品及家人之紙人「替身」，此「替身」在王爺王船遷船遊天河時帶走，象徵驅除厄運永保平安。這一切習俗形成東港鎮迷人的人文風景，而流程中最受矚目的莫過於「晏王」和「送王」儀式。

將巨資精心建造的王船送遊天河（火化）是整個儀式的高潮。祭典第七天由道士「開水路」「遷船遶境」「回府添載」「封艙點兵」後，是

隆重的「和瘟押煞」科儀，「和瘟」即是好言相勸，請眾瘟神登船，如有不從，施法強制執行是所謂的「押煞」。第八天凌晨二時正，爆聲三響，千歲爺起駕，七角頭之神轎，各陣頭及信眾揚旗鳴鼓恭送王爺向鎮海公園行進。沿路萬頭鑽巷，而路旁街坊居民有別於遶境時之熱鬧景象卻緊閉門戶，眾人不鬧陣也口不出穢言，遵守禁忌。當隊伍緩緩抵達海邊時，眾人將堆積如山的庫銀、金紙及東港居民拋出的「替身」，堆在王船四周。此時往常黑暗的海邊燈火通明五光十色，炫輝奪目的神轎和陣頭環侍王船左右，當晨曦稍露曙光時分，熊熊烈火將王船送遊天河。此時，轎班、陣頭收起涼傘、帽子，信眾必須不可回頭，安靜的離去，傳說中當王船燃燒啟航時，如有聲響會招致船上已被收降的不祥之物隨著人聲人跡而還。所以熱鬧的王船祭就在「偃旗息鼓」肅穆、安靜的氛圍下落幕。

台南市西港慶安宮三年一次的建醮大典（俗稱刈香），信眾萬頭鑽動。

屏東縣東港東隆宮的平安祭建造華麗的王船，能為境內驅疫。

◎王船造船藝術

　王船是王爺代天巡府的法器、交通工具，古時是以竹架紙糊製作，近幾

台南市西港刈香末日，火化王船以送遊天河。

十年來已發展出木造木雕的形式,其中過程也備受重視。由擲筊擇木開斧、上樑開工,均在中將府監督下,由在地舟船大師領班,精細建造雕刻。在日日新的要求上,擴大船體的建造到精緻雕工都有顯著的進步,工藝師們將在地特色及虔誠信仰融入作品中,成就令人讚美的「精品」。船身除船體宏美、雕刻精細外,其中內容之豐富令人嘆為觀止;有福祿壽全、雙龍搶珠、鯉躍龍門、獨占鰲頭之圖騰外,也包括了吉慶、增福的八仙獻壽、南極星輝及歷史大戲中的片段,儼然是所人生歷史劇場;更令人嘖嘖稱奇的是有許多在地特色,以色澤淡雅、筆法簡潔、線條流暢之功夫在船腹出現,例如雨傘旗魚、黃鰭鮪、白帶魚、白鯧、螃蟹等漁獲。這一切充分表達漁港的特色,同時也傳達祈求王爺護佑漁船出航平安滿載而歸之願。

整個王船由開光、造船、點睛、遷船法會後,逐於王船兩旁掛起代表三十六省分的三十六盞燈才能啟航。王船祭所發展出的藝術美學,提升了民俗節慶的內涵,也創造了東港特色。

◎涼傘、神轎與陣頭

參與王船祭,除了感受熱鬧氛圍、送王高潮外,許多細節是值得我們以微觀的角度研究和欣賞的。

遶境隊伍中,「涼傘」是為神明遮避天穢的大傘,裝飾各擁其特色,以葫蘆、飛鳳等吉祥物為頭飾呈現。神轎則是神明的交通工具,分「文轎」與「武轎」,「武轎」轎後吊掛五色旗,配合前進的腳步,活潑生動。2012年的神轎充分發揮台灣人「拚熱鬧」的精神,以數位科技的技巧,鬼斧神工般的設計,發出五光十色、亮麗迷人的場景。看到轎班們嚴肅、神聖又自傲的表情,令人動容。

「陣頭」又名「藝陣」,各隊的陣形、服飾、臉譜、頭冠可謂琳瑯滿目、變化萬千,其中例如著名的「白鶴陣」陣形如同一隻白鶴展翅的圖

騰饒富趣味。再觀臉譜的繪圖更是精釆，每一筆、每一線條、每一色彩均富涵意義，是先人傳下的智慧及今人的創意結合。這一切的作品均是東港人花費無數時間和心力所展現的民俗藝術成果，實在令人驚豔。

◎結論

　　半世紀以來，社會變遷甚劇，國際趨勢在全球化的催化下，人心惶惶、前途茫茫。東港平安祭典，由兩年的籌備過程以及請王、送王祭典中，充分發揮安定社會的力量，不僅促成人民認同土地、虔誠信仰，並喚起血脈相傳、親情凝聚的效果，同時增加人民對鄉里社區的堅定信念。其在工藝、彩繪、雕刻、造船建船技術之傳承上，適時為國家保存並發揚「無形文化財」的價值，助個人與集體的人生尋得核心價值，讓生命更燦爛而有意義，成就牢植台灣生命之樹的「原根」。

東港王船遶境（遷船）。

掀開三萬年前洞窟壁畫的神祕面紗
—— 法國修維洞窟的藝術震撼

陳郁秀撰文

　　2004年4月初，我應法國最高學術殿堂法蘭西翰林院之邀，前往發表「亞洲人眼中的歐洲」專題演講，趁此之便，法國文化部也特別邀請我前往南部參觀即將永不對外開放的修維（Chauvet）洞窟，並特別安排專人導覽介紹。這是一個難能可貴的機會，使得我在行前即以興奮的心情先閱讀了相關資料，而親身目睹這些三萬多年前的洞窟繪畫和石刻畫後，震撼的感覺久久揮之不去。

　　我曾於1968年參觀過西班牙阿爾塔米拉（Altamira）洞窟，裡面有一萬七千年前的圖畫，1969年又到法國拉斯科（Lascaux）參觀二萬年前的洞窟藝術，這兩個洞窟現在已經完全封閉，只開放給學者研究。1994年底，位於法國阿爾代什省地區的修維洞窟由三位洞窟學者發現，隨即經過一連串查證訪視，翌年1月中，由文化部長正式宣布這是一個史無前例的發現。

◎政府予以完善保護

　　時間推向一億三千萬至三億年前，法國的中央山脈是一座突出的島嶼，環繞四周的淺海，就是現在的阿爾代什地區，這裡是由甲殼、珊瑚，和其他化石沉積物所形成的層次豐厚的沉澱區域。從第三紀時期開始，受到阿爾代什河經年累月的蝕刻，形成今日所見的拱谷和拱橋（Pont d'Arc），到了距今約二百萬年前的第四紀時期，河水不斷滲透這個區域，逐漸形成地下洞穴。史前人類造訪包括修維洞窟在內的鄰近洞

穴，留下走過的痕跡，以及石壁上的創作。

在寒氣襲人的早晨，我和時任巴黎台灣文化中心主任廖仁義及隨行同仁，由導覽研究員引導，進入一千多公尺高山區，一步步踩在原始路徑往上走。其間不時得注意滾動的小碎石，爬到傾斜度較大的坡路，還必須手拉手互相幫忙，費勁的程度，讓每個人都汗流浹背、氣喘吁吁。大約一個小時後，終於抵達洞口。窄小的洞口為二十四小時監控管制，並且設置堅固的大門與簡單的警報系統，同時還安裝全面性的保護機制，比如永久的視聽監控設備，洞窟內也安裝了氣溫與生化監控系統，用來維持適當的溼度與溫度。被允許進入的人都要遵循一套嚴格的規定，每個人必須戴上附有小燈的頭盔，穿上全副武裝的隔塵裝備才行。因為事先已被告知不得攜帶照相機，所以引導的安全人員還特地為我們拍照留念。

大家在腰間佩戴安全吊繩後，順著扶梯垂直爬下約一百五十公尺，洞內幽深漆黑、溫度極低，處處可見巨大美麗的鐘乳刀閃著晶瑩的微光。另外，也會見到多處的猛獸骨骸，因長時間而形成厚厚的結晶層。經過多年的維護、保存和研究，我們所看見的修維洞窟已經相當有規劃，每處遺跡都標示著小小的號碼牌，而為了避免破壞遺址，法國文化部特別設計止滑鋼板走道，並且特意墊高三十至五十公分，由於洞穴有大有小，有高有低，我們經常要彎腰前進。所有的壁畫總共超過三百件，導覽研究員一一解說，用心的神情似乎也透露出「有此寶藏，與有榮焉」的光采，整個洞穴遺址的參訪歷時約兩小時。

◎繪畫技巧令人讚嘆

洞窟壁畫大致分成三大類，一是利用鐵礦烙下的紅色手掌印，二是用手及尖銳工具而成的雕刻，三是利用黑炭繪成的藝術壁畫。跟其他歐洲舊石器時代的洞窟一樣，修維洞窟裡充滿對動物的描繪，有犀牛、土

狼、黑熊、羚羊、長毛象、野馬等猛獸，也有極少數的鳥類。貓頭鷹甚至蝴蝶等，其立體、透視的繪畫技巧，令人震驚，堪與塞尚的現代素描比擬。

法國修維洞窟內的手印是由手按在牆壁上吹顏料而形成的。

有部分學者認為，修維洞窟的壁畫純粹出於藝術創作的欲望，應被看做為藝術而藝術的畫作。不過也有其他學者認為，從畫作的主題看來，洞中圖像是為某種魔法儀式而作，為了祈求狩獵有收穫或是增強生育力。還有一些人相信，冰川時期的藝術家如此精確描繪動物皮毛，是為了記錄季節的變化。

修維洞窟的發現，可能改寫西洋美術史，也打破法國藝術史上年代最早的拉斯科原始藝術洞窟的紀錄。其洞窟壁畫的成熟技巧，將引發革命性研究，對人類歷史的衝擊不可謂不小。首先，它與其他洞窟藝術大相逕庭，舊石器時代洞窟內人類所描繪的動物，即便比例失衡，也還是居民住所附近狩獵時賴以維生的物種。而修維洞窟內的動物畫卻占了**60**％的比例，非常特別。其次，描繪動物的技巧也令人

為保護修維洞窟的珍貴藝術，進入洞窟前必須穿戴特殊的防塵服裝。

讚嘆，尤其是明暗變化及透視法的運用，細緻的程度絕非一般洞窟藝術能及。另外，修維洞窟的一項原創性在於其強烈、充滿原始動力的圖像底下，隱約透露出個人創作的美學概念，大量的黑色繪畫彼此神似，若非出自單一藝術創作大師之手，便是由師傅帶領徒弟，才能延續同樣的技巧及風格。

◎人類最早的洞窟藝術

這也是修維洞窟第一批照片公開後就讓專家和社會大眾深深著迷的原因。幾十年來，一般都認為藝術是經歷一個個漫長的階段，才從原始粗獷的塗鴉，演變為生動自然的描繪，按照這種思維邏輯，修維洞窟那些傑作所展現的細緻明暗變化、透視法的靈巧運用、優美的線條，就應該是這種演化歷程的巔峰之作。然而，經過放射性碳定年的科學檢測結果，卻證實它有三萬多年的歷史，真是讓史前學家大為震驚。修維洞窟的藝術壁畫，比先前較出名的洞窟壁畫早了將近一倍的時間，因此並非史前藝術的終極之作，而是目前所知史前藝術的濫觴，顯示出具有現代人體格的人類在歐洲出現幾千年後，洞窟畫的發展就已經完全成熟。

在綿長的歷史進程中，人類目前所知的畢竟只是滄海一粟。事實上，有更多的未知等待我們去發掘、探索。完成了這趟既感動又震撼的修維洞窟藝術巡禮，除了感謝法國文化部的邀請，心中也有一些衝擊，希望他們的洞窟考古及藝術專家能有機會來到台灣，與國內人士切磋交流，為台灣文化資產保護及研究提供專業性的經驗與方法，帶給台灣推動永續的文化資產保存更進一步借鏡。（本文原刊載於《藝術家》雜誌，第349期，2004年6月）

再尋鳶尾花
——訪法國南部梵谷舊足跡

陳郁秀撰文

　　循著法國南方普羅旺斯的藝術氣息，在晴空朗照、和煦陽光的撫慰下，來到著名畫家梵谷一生中最重要的創作所在——亞爾（Arles）和聖雷米（St. Remy）。前者有他自殘割耳的治療醫院，後者有他飲彈自殺前一年多住進的精神療養院。對懷念梵谷的人來說，這兩個地方堪稱是尋訪梵谷傳奇的「朝聖」之處。

◎梵谷紀念館與廣場咖啡廳

　　亞爾的重要觀光景點為羅馬時代的歷史遺跡，卻因梵谷而名聞遐邇。荷蘭籍的梵谷在1886年前往巴黎，結識許多印象派畫家。喜歡旅行並藉此激發創作靈感的他，後來決定在普羅旺斯尋找駐足的地方，不久便在亞爾的拉瑪汀廣場附近住下來，讓他覺得好像「貧困如疲憊不堪的馬找到休憩的綠地」。1888年秋天，好友高更來到梵谷的「南方畫室」拜訪，並相約同去附近蒙特波利葉（Montpellier）的法布那美術館（Musee Fabre）參觀，不料兩人卻爭執失和，於是梵谷激動得割下右耳，住進當時的天主聖靈廳治療；第二年春天，他的心理狀況仍然不穩定，於是再度入院治療。

梵谷畫作〈咖啡廳〉的實景。

梵谷曾入住治療的法國南方普羅旺斯聖
保羅療養院。

聖保羅療養院四周豎立許多梵谷畫作的
說明牌示，供參訪者古今對照。

這棟四合院式的建築，在十六世紀
興建之後，就一直是殘疾病患和孤兒
的收容養護所，1986年經過徹底改
裝，成為梵谷紀念館，目前與多媒體
圖書館、檔案資料庫、文學翻譯學院
及亞爾大學等相輔相成，使亞爾成為
法國南部的文化重鎮。館內不但擁有
豐富的藏書，還收存了兩千份珍貴的
古代手抄本、一萬四千多張藝術及音
樂CD、六千多部影片以及一千四百萬
筆文獻資料。

現在的梵谷紀念館雖經過改建，但
仍然保持昔日簡樸嚴肅的外觀。羅馬
式建築特有的拱門，仍足以撩撥人們
的思古幽情，中庭花園和園中的鳶尾
花，美麗如昔。花香中散溢出的「深
深的溫柔」，雖穿越百年的歲月，依
舊令我們想起畫家在理性的追求與
感性的熱情中所嚮往的藝術真諦，這
一切似乎由梵谷畫作中活生生地跳現
在我們的眼前。在讚嘆法國政府對古
蹟保存的用心，以及懷想梵谷的情緒
下，令人駐足留連，不捨離去。

從紀念館步行約十五分鐘處，畫作
〈咖啡廳〉中的建築實體、四周街景
依舊存在。同樣鮮黃色的牆面、同樣

的廣場與咖啡桌椅，只是梵谷不見了、人物畫中的「吉諾夫人」不見了，除了當地居民，有更多來自世界各地的觀光客和藝術工作者，在不同時空情境中與此地傳奇中的人、事、物做心靈的對話。可以想像梵谷以前畫完畫，一定也在咖啡香中享受創作後之快樂吧。

◎聖保羅療養院與梵谷病房

在亞爾留下著名的〈黃色之屋〉〈高更與梵谷的椅子〉〈咖啡廳〉〈醫院中的花園〉〈向日葵〉〈隆格瓦橋〉等畫作之後，梵谷於1889年5月離開了亞爾，前往聖雷米近郊的聖保羅療養院。在這個遍植花草樹木的靜謐環境中，梵谷是關在小小的房裡，像著了魔似地拚命作畫。對於自己精神狀況有病識感的梵谷，滿懷希望並深信如此的投入創作，將會使病情穩定下來，讓身心逐漸康復。

在聖保羅療養院一年期間，是梵谷創作生命達到高峰時，未料生命花朵盛開之後卻驟然殞落，走完了三十七年短暫的人生之旅。在這個重要階段裡，他總共創作了約一百幅素描，以及一百五十幅油彩畫，如著名的〈星夜〉〈鳶尾花〉〈橄欖樹園〉〈麥田與柏樹〉〈麥田與收割者〉〈小憩〉等。

這麼多的畫作，有部分是他透過架了鐵欄的小窗望出去的景色。看著他的畫，想像他被禁錮在不到三坪大的病房中，很難不感到同情，並體會那種意欲飛躍藩籬的渴望。梵谷的畫風被後人認為不屬於任何流派，但印象派可做為一個起點，像他獲准外出寫生的傑作〈麗春花田〉，就是向他所景仰的印象派大師莫內致敬。

絢麗的陽光、溫暖的氣候、宜人的田園景色，並沒有使梵谷好起來，與好友的決裂、追求醫生女兒失敗，以及天生紛亂不安的靈魂，使梵谷身陷在更憂鬱的情緒牢籠裡，晦暗詭異的深紫色與彎曲抖動的線條，取代早先豔麗強烈的黃、藍、綠、橙等顏色，以及大塊簡潔的風格。最後

畫作之一〈星夜〉中孤獨的柏樹、強勁的西北風、被大自然力量摧折的村落，似乎預言了梵谷轟轟烈烈的死亡。1890年5月，意志頹喪的他離開了療養院，兩個月後自殺於巴黎近郊的奧維地區，結束他才華洋溢卻命運坎坷的短暫人生。

聖保羅療養院現址在十一世紀是一座隱修院，經常用來收容被社會摒棄的精神病患，由於大量的歷史文件受到歷代亞維儂（Avignon）天主教主事者的悉心保存，後人才得以發現並了解這座隱修院的種種史跡。如今它透過羅馬式建築，依然訴說著既有的歷史淵源，到現在仍舊擔負著協助精神病患抵抗病魔的莊嚴任務。

就在梵谷住過的病房附近的內院迴廊上，由Valetudo協會成立了藝術治療工作坊，為目前受到照料的近一百名病人提供繪畫療法，同時也展出他們的畫作。看到展場的作品，默默地訴說許許多多的故事，內心有莫名的感動。走上二樓，沿著階梯牆壁上，掛有一幅幅隱修院時期的歷史資料，以及梵谷在內的大合照，進入文物展示間，看著古代精神病患在接受治療時面露驚恐的圖畫，還有擺在地上專供水柱沖擊腦門的特製大澡盆，都讓人引發相當大的震撼。他們的世界其實是常人所不能了解的，以同理心來感受，我覺得我一分一秒都待不住了。而隔壁的梵谷病房裡，至今仍保留昔日的簡單擺設，一桌一椅一床，清癯消沉的自畫像掛在灰色牆壁上，兀自顯露出一代畫家抑鬱的容顏。這個淒苦的小房間，竟然是舉世聞名的大畫家尋找心靈真諦的所在，也許藝術家的心靈深處是無疆界的世界，它可以讓人放空思緒，自由遨遊，最終心底留存美好。一幅幅的傑作是最好的印證。

◎用大自然交響曲向梵谷致敬

在療養院，舉目所見，盡是高高的粉紫色櫻花、生氣盎然的花與樹，令人不禁要大口呼吸、轉換心情。一大片鮮豔的黃色花海、枝枒活潑招

展的橄欖樹、遠處清楚可見的勝利山，就像一首和諧動人的大自然交響曲，讓人有全然釋放的舒暢感。院方特別在周邊樹立一塊塊梵谷當年入畫的景點說明牌，讓專程來此尋訪梵谷印記的參觀者按圖索「景」，體驗更深一層的心靈對話和感受。這是我這趟訪視行程最愉悅的一程，許多愛好藝術的朝聖者及觀光客紛紛騎著腳踏車做一趟「梵谷巡禮」。全程十多個景點，我們因時間關係無法悠閒一遊，只好坐著車子一站站下車體驗畫與實景之間的對話。我彷彿看見梵谷背著畫架，欣賞大自然，找到心儀之處，坐在畫架前揮筆表達他內心世界與大自然之間的互動。一種心悸，讓我熱淚盈眶，也許藝術的偉大就在此，百年之後居然能佇立梵谷寫生的實景前，體會藝術家的創作，而這一片大自然居然沒有因時間流逝而褪色，相反地它更累積了的醇香，畢竟，人文、自然、心靈的結合才是永恆的「天人合一」境界。站在此景中，我能深深的體會其中意涵。

所謂「風景如畫」正是目前所見，面對這麼美好的大自然傑作，懷念一百多年前在普羅旺斯的梵谷，身為畫家女兒以及志為文化藝術獻身的我，不禁想起莫內對梵谷的激賞與不捨。一位畫家怎麼可能如此溺愛花朵、如此熱愛光和影的變化，卻過著慘澹人生？

儘管活著的時候沒有任何物質享受，一生只賣了一幅畫，情感上也經常面臨匱乏的窘況，唯有銀行家弟弟的支持，讓他在人間體會到「兄弟愛」，而梵谷畢竟在勇敢與命運之神搏鬥後，以他靈魂的真、善、美，成就了一則不同凡響的傳奇故事，不但為法國南方留下難以磨滅的美麗註腳，更為後世彩繪出不朽的藝術典範。（本文原刊載於《藝術家》雜誌，第350期，2004年7月號）

梵谷自畫像。

註釋

① 現知最早民情風俗紀錄為漢人陳第〈東番記〉（1604）以及荷人〈蕭壟城記〉（1623）、〈福爾摩沙概述〉（1628）、《巴達維亞城日記》（1624-1662）、《熱蘭遮城日記》（1629-1662）及《總督一般報告書》（1624-1662）等報告及檔案；在此之前除了漢人汪大淵《島夷誌略》（1349）對於澎湖民風簡要描述之外，尚有樓鑰《攻愧集》（1171）、林光朝〈直寶謨閣論對劄子〉（1178-1189）、周必大《文忠集》（1201）、真德秀《西山先生真文公文集》（1218）等文章提到澎湖，但內容多很簡略，不具參考價值。

② 清廷於 1684 年 5 月開始將台灣納入其版圖，至 1895 年 4 月將台灣割讓日本。

③ 相關資料請參見林會承，《台灣文化資產保存史綱》表五（2011）。

④ 就台灣的文化資產分類而言，「無形文化資產」大體上指傳統藝術、民俗及有關文物、保存技術及保存者；而「有形文化資產」大體上指古蹟、歷史建築、聚落、遺址、文化景觀、古物。

⑤ 王禮主修、陳文達編纂，《台灣縣志》。台北：台銀本，1720，頁 205-207。

⑥ 陳壽祺，《重纂福建通志》。台北：台銀本，1829，頁 143-149。

⑦ 玉山的頂峰由短草坡及岩石所構成，蔣毓英《台灣府志》中所稱「遙望皆白石」，並不正確。

⑧ 周鍾瑄、陳夢林，〈卷十二雜記志〉「古蹟」，《諸羅縣志》。1717，頁 284-285。

⑨ 薛紹元，《台灣通志》。台北：台銀本，1895，頁 697。

⑩ 陳培桂，《淡水廳志》。台北：台銀本，1870，頁 45。

⑪ 王必昌，《重修台灣縣志》。台北：台銀本，1752，頁 543。

⑫ 參考「好善堂」石碑。碑文所稱八罩澳，應為八罩嶼、八罩或八罩山之誤。「八罩」為澎湖南海諸島統稱或單指望安島，自周于仁與胡格《澎湖志略》（1736：28）以降，均以望安島中央為界，以南稱為網垵澳，以北稱為水垵澳；在林豪《澎湖廳志》（1893：81）中，前者有網垵社、將軍澳社、東吉嶼社、西吉嶼社、嶼坪社及大嶼社，後者有水垵社、花宅社及花嶼社。許、吳等人為今望安島網垵社人，該社包括今網垵口、山寮、西埔及后寮四個社，這些紳士均為后寮社人。（林會承，《望安島六聚落之空間及形式之建構》，1998：35-37）

⑬ 臧振華，《台灣考古》。台北：行政院文化建設委員會，1999，頁 26。

⑭ 許雪姬，〈台灣日治時期的史蹟保存〉，《錢穆先生紀念館館刊》，第 6 期，1998，頁 20。

⑮ 黃俊銘，《日據時期台灣文化資產研究與保存文獻彙編：以史蹟名勝天然紀念物為主》。台北：行政院文化建設委員會，1996。

⑯ 李國玄，《日治時期台灣近代博物學發展與文化資產保存運動之研究》。中壢：中原大學碩士論文，2006，頁 3/15~3/26。

⑰ 教育部，《研訂文化資產保存法草案資料彙編》。台北：教育部，1981，頁 7-2 ～ 7-3。立法院秘書處編印，《文化資產保存法案（附古物保存法廢止案）》（法律案專輯第 47 輯教育 17）。台北：立法院秘書處，1983。

⑱ 陳奇祿，〈現階段文化建設的幾個問題〉，《民族與文化》。台北：黎明文化事業公司，1981，頁 70-71。

⑲ 相關內容，請參見 1979 年 2 月 6 日行政院臺 (68) 教字第一〇三九號函頒「加強文化及育樂活動方案」。

⑳ 相關內容，請參見 1983 年 7 月 30 日行政院臺 (72) 文字第一四〇八七號函修訂「加強文化及育樂活動方案」。

㉑ 原主管機關為經濟部農業局，1984 年 7 月 20 日農業局與行政院農業發展委員會合併改組為行政院農業委員會，與經濟部為平行單位，仍負責自然文化景觀保存工作，但在《文資法第 1 版》期間，以經濟部為自然文化景觀的中央主管機關的條文，並未隨之變更（第 6 條）。

㉒ 國立傳統藝術中心籌備處於 1996 年 1 月 31 日設立，2002 年 1 月 28 日正式成立，2008 年併入國立台灣傳統藝術總處籌備處中。

㉓ 文化資產保存研究中心籌備處於 1999 年 7 月 28 日設立，2007 年 10 月 17 日併入行政院文建會文化資產總管理處籌備處。

㉔ 民族音樂中心籌備處成立於 1999 年，於 2002 年併入國立傳統藝術中心，並更名為民族音樂研究所，2008 年隨國立傳統藝術中心併入國立台灣傳統藝術總處籌備處中，並更名為台灣音樂中心。

㉕ 莊芳榮，《古蹟管理與維護》。台北：台灣學生書局，1983，頁 11-19。

㉖ 1997 年 5 月 14 日《文資法 1-3 版》修正公布後，台灣古蹟分類由原第一級、第二級、第三級，變更為國定、省（市）定、縣（市）定；2000 年 2 月 9 日《文資法 1-4 版》修正公布後，再度變更為國定、直轄市定、縣（市）定。

㉗ 1988 年共指定珍貴稀有植物十一種，其中六種於 2001 及 2002 年解除指定。

㉘ 就台灣文化資產保存而言，「指定」及「登錄」有獎罰上之輕重差異。

㉙ 縣市特色館之建立係依據 1987 年行政院訂頒的「加強文化建設方案」。

㉚ 其運用對象如下：（1）地方、中央指定制：古蹟、遺址及自然地景；（2）地方登錄、中央指定制：傳統藝術、民俗及有關文物、古物；（3）地方、中央登錄制：聚落；（4）地方登錄制：歷史建築、文化景觀。

㉛ 地方政府在 1982 年《文資法第 1 版》公布施行之初並無任何指定權力，而是在十五年之後，1997 年《文資法 1-3 版》修正後，才初次擁有古蹟指定權；歷史建築則是 2000 年新增的文化資產類型。

㉜ 「文化性資產」一詞為學術界所使用的專有名詞，就台灣的文化資產分類而言，大體上指自然地景以外的其他八類，即古蹟、歷史建築、聚落、遺址、文化景觀、傳統藝術、民俗及有關文物、古物。

Chapter 3

台灣文化設施發展概要

方瓊瑤撰文

當今的文化設施不再只是單純的藝文載體，
而是涉及國土規劃的空間議題。
文化設施成為品牌、元素或地標，
帶動都市、城鎮與地方的再發展。

　　文化環境是促進文化藝術蓬勃發展的重要關鍵，也是文化創意產業的基石。良好的文化環境不但是滋養文化藝術的養分，可以激發藝術創作力，也是培養民眾欣賞藝術習慣的溫室，透過文化消費可以引領藝術美學進入人民的生活領域，擴大文化的影響力。而藝術創作與文化消費兩者都是支持文化創意得以永續發展的重要因素，因此文化環境可說是文化創意產業的重要基礎。

　　文化環境涉及的範圍非常廣泛，包括文化組織、文化法規、文化制度（尤其是獎助制度）、文化經費，以及文化設施等，每個領域都是影響藝術文化發展的重要環節，而其各自的發展歷程皆有特殊的時代背景與意義，也彼此相關。

　　2012年文化部成立，其下設文化資源司，業務範圍包括文化資產、文化設施、博物館與社區營造，均屬於文化創意產業中文化空間①的一部分，未來的發展方向與策略，與文創發展司息息相關，應相互協調與整

台南市國立臺灣歷史博物館是台灣歷史研究、收藏、展示、教育的專業文化館所。

　　合，才能發揮加乘的效果。其中，文化資產是先民智慧與生活的累積；
文化設施是當代文化政策實踐的場域，也是藝術家開發創意與發表創意
作品、觀賞者欣賞藝術展演，以及普羅大眾實踐文化生活的舞台；博物
館是保存研究與展示文化經驗的館所；社區營造則是帶動普羅大眾進入
生活文化的基礎。本章節以時間為順序，主要闡述支援藝術家創作、影
響民眾生活文化場域等文化設施的發展與脈絡，其餘相關組織或法規，
則隨文述概要說明。文化資產、社區文化方面，詳見本書其他章節。

　　就展演設施而言共包含三類②，一是文化展演設施，指專業展演場
所，如國立中正文化中心（俗稱兩廳院）、城市舞台、新舞臺等；二是
文化準展演設施，其本身非專業的展演場所，充實燈光、舞台、音響等
設備即可展演，如各級學校禮堂、社區活動中心，以及近年廣泛做為大
型流行文化活動的運動場（如小巨蛋）；三為戶外準文化展演空間，如
廟宇廣場或街道等。以下分述其發展歷程與相關政策或組織間的關係。

第一節
荷清與日治時期

　　荷清時期，中國閩南沿海地區生計困頓，大量漢人冒險渡海來台，數代之後，由於勤儉持家，經濟能力已顯著改善，開始重視居家物質以及精神層面的享樂。譬如現今仍留存的台北林安泰宅、霧峰林家、大溪李騰芳……等都是當時富甲一方仕紳家族所興建的大厝，顯示生活安定後，不論是富豪或一般小康百姓都有落地生根的文化觀，使得台灣社會逐漸由移墾社會轉為定居社會，台灣逐漸成為漢人人數超過原住民的漢化新社會。

　　而來自泉彰地區的宗教信仰與休閒娛樂，自然成為新社會的主要精神支柱。此時，台灣無主管文化藝術的政府機關，文化藝術存於庶民生活的廟宇與宅地的飾物以及儀式祭典之中，因此漢人的宗教中心——廟宇廣場，成為主要的表演場地，最常見的活動如迎神廟會中的布袋戲、本地歌仔陣、落地掃……等。

　　日治時期藝術人才的培育屬於教育體系主政，譬如師範體系培養許多美術界的前輩畫家，學校禮堂自然成為重要的展演場所。至於專業的展覽設施，首推1908年於台北廳設立「台灣總督府民政部殖產局附屬博物館」（今國立台灣博物館），蒐集陳列有關台灣學術、技藝及產業所需之標本及參考品，供研究與公眾閱覽；其次，1917年在台北、新竹、台中、嘉義、台南、高雄等地成立商品陳列館，推展工商產品；另為推廣教育也在台中、台南設立教育博物館。日治時期台灣共有十三座各類的博物館。

　　表演藝術方面，初期的戲院以戲劇表演為主，其中穿插播放幾場電

影。1906年，台北西門町的「台北座」開始長期的放映電影，1911年第一座純粹放映電影的電影院「芳乃亭」誕生，其後電影院不斷地出現，西門町逐成為電影產業的重鎮，影響至今。

1. 桃園縣大溪李騰芳古厝，外埕兩對旗杆座為李騰芳中舉後所造。

2. 台北市林安泰古厝為福建安溪林回在艋舺開設榮泰行，從事進出口貿易致富後所建。

3. 新北市板橋林家花園為台灣早期移民來台拓墾致富後，落地生根的典型之一。

4. 國立臺灣博物館原為日治時期的台灣總督府民政部殖產局附屬博物館。

5. 新北市淡水紅毛城為荷西時期遺留的史蹟，近年結合淡水老街帶動地方發展。

第二節
國民黨政府來台後至文建會成立前

一、國立故宮博物院

國民黨政府抵台後，1965年在台北設立國立故宮博物院，保存與展示隨國民政府遷台的六十一萬件北京紫禁城古物；初期僅有十六間陳列室、八處畫廊，後經過五次的擴建，始有今日的規模，堪稱台灣首要展覽殿堂。1995年，隨著圖書文獻大樓竣工使用，擁有一間占地近四百坪的展廳，開始規劃借展業務，相繼展出「羅浮宮博物館珍藏名畫展」「傳奇之美：西洋繪畫與雕塑」「畢卡索的世界」「三星堆傳奇」與「漢代文物大展」等大型展覽。廿一世紀之後，由於國際大型借展業務興盛，故宮原有的展覽空間已逐漸出現不足的情事，加上台灣南北文化設施不均，因此政府於2003年推動的新十大建設中提出興建南部分院計畫③。故宮南院定位爲亞洲藝術文化博物館，選定於嘉義縣太保市，2012年開工，預計2015年12月落成啓用。

二、中華文化復興運動推行委員會（今中華文化總會）

爲因應1966年中國共產黨發動的文化大革命，以黨軍領政的國民黨政府於1967年7月28日在台灣成立中華文化復興運動推行委員會（簡稱文復會），由當時的總統蔣中正先生爲會長，主要從學術與思想上推廣中華文化，因此當時以京劇（又稱爲國劇）、國畫與民族舞蹈等爲主流的藝術活動，而重要的表演與展覽則選擇國軍英雄館、各地中山堂或中興堂爲主要的表演場所，爲黨軍高層服務。後隨著文建會的成立，逐步的退出文化政策指導的角色，以出版文化叢書爲主要業務；2006年更名爲

國家文化總會，2011年又更名爲中華文化總會。

三、教育部文化局

1967年成立教育部文化局，爲主管文化事務的政府機關，當時的文化政策配合國家政策，以推廣倫理道德爲內涵，以中原民族爲表現風格。官方每年舉辦一次的社會教育擴大運動，1971年配合建國六十周年，改爲每年2月至5月舉辦「文藝季」，動員全國文藝界到各地展演。這個階段，表演場所以廟宇的戶外廣場，以及學校禮堂、區公所禮堂、里民活動中心等準文化展演設施爲主。文化局運作六年，1973年裁撤。

四、國立國父紀念館

1972年國父紀念館落成啓用，原隸屬台北市政府，1986年7月改隸教育部，並合併陽明山中山樓，名稱從「國父紀念館管理處」易爲「國立國父紀念館」，2012年5月由教育部改隸文化部。開館之初主要做爲陳列國父革命史蹟之用，並有部分展演活動，是當時國內具備最多功能的文化教育中心④。

1. 國立故宮博物院建於 1965 年，2007 年改建，藏品多是清代皇室精品。

2. 國立國父紀念館除紀念孫中山先生，也兼具藝文表演與展覽等功能。

3. 國立歷史博物館是以文物知識、應用、研究及交流爲主的博物館。

五、各縣市文化中心（現改制為文化局）

地方文化主管單位——各縣市文化中心，是依據1979年1月教育部頒布的「建立縣市文化中心計畫」⑤陸續興建與成立，原以圖書館為主體，另配置文物陳列室、畫廊或美術展覽室、音樂廳或集會場所等小型的展演場所，可稱是地方性專業展演設施的濫觴。1981年高雄市文化中心落成啟用，是台灣第一個地方文化行政單位；其後，各縣市文化中心陸續完成硬體建設與組織，對外營運，至1986年新竹市文化中心揭幕，宣告台灣省完成文化中心的設立。

文化中心屬各縣市教育局管轄，與文建會無隸屬關係，但由於1984年至1990年間文建會成立文化中心輔導訪視小組，協助各縣市文化中心有關藝文活動與館設修繕等軟硬體經費，使得彼此間的關係日趨密切。其後，除了圖書館業務之外，文化中心其餘業務與經費大都配合文建會的政策或計畫。譬如，文建會每年均舉辦全國文化機構主管會報與聯繫會議，發布相關文化政策與計畫，而各縣市文化中心在文建會的補助經費支持下，開始推行地方性的文化活動，以及進行文化中心表演空間、鄉鎮層級展演設施等改善工程。

這個階段，各縣市文化中心根據文建會所推動的軟體活動，有假日文化廣場、藝術下鄉、全國文藝季活動，以及田野藝廊、充實鄉鎮展演設施等改善地方硬體展演場所等事項。例如高雄縣美濃鎮、宜蘭縣羅東鎮、台中縣大里市、大甲鎮、霧峰鄉、雲林縣西螺鎮北港、桃園縣龍潭鄉、台南縣走馬瀨等地方或鄉鎮均設立田園藝廊，使得民眾可以就近參與文化藝術活動。

1994年，政府推動「充實省（市）、縣（市）、鄉鎮及社區文化軟硬體設施計畫」⑥，其中包括（1）加強縣市文化發展計畫：縣市文化中心擴展、輔導縣市成立主題展示館及充實文物館藏、輔導各縣市藝文團隊暨辦理地方藝文活動、全國文藝季之策劃與推動、輔導縣市辦理小型國

際性文化藝術活動等五項；（2）加強鄉鎮社區文化發展計畫：包括社區文化活動發展、充實鄉鎮展演設施、美化傳統文化建築等三項；（3）傳統與現代文化資產保存與研究計畫：包括地方傳統民俗戲曲傳習、籌設文化資產保存研究中心、音樂藝術中心及傳統藝術中心等。

　　這些計畫對文化中心的功能產生實質的增長效應，強化了文化中心的政策制定與執行能力，也使得文化中心成為文建會落實文化政策的主力。當時，由於文化中心普遍缺乏預算與人力，文建會的計畫提供大量的補助經費，可以挹注資源，使得文化中心可以展現績效與活力，因此激勵各文化中心卯足全力爭取補助款。而文建會的計畫是透過對文化中心提案審查的方式核定補助額度，因此文化中心必先了解地方相關文化資源與環境，才能提出具有說服力與競爭力的計畫書，導致文化中心必須爭取在地文史工作者與相關學者專家的支持與協助，連帶著激發一波蘊含豐沛文化涵養且屬於草根力量的風起雲湧、百花齊放，透過社區總體營造計畫與地方文化館等植根地方底層能量相關計畫的持續推動，其影響力量至今仍延續擴大中。

　　經過近十年文建會持久的引領，文化中心的功能與定位逐漸的超越原初成立的目的，其文化業務也逐漸的完整化，甚至比文建會更早接收文化資產業務，更早完成文化的事權統一，更提前具備完整文化事務主管機構的組織架構。台南縣文化中心主任葉佳雄在1999年的「全國文化主管會報與聯繫會議」中倡議文化中心應改制為具有地方政策制定與推動的獨立機構，並獲得所有文化中心主任一致的支持與連署。2000年1月台南縣立文化中心正式升格為台南縣文化局，為全國第一個擺脫空間管理與承辦業務的角色，成為縣市政府文化事務的主管機關，也帶動其他縣市文化中心紛紛陸續改制為文化局。從此，各縣市的文化局除擔負與中央文建會政策銜接與執行的任務外，更具有獨立機關主管、統合與協調的權能，對地方文化發展的責任更鉅。

六、國立中正文化中心（簡稱兩廳院）

國立中正紀念公園，包含中正紀念堂、國家戲劇院及音樂廳等三大建築，於1975年開始興建，1987年完成，為國內最大型的專業表演場所，也是台灣表演藝術國際化的濫觴。其中中正紀念堂原屬教育部管轄，於2012年文化部成立後，改隸文化部；兩廳院（國家戲劇院及音樂廳）原名「國立中正文化中心」，原為隸屬教育部之社教機關，2004年3月1日改制為行政法人，為我國第一個施行行政法人的機構。

「行政法人」是2001年10月總統府成立「政府改造委員會」進行政府行政架構檢討與組織調整的四大改革方向之一⑦。當時政府推動「行政法人」的主要目的在於成立一個有效率、有效果且具自律性、自發性、透明性的獨立單位，執行政府特定的政策與公共任務。兩廳院於《行政法人法》⑧制定實施（2011年4月27日）前即率先改制，擔負著國家最高表演藝術機構，引領台灣精緻藝術創作典範等任務，因此其機構定位、組織架構、運作機制、預算額度與自籌經費比率，以及內、外部的監督程度等議題，備受矚目，也是國內各相關單位法人化的借鏡。但由於其組織與運作係依據2004年1月9日立法院通過的《國立中正文化中心設置條例》規定執行，既設有董事會置董事長，另又有藝術總監為對外代表，曾產生「雙首長制」以及監督課責機制盲點等爭議⑨，可見台灣雖是法治的國家，但其法律制定或實施過程，仍受「人治」的影響甚大。

兩廳院為國家級的專業表演場所，擁有四座室內表演廳及四個戶外廣場，室內表演廳包括國家戲劇院（一五二四席）、國家音樂廳（二〇六六席）、實驗劇場（一八〇至二四二席）與演奏廳（三六三席）；戶外廣場則包含藝文廣場、劇院生活廣場、音樂廳生活廣場與小廣場，可提供近六萬人次的觀眾與各種藝術表演近距離接觸的機會。許多世界知名藝術家，如紐約愛樂、維也納愛樂、瑪莎‧葛蘭姆舞團、世界三大男高音都曾在兩廳院登台演出；也是國內表演團體，如雲門舞集、無垢舞

兩廳院是國內藝術家與國際藝術家交鋒與接軌的重要文化設施。

團、優表演劇團、漢唐樂府、國家交響樂團（NSO）等，躍上國際展現台灣文化之美的舞台。

七、文建會成立

1978年12月時任行政院政務委員的陳奇祿向行政院提出十二項「加強文化及育樂活動方案」，其中第一項即強調文化建設的重要，建議設置文化建設和文化政策的專管機構。此方案經行政院院會通過，並命陳奇祿籌設行政院文化建設委員會，為我國中央文化最高主管機關，擘畫國家的文化建設。

第三節
文建會成立後

　　文建會1981年成立後，屬委員會性質，無直接管轄的文化設施，其相關文化政策與計畫的推動，大體上是先於年度預算中編列相關補助地方或團隊的經費，再透過補助政策與行政程序，經各縣市文化中心或藝文團隊提案補助其執行的方式辦理，包括地方、鄉鎮層級的硬體設備修繕、主題展示館的館藏充實，以及各項活動的辦理等。

　　由於文化設施所涉興建、管理與營運費用與人力，均較一般文化事務繁重，因此一向以官方開辦為主力，而民間部分則大多為大企業家熱愛藝術，成立基金會興辦較多，例如辜顯榮的後人辜振甫與辜濂松成立的「中國信託商業銀行文教基金會」於1997年負責「新舞臺」表演廳的營運；而辜振甫成立的「辜公亮文教基金會」於2004年設立「台泥士敏廳／台北戲棚」，是台灣第一個以「觀光劇場」為經營主題的傳統藝術表演場所。

　　在官方，精省後文建會在2000年接收臺灣省文化處的附屬機構，才開始直接經營與管理文化設施，其後又因應政府政策興建國家級的文化設施。其相關的文化設施政策，在協助藝術家與文化工作者尋找可運用的創作空間與展演場所的計畫上，以推動閒置空間活化的效果與影響最深；而關於貼近鄉鎮居民的生活方面，則以社區總體營造、地方文化館（以上二項請參閱第四章）與鄉鎮圖書館強化計畫分布最為廣泛；此外，近年為解決國內缺乏大型表演場所的問題，分別在北、中、南興建國際藝術及流行音樂中心（通稱新十大建設），以下簡要說明。

一、閒置空間活化

　　早期台灣藝術家大多在私人工作室從事創作，九〇年代公家機關開始釋放許多廢棄或閒置的建物，如糖廠或火車站的倉庫，供藝術家或藝術團體成立工作室或藝術村，讓藝術工作者在一定時間內可使用其空間、設備與資源，專心從事其藝術創作。

　　「閒置空間」的形成，大多來自於既有或老舊的建築，由於經濟產業或社會演變或都市幾近失控地擴展，使得諸多當時對應特定使用方式及需求的空間，隨著使用上的改變，而被擱置荒蕪。而其之所以重新被重視乃至於成為政府的重要文化計畫，源於1997年金枝演社利用「臺灣省菸酒公賣局台北酒廠」演出，被指侵占國產，引發藝文界人士群起聲援，爭取已被閒置十年的台北酒廠開放為藝文展演空間。當時由於「臺灣省菸酒公賣局台北酒廠」屬省政府管轄，因此「臺灣省政府文化處」（簡稱省文化處）⑩ 與「臺灣省菸酒公賣局」協商，獲公賣局同意自1999年起將舊酒廠無償委託省文化處代管。省文化處則再委託「中華民國藝文環境改造協會」經營管理。此事件激發省文化處與藝文界人士開始關注如台糖、台鐵、公賣局等國（省）營事業因產業轉型而廢置、閒置的倉庫、工場或宿舍等再活化的議題，也掀起一股閒置空間再利用的浪潮，開展如鐵道藝術網絡、公賣局建國啤酒廠、松山菸廠、台中酒廠、花蓮酒廠等整建、改造為藝術村或創意文化園區的契機，一方面提供了藝術家便宜、方便、安定的創造環境，一方面也帶動台灣興起活化閒置空間與歷史建物的風潮。

（一）鐵道藝術網絡計畫（1998）

　　為發展當代藝術，提供藝術工作者創作、展示、傳習場所，台灣省文化處在1998年向台鐵租賃台中火車站後站倉庫群（20至26號倉庫），改

建為具有藝術家工作室、展演空間、戶外廣場、休憩空間等功能的藝術場所。2000年6月9日正式啟用，是國內首座公辦民營藝術村，也是第一座國外藝術家進駐的藝術村，為鐵道藝術網絡營運機制建立基礎；其後又陸續推動嘉義、新竹、枋寮與台東等鐵道倉庫供藝文創作或展出。

（二）閒置空間再利用計畫（2003）

2001年文建會延續臺灣省政府文化處的計畫，將閒置空間再利用列為施政重點之一，以國內散布在各地已廢棄不用而具有歷史意義的空間為對象，透過再利用的概念，將閒置的建築、空間與環境，經活化再利用為文化空間，並做為地方文化據點。

此階段將閒置空間再利用對象定義為「依法指定為古蹟、登錄為歷史建築或未經指定之舊有閒置建物或空間，在結構安全無虞，仍具再利用並可推展文化藝術價值」者。實際推動的案例包括新竹縣老湖口天主堂、高雄縣旗山鎮舊鼓山國小（縣市合併升格後，更名為高雄市旗山生活文化園區）、宜蘭縣設治紀念南門林園──舊主秘公館、高雄市駁二藝術特區、花蓮市松園別館、台南縣南瀛總爺藝文中心（縣市合併升格後，更名為台南市總爺藝文中心）等六個試辦點[11]。實施方式，採結合地方政府、民間團體共同參與的模式，由文建會輔導地方政府選擇合適的閒置空間，透過整體規劃、建築物結構補強、空間整建再生，並引進當地藝文團體、文史工作者參與，目標在於激發地方文化活力，強化營運管理能力，最終達到自給自足的理想。2005年，除宜蘭縣舊主秘公館外，其餘五個示範點均轉為地方文化館計畫繼續輔導運行。

（三）五大文化創意園區（2003）

2003年文建會提出文化創意產業政策[12]，其中有關文化空間部分，沿續閒置空間再利用的精神，希望以創意帶動空間及其經營管理的創新作

為，發揮空間、文化與產業三者間的相乘效應，因此，規劃北中南東設立五大創意園區，其定位分別如下：

華山創意園區⑬：結合展演、娛樂、創作、生產與行銷的文化創意園區——都會文化消費。

花蓮創意園區：文化藝術產業與觀光結合之實驗場域——文化觀光。

台中創意園區：台灣建築、設計與藝術展演中心——設計產業。

嘉義創意園區：傳統藝術創新中心——藝文展演業。

台南創意園區：創意生活媒體中心——生活產業。

（四）老屋新用

近年老屋新用的觀念普及到其他的部會與民間團體，如2009年台北都市發展局都市更新處的「都市再生前進基地」計畫（URS，Urban Regeneration Station），以官方力量投入廢棄老屋再生的契機，並結合文化能量推動都市再生。URS127公店即為其中的一個案例，由淡江大學向都更處提出申請經營，在充滿歷史風情與老厝味道的迪化街區，以建築、文化、設計等面相活化原本老舊的「127店屋」，成為凝聚教育與創作的平台。

而台南市的「老屋欣力」，是由「台南市古都保存再生文教基金會」以民間力量，為巷弄老屋創造新的運用模式，引領傳統舊空間與文化氛圍帶動歷史城市再發展的現象，也促使許多當地的年輕人或外地的青年，因喜歡這種生活氛圍而返鄉或遷入台南，共同投入創造老屋新生命的行列。

曾入選台南市「老屋欣力」之一的台南市南門路「窄門咖啡廳」，以僅容一人側身而過的窄巷入口為名，在這棟刻意保留斑駁歷史的日治建築（約九十年屋齡）二樓窗邊，可在溫醇的咖啡香中，享受悠閒的時光，也可眺望對面孔廟的廣闊綠地、路邊百年老樹以及來往行人，鬧中取靜

台南市民間自發性的推動「老屋欣力」計畫，左圖為南門路上的窄門咖啡館。
右圖為台南市樹林街上一棟洗石子的兩層樓老屋，改妝為鹿角枝咖啡屋。

的感受人文風景的幻化，而這種生活氛圍吸引許多訪客，帶來經濟利
益，就是以文化與產業共榮，相得益彰、共創生機的案例。

　　這些小個案，若能有一個完整的城市規劃藍圖、政策與實施策略，將
其資源與環境要素包括人才、知識、技術、金融、交通、通訊、設施及
其所展現的文化特徵（即空間文化）完整整合，彼此交互作用與影響，
定能發揮更大的效果。

二、鄉鎮公共圖書館

　　1977年9月23日行政院蔣經國院長推出「國家十二項建設」⑭，增列
農業、文化與區域發展，如前述其中第十二項為「教育部建立縣市文化
中心計畫」，讓台灣每一縣市建立一處文化中心（現改制為文化局），

內容包括圖書館、博物館、音樂廳。其後，臺灣省政府教育廳1984年擬定「台灣省加強文化建設重要措施」方案，推動「一鄉鎮一圖書館」計畫，各鄉鎮逐漸創立鄉鎮圖書館，並歸文化中心所管轄。隨著時間的流逝，鄉鎮圖書館雖已遍及各地，但由於屬於鄉鎮層級，人力與經費不足，導致設備老舊、空間規劃不佳、藏書有限，無法提供良善的服務。

1999年的九二一大地震摧毀了許多鄉鎮圖書館，在重建的過程中，文建會以「重建區公共圖書館經營管理金點子計畫」，鼓勵鄉鎮圖書館發揮創意，重視圖書館設計，使圖書館成為民眾的大書房。自2002年起，金點子計畫透過甄選的方式選出八個重建區圖書館，如台中縣霧峰鄉圖書館、石岡鄉圖書館、太平市圖書館、南投縣埔里鎮圖書館、水里鄉圖書館、彰化縣員林鎮圖書館、雲林縣古坑鄉圖書館、嘉義縣竹崎鄉圖書館等，重新規劃圖書館的空間⑮。經過兩年的努力，這些獲得金點子計畫補助的圖書館都有不同的樣貌，不但提升進館人數及使用率，也成為鄉鎮圖書館的典範。

基於金點子計畫的成功，2003年文建會與教育部合作「公共圖書館強化計畫」，其中的「公共圖書館空間及營運改善計畫」⑯以空間重新規劃為主，有些圖書館以外觀整建為重點，如花蓮縣鳳林圖書館採用當地菸樓造形具地方特色；有些另外規劃特色區，如台南市國立臺灣文學館的兒童區；有些進行氣氛的營建，如宜蘭縣壯圍圖書館有如誠品書店般的氛圍；有些進行戶外空間景觀綠美化工程，如高雄縣湖內圖書館拆除隔壁小學間的圍籬，使彼此間互動更親近與和諧。

雲林縣古坑鄉圖書館原於1991年8月開館營運，九二一地震後館舍全毀，透過金點子計畫於2004年3月4日完成空間營運改善計畫修繕工程，如今該圖書館除了有一般鄉鎮圖書館必備的成人書庫、期刊閱覽室、成人閱覽室外，為推介當地的人文景觀，也特別設置藝文展示櫃、產業資訊旅遊中心。另，為達終身學習的目的，又設置古坑數位機會中

心電腦教室以及成立兒童專區，有兒童書庫、英語繪本書書庫、兒童閱覽室。除此之外，最特別且最具特色的應該是該圖書館頂樓的空中花園，在類似住家頂樓花園中，可以眺望周遭優美的景致，可以在綠茵襯托的陽傘下、木椅上輕鬆的閱讀、談心，可以細細品味當地出產的古坑咖啡，幸運的話偶爾可以聆賞音樂演奏。今日，台灣許多鄉鎮圖書館，不僅在外觀與設施上更加的活潑親切，其功能更是豐富與多元。

三、新十大建設——國際藝術及流行音樂中心

　　文化建設需要長期耕耘，尤其是大型硬體場館設施的興建，往往耗時、耗資，為確保投資效益，通常需要經過縝密的前置研究與規劃作業，包括這項興建計畫在國家整體長期文化發展藍圖中的定位、功能與必要性，以及對區域發展的妥適性與均衡效度。再者，如地點的選擇、土地的取得、相關興建年度、經費概算的編列，以及未來經營管理組織、經費與人員配置的規劃等等細部計畫可行性的研議，均必須周詳、嚴謹。因此，一位具使命感，有責任、有理想與擔當的主事者，在擘畫整體施政藍圖時，首要審視已經歷經多年研議、籌備或興建中的文化硬體工程計畫，重視政策的延續性，妥善處理相關文化館所的興建案。如陳郁秀主委在2000年政黨更替後的任職期間，仍繼續執行九○年代初期的國家建設六年計畫中的文化建設方案，國立傳統藝術中心才能於2002年順利完成、國立臺灣文學館於2003年正式開館、國立臺灣歷史博物館2007年揭牌營運。這些國家級的文化館設，都是經過十餘年篳路藍縷的籌備、興建過程，其間雖有時被延宕、擱置，但也終究在數任主委的持續推動下，展示在世人的眼前，成為當代承載文化保存、研究、傳承與教育的重要文化館所。

　　在完成上述文化建設後，為配合政府新十大建設⑰，文建會才於2003

年再度啓動新文化建設計畫，從全面性文化建設以及區域文化發展的角度，規劃、興建國際藝術及流行音樂中心，希冀北、中、南、東等地方生活圈均能提供國際級的藝術文化展演場所，帶動台灣成為華人流行音樂創作與表演中心。

（一）北部：大台北新劇院、台北流行音樂中心

大台北新劇院：2008年文建會決定以BOT方式，在新北市板橋區開發總樓地板面積為六萬坪，劇院為八四六七坪，興建國際級劇院廳一座（三千至五千席，解決北部缺乏大型專業表演場所的困擾）、多功能表演空間一座（四百至五百席）、戶外劇場及附屬商業設施。

台北流行音樂中心：台北市主政預定設址於台北市南港區台鐵南港車站與向陽路口之間，原為台鐵南港貨運站的調度區域，已於2010年2月完成國際競圖，2012年動工，預計2014年完工。

（二）中部：台中大都會歌劇院

台中古根漢美術館和台中國家歌劇院已取消計畫，非新十大建設項目，改為地方權責的台中大都會歌劇院，設址於台中市西屯區新市政中心旁，由伊東豊雄設計，2009年主體工程開工，預計2013年完工。

（三）南部：故宮南院、衛武營藝術文化中心、高雄流行音樂中心

故宮南院如前述，院區位於嘉義縣太保市，定位為亞洲藝術文化博物館，包括一座博物館主體、一座人工湖和四座亞洲主題庭園（台灣庭園、日式庭園、東南亞庭園和蘭花庭園），預計2015年12月啓用。

衛武營藝術文化中心定位為「南部兩廳院」，是南部首建的國家級表演藝術場館，將設有二二六○席的戲劇院、二千席的音樂廳、一二五四

席的中劇院以及四七○席的演奏廳，並有戶外廣場、餐館、文化藝品店、多功能廳、屋頂景觀台及停車場等公共設施，於2010年3月1日動土開工，預計2014年完工啟用。

高雄流行音樂中心已更名為海洋文化及流行音樂中心，基地位於高雄市11至15號碼頭，包括一萬二千名觀眾的戶外表演場地、五五○○席室內大型表演場館、一百五十至四百席不等的六間小型展演空間、流行音樂展示館、海洋文化展覽中心、渡輪碼頭、水公園、自行車道和文創市集等，預計2013年3月開工，2015年完工。

至於東部，原預計成立南島文化園區，後政策取消。

1. 台北市立美術館館藏以收藏前輩美術家作品為主。

2. 國立臺灣文學館原為台南市政府辦公室，經整修後為台灣文學重鎮。

3. 國立臺灣美術館經九二一地震毀損整建後，外觀園景更具開闊性與親和性。

4. 國立臺灣歷史博物館是台灣歷史研究、收藏、展示、教育的文化館所。

5. 傳統藝術中心成立於 2002 年 1 月，肩負台灣傳統藝術傳承與發展重責。

第四節
帶動城鄉再發展的空間效應

　　就文化創意產業而言，文化設施是文化空間的一部分，文化空間範圍較廣，性質較為複雜，通常涉及整體城鎮的治理問題；而文化設施是文化行為（活動）的載體，是藝術家從事創作與發表作品的場域，包含創作空間與展演設施。文化部成立後，增加電影與流行音樂的業務，也接收原屬於教育部掌理的國立國父紀念館、國立中正紀念堂管理處、國立歷史博物館、國立史前文化博物館四個附屬機構。這些政府所管理的文化設施，在文化創意產業推行時，一方面可以提供創造者多元的素材、激發創意，以及後續創意作品的展示或產品銷售的通路；另一方面也可以融入國土規劃之中，成為城市的品牌、元素或地標，以空間帶動城鄉再發展。

　　台灣文化設施的演進與發展，從廟埕的戶外廣場到學校禮堂、里民活動中心的準文化空間，進展到地方的表演廳、國際級的國家戲劇院、國家音樂廳等專業展演空間，乃至當今仍興建中的流行音樂中心等大型表演場所，其過程歷經政治的民主化、經濟的多次產業轉型、社會的戒嚴到開放、文化的無為到文化部的成立，可說是隨著時代的脈動，以及國內外政經社會文化的變遷，不斷地提出因應的政策與措施。這樣的發展過程大致可分為三波，各有其精神與意義：

　　第一波：七〇、八〇年代──鄉鎮圖書館、縣市文化中心、兩廳院的興建，代表台灣表演藝術量的擴大，以及質的精緻。

　　第二波：九〇年代以後──充實鄉鎮展演設施、地方性閒置空間再利用計畫，呈顯在地文化的普及化、生活化。

第三波：2004年至今──新十大計畫藝術中心的興建，形塑北、中、南三個表演空間核心，呼應了當代區域型生活文化，以及文化創意產業中國際化、品牌化的訴求。

而在當今文化對於各種領域的正向影響力備受重視之際，文化設施的功能也逐漸超越原有單純藝文載體的角色，如前述台北市URS、台南市的老屋欣力等做法，已成為以空間為議題，帶動都市、城鎮與地方再發展的要角。因此，國家必須重視文化設施與文化空間的市場經濟效益，及其政策與內容，必須有整體思惟與配套策略，才能結合各部會的力量，發揮其立體效應。

嘉義縣民雄鄉的表演藝術中心以文化公園為興建構想，除表演也兼具休閒功能。

與文化創意產業相關的文化法規

方瓊瑤撰文

　　行政機關的運行必須依法行政，也就是說有其主管並據以執行的法
規、規範。而台灣有關文化類的法令規章，大致隨著機關的設立以及業
務的執行與擴增而制定或修訂，執行業務類相關法律簡介如次，各項法
規的詳細條文，讀者可以參閱文化部官方網站⑱。

《文化資產保存法》

　　文建會成立後，為保存維護古蹟等文化資產，於1982年公布實施《文
化資產保存法》，其後隨著業務的推動，發現有不夠周延或窒礙難行之
處，經過民間與政府機關的專家學者多次研議討論，於2005年公布新的
《文化資產保存法》修正版。

《文化藝術獎助條例》

　　1992年為扶植文化藝術事業、輔導藝文活動、保障文化藝術工作者等
目的制定《文化藝術獎助條例》。文建會許多業務即是根據該條例的規
定執行，例如文馨獎的獎勵、傑出藝文人士的急難救助、財團法人國家
文化藝術基金會的設立、公共藝術的實施、文化藝術事業的補助等。該
條例是構築當代文化藝術環境最深遠的法令，2002年配合行政程序法的
實施以及擴增公共藝術的範疇，修訂公布新的實施條款。

《文化創意產業發展法》

　　文化創意產業為2002年底行政院「挑戰2008：國家發展重點計畫」

之一，2010年為促進文化創意產業發展，建構具有豐富文化及創意內涵之社會環境等目的，文建會制定實施《文化創意產業發展法》，將文化創意產業定義為「源自創意或文化積累，透過智慧財產之形成及運用，具有創造財富與就業機會之潛力，並促進全民美學素養，使國民生活環境提升之產業」，並明訂相關的協助及獎補助機制。

《公共電視法》

《公共電視法》原為行政院新聞局主管的法律，制定於1997年，2012年5月21日新聞局與文建會合併為文化部後，為文化部有關大眾媒體傳播的重要法律。該法主要目標在於健全公共電視發展，建立有利於公眾服務的大眾傳播制度，彌補商業電視之不足；並以多元的設計，維護國民表達自由及知的權利，提高文化及教育水準，促進民主社會發展，增進公共福祉。

《無線電視事業公股處理條例》

為公共電視基金的法源，制定於1996年，主要在規範處理政府、政府投資之事業及政府捐助設立之財團法人持有民營無線電視事業之股份，以維護媒體專業自主，並提升無線電頻率之使用效益，追求優質傳播。原屬行政院新聞局主管法律，2012年5月21日隨行政院組織整併，改由文化部主管。

《電影法》

1983年行政院新聞局為管理與輔導電影事業、促進電影藝術發展弘揚中華文化、闡揚國策、發揮社教功能、倡導正當娛樂，制定《電影法》以為規範，內容包括各種名詞解釋，以及相關事業的規定、檢查、獎勵、輔導與處罰。2012年5月21日隨行政院組織整併，改由文化部主管。

《中央廣播電台設置條例》

1996年行政院新聞局為設立財團法人中央廣播電台，負責國家新聞及資訊之傳播，制定《中央廣播電台設置條例》。內容包括財團法人中央廣播電台的任務、經費來源、董監事組成方式、營運模式等。2012年5月21日隨行政院組織整併，改由文化部主管。

《廣播電視法》

1976年為促進廣播、電視事業的健全發展、維護媒體專業自主、保障公眾視聽權益、增進公共利益與福祉，行政院新聞局制定《廣播電視法》以為規範。該法包含相關用辭釋義，設置國家通訊傳播委員會主管廣播、電視事業，以及電台設立、節目管理、廣告管理、獎勵輔導、罰則等規定。2012年5月21日併改由文化部主管。

《國家文化藝術基金會設置條例》

文建會為落實文化政策與輔助文化藝術的發展，於年度預算中經常編列對地方政府、民間文化藝術團隊或文化工作者的獎補助經費，惟隨著文化業務的擴充，相關補助款項逐漸的擴大，也引發外界對其補助作業公平性的爭議。為處理《文化藝術獎助條例》所定事項，文建會爰依《文化藝術獎助條例》第十九條規定，於1994年制定《國家文化藝術基金會設置條例》，設置國家文化藝術基金會。本條例內容規範其基金來源、業務範圍、董監事組成方式、營運模式等事項。

遠見
——談《文化藝術獎助條例》之影響

陳郁秀撰文

　　1987年是個令人不能忘懷的關鍵年代；沸騰的股市，將經濟發展到最高點；有如魔咒般的戒嚴令終於解除；台灣的政治改革邁向民主；而國家戲劇院、國家音樂廳的誕生，躬逢其時，積聚了藝文創作者與全國人民的殷切期待，宣告了台灣文化由中國為尊的一元文化奔向探索台灣主體的多元文化，一個文藝復興的時代來臨，開啟了台灣展演藝術邁入國際化的先聲。

　　回顧台灣展演藝術的發展，在戒嚴統治禁錮的時代，以中華文化之復興為首要目標，所提倡的國畫、國樂、京劇、民族舞蹈乃至於文、史、哲項目下的文言文，大中國歷史、孔孟思想等均成為唯一的選項。七○年代因「鄉土文學」論戰、現代主義西風東進，掀起了一波又一波的「鄉土運動」「民歌運動」，視覺藝術也由抽象畫派的畫風轉到「尋根」「回歸鄉土」的潮流；隨著民主腳步的推進，所有的藝術家都敞開心胸，大膽實驗，創造出多元豐富的榮景，台北各處畫廊紛紛成立，藝術市場蓬勃發展，這是一個多麼燦爛美好的年代呀。

1987 年解嚴，台灣社會開放又多元。

琳瑯滿目遍地開花的氣象，促使政府於1990年推出「國家建設六年計畫」，其中的「文化建設方案」，闢設宜蘭傳統藝術中心、台灣文學館、國立台灣歷史博物館、紐約台灣文化中心、巴黎台灣文化中心等。國內文化育樂園區及海外文化據點的設立，為台灣藝術文化建立通往世界的平台。1992年為扶植文化藝術事業，輔導藝文活動，保障文化藝術之作者等目的制定了《文化藝術獎助條例》。文建會遂依法行政，業務迅速拓展；例如文馨獎的設立開啟藝企合作的旗艦先鋒、傑出藝文人士的急難救助撫慰了長期無悔投入文化事業的文化人之困難、藝術村的設置開拓台灣與世界文化深刻的交流、扶植團隊的輔導計畫孕育了台灣表演藝術團體的實力與競爭力、藝廊博覽會的舉辦可為藝術家們找到財源、國際交流則在紐文及巴文中心的協助下，在經費上給予補助，在行政上擔任窗口，鼓勵藝術家、藝術團隊們參加諸如威尼斯視覺藝術、建築、音樂、電影等雙年展、里昂舞蹈雙年節、里昂視覺藝術雙年展、愛丁堡藝術節、亞維儂藝術節、波蘭書展……等等世界重要藝術展演活動。而其中尤以催生財團法人國家文化藝術基金會的設立，及加碼公共藝術的實施特別重要。

　　1994年，文建會為落實文化政策與補助文化藝術的發展，於年度預算中經常編列對地方政府、民間文化藝術團隊或文化工作者的獎補助經費，後為因應日漸擴充的業務，獎補助款項的增加急需具社會影響力、公信力的輔佐單位支援，遂依《文化藝術獎助條例》第十九條規定，制定《國家文化藝術基金會設置條例》，設置國家文化藝術基金會（簡稱國藝會）。條例中規範其基金來源、業務範圍、董監事組成方式、營運模式等事項。將近二十年的時間，國藝會樹立了「公平平台」的形象，成功的扮演了恰如其分的角色，為國家制定具社會認同的評審機制，培育藝術家、文化藝術行政人才，而其逐步累積的藝企合作旗艦計畫，更為社會留下典範。例如與東和鋼鐵所執行的「東鋼藝術家駐廠創作」專

1. 入選 2009 年國藝會與兩廳院合作的「表演藝術新人新視野創作專案」舞蹈團隊。
2. 文建會 2008 年表演藝術團隊巡迴基層演出活動。
3.、4. 2007 年國藝會「東鋼駐廠藝術家專案」劉柏村的作品。

案，不僅提供雕刻家經費補助，邀請藝術家進駐鋼鐵廠就地取材，更難能可貴的是提供藝術家創作的工具及專業的鋼鐵技術人員，協助藝術家完成作品。如此一來，雕刻家在短短的一年當中完成了一生都難得完成的作品群，在數量和質量上都達到最高點，令人嘆為觀止。

又例如在我擔任兩廳院董事長之際，兩廳院與國藝會合作「新人新視野」方案，培育了多少年輕藝術家；而目前國藝會在董事長施振榮的帶領下，積極媒合藝術家、藝術家團體與企業的合作，關心的層面已由精緻藝術的支持到如何將精緻藝術融入生活中做探索和實驗……。而新推出的「藝極棒」「深度文化之旅」「培育藝評人」等計畫均得到社會的認可，在文、史、哲方面也獎勵文學及劇本創作，更補助出版及協助發行，其與雄獅企業的合作更將藝術透過教育奠定美學基礎……由以上案例，我們已看到文化的影響力及文化政策，透過半民間基金會運作的靈活度和意想不到的成果；而國藝會所頒發的「國家文藝獎」更是藝術文化界的翹楚，人人尊敬的榮耀。

2002年時值我擔任文建會主委，為配合行政程序法的實施，《文化藝術獎助條例》在同一時間擴增「公共藝術」的範疇，修訂公布新的實施條款，其中明定，重大工程建設必須挪出百分之一的工程費，挹注「公共藝術」的創作。此法令一實施，創造了「藝術與空間」的對話，為台灣的城市、鄉鎮、廣場、街道……構築當代文化藝術展演空間，是對台灣環境影響最深刻的法令。目前此類對話已延續至都市規劃、國土規劃的層次，而在民間，創意無窮的點子陸續展開，例如由富邦藝術基金會主導的「粉樂町」無牆美術館計畫，此計畫以視覺尤其是色彩的入侵，將藝術搬上街頭，改變人與空間及藝術作品的關係，希望藉此達到推廣藝術的目標。

所謂「粉樂町」是指降落在城市的藝術樂園。這座樂園，有一個有趣的名字，「粉」是一種流行用語，代表著「很」字，非常、十分的意思，

1. 2011 粉樂町藝術家徐薯盛作品〈台北天空〉。

2. 2012 粉樂町來自比利時海蒂．渥特的〈我永不消失，因為我的身影常存〉作品。

3. 富邦藝術基金會主辦的 2012 粉樂町 DM。

4. 藝術家阿咧在 2012 粉樂町的粉怪獸、粉快樂活動。

5. 2012 粉樂町藝術家張子隆作品〈有機之靈〉鋼鐵雕塑。

「樂」以國語發音，快樂的「樂」字，「町」是日文的漢字，發音與「挺」
相同，挾帶著與外來文化交流的隱意，意思為地方或是角落，總結描述
「粉樂町」（Very Fun Park）指的是一個非常快樂的地方！它坐落在我
們常常走逛的城市內，透過藝術的進駐，可能是小巷中、街角旁，一家
商店內或大樓廣場前，讓藝術家走出了美術館，藝術品走進我們生活的
空間，人人隨時可駐足欣賞，可遠眺近觀，藝術品和人與空間的對話就
此展開，這不就是最貼切的美育素養培育方式嗎？此計畫最早由2001年
開始，至今已成功打造一整條「台北東區畫廊」，在此你可親賞國內外
藝術家之創作，也成功為首都台北累積藝術底蘊。如果台北各區都有類

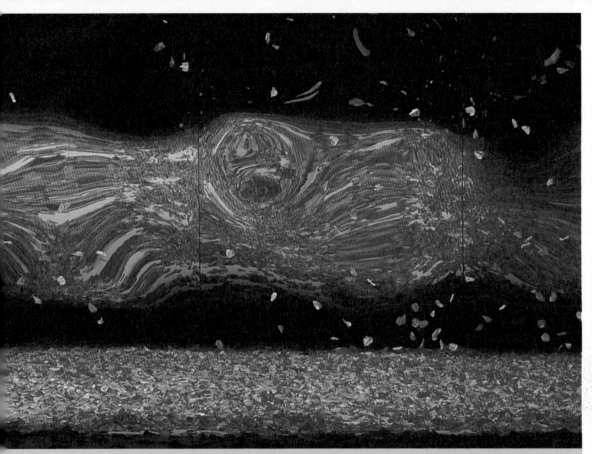

雲門舞集的演出《花語》。

似的紮根計畫，成為「藝術創意之都」的夢想就能實現了……。

　　日前在世界現代舞重鎮，美國舞蹈節八十周年的盛會上最受矚目的終身成就獎頒給了雲門舞集創辦人編舞家林懷民，這是何等的榮耀呀！1973年春天，林懷民創立了「雲門」，這是台灣第一個職業舞團，也是所有華人社會的第一個當代舞團，三十多年來走過風風雨雨，成為擁有一百六十多齣舞劇，在台灣及歐、美、亞、澳各洲兩百多個舞台演出超過一千七百多場的國際舞團。

　　一路走來，文建會的表演團體扶植計畫也伴隨雲門走過一段路，這個扶植政策是政府對精緻藝術的支持與鼓勵，孕育了國內許多團隊，但

也因他們的成就，國家受益更多，藝術家們在國外的演出為台灣建立了品牌，是非金錢能夠換取的美譽。此外又如綠光劇團及紙風車文教基金會，早期參與文建會推出的「蘭陵王」競賽及校園巡迴計畫，後獨力完成「紙風車319鄉村兒童藝術工程」的壯舉，今年又新推出「紙風車368鄉鎮市區兒童藝術工程」計畫，此案例讓我們看到民間團體在文化政策的執行下，自由蓬勃發展，他們深入生活陪伴孩子走第一哩的藝術路程，其用心之深，令人動容，也證實「藏富於民」的說法。我們常說文化就在生活中，文化政策只需引導大方向，營造環境和平台，藝術家和民間的創造力就能創出令人驚豔的成就。這些累積即是說明，有遠見的法令，能為人民開創美麗的人生。

紙風車基金會2006年發起319
鄉村兒童藝術工程，圖為雲林元
長鄉演出巡演。

註釋

① 陳郁秀教授將文化創意產業分為文化空間、文化服務與文化產品三個類別。

② 辛晚教，《全國文化生活圈整體規劃先期研究案－全國文化生活圈硬體展演設施發展綱要計畫》，1996。

③ 2003 年 11 月 26 日行政院第 2867 次會議通過「新十大建設計畫書」，行政院經濟建設委員會網站，網址 www.cepd.gov.tw

④ 文化部國父紀念館網站，網址 www.yatsen.gov.tw

⑤ 1977 年 9 月 23 日行政院蔣經國院長宣布推動「國家十二項建設」，其中第十二項即興建各縣市文化中心，包括圖書館、博物館、音樂廳（演藝廳）。教育部據以於 1978 年訂定「建立縣市文化中心計畫」。

⑥ 1994 年行政院連戰院長於總理紀念月會宣示將以十二項建設作為施政重點，文建會配合十二項建設之三「充實省（市）、縣（市）、鄉鎮及社區文化軟硬體設施計畫」。

⑦ 當時四大改革方向為「去任務化」「地方化」「行政法人法」與「委外化」。

⑧ 2009 年 2 月 5 日行政院院會通過人事行政局提出的「行政法人法」草案，2011 年 4 月 9 日經立法院三讀通過，2011 年 4 月 27 日總統公布實施。

⑨ 請參考《行政法人之評析－兩廳院政策與實務》乙書。

⑩ 精省後，併為文建會中部辦公室。

⑪ 行政院文化建設委員會「閒置空間再利用 6 個試辦點計畫」，2001。

⑫ 「行政院挑戰 2008：國家發展重點計畫（2002-2007）」，《文建會創意產業發展計畫核定本》，2003 年 3 月 7 日。

⑬ 原為閒置十年的台北第一酒廠，於 1997 年經藝文界人士推動，成為一個多元發展的藝文展演空間。後經台灣省政府文化處與台灣省菸酒公賣局協商，自 1999 年起委託台灣省文化處代管，文化處再委託中華民國藝文環境改造協會經營。精省後，轉由文建會經管，2003 年底委由「橘園國際藝術策展股份有限公司」經營。2007 年底由台灣文創發展公司以 ROT 的模式進駐經營管理。

⑭ 行政院，國家十二項建設計畫，1977 年 9 月 23 日。

⑮ 陳昭珍，〈民眾的共同書房－台灣公共圖書館發展歷程，劃破時空看見台灣來時路〉。國家文化總會，頁 322-328。

⑯ 「公共圖書館空間及營運改善計畫」，國立台中圖書館網站，網址 http://92-93publib.ntl.gov.tw/libr/improve/project.asp

⑰ 2003 年 11 月 26 日行政院第 2867 次會議通過，經建會網址 www.cped.gov.tw

⑱ 文化部文化法規法律類。參見文化部網址 www.moc.gov.tw

Chapter 4

台灣社區文化發展

方瓊瑤撰文

社區營造是一項社會工程，
鼓勵國人認同自己生活的所在，
開發、累積、保存地方的文化資產，
共同創造有品質的特殊生活型態。

八〇年代以前，台灣對於「文化藝術」的解讀常常陷入一種迷思，認為只是精神文明的一環，只是歸類於消遣、娛樂或是提升生活品質的活動，即使少數將藝術品或文化活動視為產品，也僅侷限於純粹的珍藏、欣賞或消費性、消耗性的商品，極少將之聯想為一種可以提升經濟效益的素材，也很難體會其所孕育獨特、在地性的產業價值，甚至無法想像文化可以成為帶動區域發展的重要元素。

因此，早期台灣文化藝術與經濟產業兩個領域，不論政府部門之間或民間不同領域，偏向各自為政、自我發展，鮮少合作。在文化政策方面，較著重舉辦導引性的軟體活動，如假日文化廣場、校園巡禮、文藝季等藝術節目，以及功能性展演設施硬體的整建，較少思考其對於經濟產業或都市發展的影響力。而地方產業輔導政策即由經建部門擔綱，例如1989年經濟部中小企業處推動「地方特色產業輔導」專案，選定具有歷史性或獨特性，且對地方發展有貢獻的消費型產業加以輔導，如鹿港「宗教文物雕刻」產業等共八十四處。基於政府部門的分工與職權，這些由經濟部門輔導的產業，自然而然偏重於經濟價值的開創，較少有文化藝術的思維。

這種藝術與產業分道揚鑣、各自發展的現象，究其因，主要來自於過去政府文化政策與組織的訂定與設置，如1981年成立文建會，雖是全國最高文化主管機關，但屬委員會性質，如經建會的角色，委員成員包括教育部、內政部、行政院農業委員會、行政院客家委員會、行政院原住民族委員會、行政院新聞局等相關部會的首長，但礙於文化業務在行政院中不具急迫性或非關生存，加上其經費與編制員額極少，委員會議又無實質的文化計畫或經費的核定權力，大致僅是文建會的業務報告，或邀請相關部會共襄盛舉的活動，極少涉及有關各部會文化計畫與預算的審議。而文建會為推廣、植根文化藝術以及輔導地方文化機關（構）與民間團體，另為營運精省後所接收的許多文化機構，如國立臺灣美術

館、國立臺灣博物館、國立臺灣交響樂團、國立臺灣工藝研究發展中心等，逐漸走向類似經濟部的執行部會，但卻面臨經費、編制與運用等層層的限制，經多年歷任主委與文化界人士的奔波倡議，終於在2012年5月20日改制爲文化部。

　　文化與經濟產業的正式交會，源於2002年文建會提出文化創意產業政策，並獲行政院納入「挑戰2008：國家發展重點計畫」。從此，文化界可以大力的倡議文化藝術的產業價值，而經濟產業界也逐漸體會文化藝術的加值效應，兩者得以互補、相得益彰，朝向共創雙贏的局面發展。在文化創意產業政策提出之前，文建會已陸續推行許多文化產業相關的基礎性計畫，其中，社區營造計畫自1994年執行至今已近二十年，堪稱是政府少數歷經政黨輪替與多次主管更迭仍繼續推動的計畫，且在2002年開始影響其他部會納爲推動的政策之一，包括經濟部、內政部、行政院農業委員會、行政院勞工委員會、行政院環境保護署、行政院原住民族委員會、行政院客家委員會等部會；而其在激發民間團體與文化工作者參與社區空間環境的整建與利用，以及在1995年開始推動以社區文化產業活絡鄉鎮的做法，可說是台灣文化創意產業的實驗與先驅。

第一節
地方文化 vs. 社區營造（1993-1995）

一、地方文化時代的肇始

如同其他先進國家經濟產業與城鄉發展的因果關係，台灣歷經七〇、八〇年代經濟高度起飛的同時，也造成青壯年紛紛移居大都市發展，鄉村地區逐漸的落寞蕭條，城鄉差距擴大。

雖然政府於1979年推動十二項建設，在各縣市設立一所文化中心，但由於文化中心屬於各縣市教育局下的機構，層級較低、經費不足，因此在沒有中央政策與經費支援下，舊有的傳統文化與技藝也在後繼無人的情況下逐漸消失凋零。八〇年代後期，是台灣政經社文解構後重建的劇變時代，解嚴後的政治改革開放以及經濟的高度發展，使得民間社會擺脫威權的束縛，顯現出現代民主國家應有的自由與蓬勃，也觸動尋根風氣的興盛，導引文化政策轉為「去中央化」，高呼「地方文化的時代來臨了」。

（一）文化性活動

許多地方文化發展計畫紛紛在這個時期出籠，在活動方面以「藝術下鄉」「校園巡禮」「假日文化廣場」等軟體活動，引起基層民眾參與藝術活動的興趣。而在激發地方文化能量方面，1984年「全國文藝季」由文建會統籌教育部文化局每年舉辦的文藝季活動（1967年開辦），邀請國內外音樂、舞蹈、劇戲、地方傳統戲曲等藝文團體，到各個縣市巡迴

演出，以及舉辦名家作品美展。1993年全國文藝季轉型為文建會訂定主題，由各縣市文化中心規劃辦理，達到整合文化資源、建立地方文化特色的目的，當時的口號為「人親、土親、文化親」，也是重視人、土地與藝術關係的起點。

（二）硬體建設

在文化設施上搭配「田園藝廊」「充實鄉鎮展演設施」等硬體建設計畫，改善非專業展演空間的視聽、舞台或音響等設備，讓普羅大眾除了廟埕、社區活動中心之外，也可以就近使用這些準展演空間，然這些補助對於展演空間的改善作為仍屬少數與分散，較難檢視其對城市發展的整體效能。

（三）文化生活化、生活文化化

就地方文化發展而言，這個階段，文建會的文化政策著重在對於縣市文化中心的行政輔導，以及文化相關軟硬體建設經費的挹注與實施，「文化行政化、行政文化化」「文化生活化、生活文化化」等宣傳口號，就是這些政策內容的最佳寫照。因此，文化經費逐漸從中央挹注到縣市政府；文化活動的本質逐漸從權貴菁英專利的形象，轉化到民間與人民的生活面；文化資源也從單純的活動舉辦轉為支持可永續發展的社區、城鎮等文化環境的整備。

二、社區營造

1994年配合前總統李登輝建立台灣「生命共同體」理念，當時文建會申學庸主委在前述計畫基礎下提出「社區總體營造政策」①。社造政策的施政對象從縣市層級更下放，深入到社區與居民，目標在鼓勵社區居

民經由文化議題的參與，凝聚共同體意識，是解決傳統文化流失、地方產業凋零等問題的「社會改造工程」，強調這是一種「造人」運動（陳其南語），也是一種「終身學習」②。

（一）重點計畫

社造推動初期，實施策略著重在宣導與教育訓練，並以文建會熟悉的文化藝術、傳統空間等領域著手，重點在鼓勵社區居民參與文化性的公共事務。為了整體性、全面強化地方的文化環境，文建會於1994年提出「十二項文化建設計畫」，內容包括「充實鄉鎮展演設施計畫」「輔導美化地方傳統文化建築空間計畫」「輔導縣市主題展示館之設立及文物館藏充實計畫」以及「社區文化活動發展計畫」。這個文化建設計畫如第三章所述，影響台灣的文化生態甚鉅：在軟體上，提升了各縣市文化中心的規劃與執行能力；在硬體上，帶動傳統建物的保存與再利用觀念，強化了鄉鎮的表演設施，也輔導縣市文化中心以在地的文化特色設置「縣市主題展示館」，如雲林布袋戲館、宜蘭戲劇館、花蓮石雕博物館、苗栗木雕博物館……等，保存傳習地方獨特文化。就社區空間的執行內容而言，大都在解決現實的居住環境、空間美化，以及地方文化的發掘與保存等問題，針對文化藝術對地方振興的目標或具體策略，或是文化環境對地方整體發展的重要性等議題，向屬理念推廣層次，較無具體作為。

（二）文化產業的開辦

1995年5月，文建會與台灣省政府手工業研究所聯合舉辦「文化、產業」研討會，邀請日本從事造町運動的專家學者與國內學術界參與，發表許多日本造町運動的經驗，開始移植日本「文化產業」的經驗，並激發社區工作者從「內發性」社區生產模式，思考地方傳統產業與地方發展的議題。

其實，在「文化、產業」研討會之前，台灣省政府手工業研究所曾於1991年，邀請長年在日本山林農漁產業衰退地區，從事社區傳統產業研究的大葉大學宮崎清教授來台，傳授地方產業振興及地域活化的觀念與技術，並在1994年向經濟部提出「中日技術合作計畫──地域性活化與設計」，在埔里與鹿港兩地進行地域振興計畫。當時，宮崎清教授引進到台灣的地方產業振興理念，就是一種日本式的「造村」與「造町」經驗。宮崎清教授強調社區永續經營的基礎在於文化產業的實踐，他認爲：「爲能持續的落實，必須讓社區內的居民有安定的工作和收入，所以其工作不僅在於實質的空間改善，而且還要透過發掘地方特有的資源，改善經營方式，獲得充裕的資金等方式，來確保並發展地方產業，提供更多的就業，以帶動地方自足性的永續發展」③。從這個時點，文化與經濟二元對立、互斥的關係，在台灣有了新的論述與轉機，「文化產業化、產業文化化」成爲台灣文化發展的新方向，文化與地方發展也開始有了連結。

三、文化生活圈與區域發展的起點

文建會於1995年委託中興大學（現台北大學）辛晚教教授研究整合性的「文化生活圈整體規劃先期計畫」，企圖從各個文化藝術類別的基本資料調查與整理統計開始，透過都市與區域計畫的方式，整合地方傳統文化節慶、生活型態以及合理的硬體設施配置等面向，規劃合宜的文化生活圈域以及因地制宜的活動與文化設施，並舉辦「地方文化與區域發展研討會」，引進都市計畫領域的專家學者參與文化事務。這是文化資源、文化空間與區域發展結合的濫觴，可惜這個計畫未能持續進行，但對現今許多建築界與都市計畫界的學者與菁英進入文化體系、參與文化建設事務，卻是意義重大。

第二節
地方發展vs.社區產業（1996-2000）

一、發展地方特色文化

　　1996年，文建會爲輔助地方政府推動「文化產業化，產業文化化」工作，在每年籌辦的「全國文藝季」活動中，鼓勵地方政府與文化中心舉辦「文化產業」的活動，如花蓮縣「原山奇美」、新竹市「竹塹國際玻璃藝術節」、苗栗縣「三義神雕」、新竹縣「內灣縣的故事」……等十七項產業型活動。此外，爲了將地方特色行銷到國際，並引進國際活動帶動地方發展，也開辦「地方小型國際藝文活動」，如眾所熟悉的宜蘭童玩節、苗栗的假面藝術季、嘉義的管樂節……等。這些活動都是由縣市政府結合社區資源展現地方特色產業的起點，在文化史上具有重要的意義與象徵，也成爲今日文化創意產業發展的重要基礎。

二、發展地方文化產業

　　誠如李登輝總統曾在1994年新竹縣「社區文化研習觀摩會」表示：「社區的改造和社區文化的重建，並不只在於滿足美學和精神層面的需求，而是具有更實際的經濟目的。台灣鄉村地區的各種初級產業，在工業化的衝擊下，已經逐漸沒落，加入世界貿易組織（WTO）後，衝擊會更大，恐怕連立足都有困難……並不是每個鄉鎮都能夠千篇一律地走向工業化與商業化」。文建會期待透過文化活動的舉辦，引導文化資源朝向

產業化的型態發展，並經由文化資源的附加價值，提升地方的經濟和文化永續發展的基礎。

1999年文建會又策辦「地方文化產業振興計畫」，補助縣市政府辦理各種地方文化產業振興研討會以及經驗交流座談會等工作，其中補助新竹縣等十三個縣市立文化中心，遴選轄內具特色的產業，運用文化資源，營造地方文化特色產業，創造地方文化生機；2000年輔助縣市增至十八個縣市，三十一個鄉鎮社區，社區開始直接接受文化產業計畫的補助。但是，由於社區產業屬於微型產業，無法大量生產，且當時網路行銷尚未成形，因此經濟效應受限。

三、地方活絡的基礎

　　社區文化產業推動，大致分為三階段，第一階段著重保存與傳承，第二階段為生產研發，第三階段則進入產業化行銷階段。以文化產業的推動而言，2000年以前文建會輔導的重點在於保存與傳承，偏重舊有技藝的再現、文化意識的認同，但社區產業一直存在缺乏經濟市場的輔導機制，產生產品的品質與產銷市場無法提升與擴展的情事。加上，當時政府輔導的對象以社區為主，產業規模過於分散與微小，使得文化資源呈現「點」狀的分布，聚集性與延伸效應有限。而且單據點式的文化產業發展，大多強調文化的個性表現，較缺乏永續經營所必要的經濟性，極少如英國城市文化再生所展現的空間、文化、創作、生產、行銷與市場全面性的整體建構思維。地方政府若能以地方發展的立場，全面的思考整合規劃適合地方永續發展的方向，善用地方傳統資產進行地方建設，即能活化地方、再現生機。

阿里山來吉部落的山豬木雕藝術是部落的特色產業，支持族人生計。

嘉義縣茶山社區發展破布子地方產業。

四、文化產業的空間意涵

　　就文化而言，根源於特定的地方空間所展現的文化地方特色產業，透過其歷史文化的意涵、共同生活的記憶、傳統的文物等精神層面的表現，可賦予地方居民特殊的認同感及歸屬感，強化社區的內聚力。就地方發展的角度來看，主題性的文化活動、展演空間，以及特殊的地方產業，可經由地方內發的力量呈現其獨特的價值，成爲地方經濟主要資產。由產業的層面觀察，文化產業活動和地方生產系統，與地方認同感的緊密結合，可提升地方居民經濟性及非經濟性的認同價值④。這種建立地方文化產業環境的模式，如果再經過整體的、細膩的相關軟硬體建設規劃與設計，就是城鄉規劃、區域發展的一環，也可說是文化創意產業提升文化空間到國土規劃的實驗與示範。

第三節
災區重建 vs. 在地重生運動（1999-）

　　1999年的九二一大地震重創了台灣中部，也賦予社區營造新的使命，創造社區營造的新契機。大規模的災區重建經驗，使得社區營造政策與觀念，更具總體的精神、更加貼近社區民眾的生計，也更符合永續經營的理念。

一、總體精神的發揮

　　救災期間，諸多的社造組織紛紛進駐災區，組成「全國民間災後重建聯盟」，進行社區的陪伴，並進而協助思考社區的發展願景與策略，為日後以社區營造進行災區重建，奠下良好的基礎。隨後，九二一重建會設置「巡迴輔導小組」，推動重建區社區總體營造工作。文建會則在重建區甄選六十個社造點，並委託成立社區營造中心從旁協助與輔導，建立了社造組織協助國家機關輔導社區營造的機制，並對重建區的社造工作產生關鍵性的影響。由於這些社造組織普遍具備豐富的社區營造經驗，二、三年間即快速的協助重建區振興產業，並創造生態旅遊、社會福利、工藝復興、文化傳承、農業加工等多元的社區產業，提升在地就業的機會。為了建立社區自主機制，落實社區總體營造自助、互助與合作的理念，這些外來的社造組織、社區在地團隊與專業工作者共同籌組「策略聯盟團隊」，推動產業的串聯，發展社區軸線，帶動重建區的社區聯盟效應。早期外來進駐的民間組織，經由陪伴、參與與協助的過程，對進駐的社區產生感情，漸漸落地生根朝向在地化發展，而社區也

逐漸學習自主營運。

災區以「社區營造」由下而上的參與方式進行重建，真正的實踐了「總體」營造的理念。而各部會在重建期間，配合推動許多計畫，提供社區經費與人力的支援。例如教育部為重建災區的學校，推出「新校園運動」，強調重建校園的同時也應發揮社區參與與社區動員的作用。新校園運動強調社區參與、尊重使用者，突破傳統校園建築千篇一律的單調形式，讓每座學校獨具創意，充滿地方特色，除了提供快樂的教育學習環境，也成為社區的終身學習中心、緊急避難場所，甚至是觀光的景點。此外，經濟部中小企業處推動「九二一重建區社區經濟振興輔導」計畫，輔導重建區推動傳統產品現代化，並發展具地方風格與特色的產業。勞委會更以「永續就業工程」與「多元就業開發方案」配合提供勞動薪資，除照顧災民與弱勢族群之外，也衍生吸引年輕人返鄉服務的功效。換言之，在完成各個社區災民安置工作，並開始思考地方重建議題時，「社區營造」承載了重建的「總體性」與「永續發展」作用。不論是私人住屋、環境景觀、公共設施的重建，甚至地方產業的振興、社區人才的生根，都是重建區無法迴避的課題，而社區營造即是實踐與整合的平台。

二、在地精神的實踐

災區產業重建以農山村經濟轉型為要務。對傳統產業已經外移的災區而言，據主計處統計，九二一地震前主要災區七縣市的失業人口即高達七萬六千餘人，地震更讓失業人數直攀八萬三千人，天災雪上加霜使得災民無以維生。為解決災區失業問題，政府相關部會依照重建進度，陸續推動「以工代賑」「臨時工作津貼」「就業重建大軍」「雇用獎勵津貼」「永續就業工程」「多元就業開發方案」等六大政策，以充分運

用在地人力進行重建為原則，依照「在地之工作重建行動、在地家園重建行動、在地夥伴結合行動、在地產業振興行動」等四大目標，降低災區的高失業率，穩定災區民眾生活，也帶動人口的回流。但救急之外，仍須結合產業振興，才能使失業災民安居樂業。而休閒農業、觀光、民宿、有機農業、精緻農業等農山村文化運用的方向，即成為農山村發展共同的想像⑤。這種經營型態的轉變，需將農山村產業發展的課題投注於農山村文化的建立，才能發揮農山村產業的文化附加價值。而社區營造的操作模式，即是找尋農山村過去的共同記憶、建立地方特色與文化信心，重振地方的途徑。

許多小社區絕地逢生的案例，如「台中縣東勢鎮愛鄉協進會」「中寮植物染坊」等婦女組織，就地取材運用當地的果實、花草，開創植物染加工事業，從生產製造到行銷販售的過程，不但創造了在地工作機會，建立地方產業，更透過相聚合作的過程，發揮組織力量，提升社區意識、關懷文化、環境、生態保育及再造等議題。又如南投中寮和興村利用地方文化、特產及自然景觀，讓全村人團結在一起，成立「田媽媽公益餐廳」、開闢「有機之旅」觀光聖地，帶動地方觀光及農業發展，解決失業問題，也實踐了社區共同體的精神。

1. 九二一震災校園重建為學校風貌開啓新
   思維，花蓮縣秀林西寶實驗小學，以大
   自然為鄰，建築融入地形生態之中。
2. 南投縣水里民和國小重建，處處可見布
   農的生活場景。
3. 南投縣鹿谷內湖國小鄰台大實驗林，木
   造校舍典雅有緻。
4. 南投縣潭南國小以布農家屋為藍圖建構
   的校園一角。

第四節
新故鄉社造 vs. 政府資源整合
（2002-2007）

一、各部會推動的地方產業

　　2001年的「文化產業之發展與振興計畫」是「地方文化產業振興計畫」的延續性計畫，補助輔導二十個縣市、四十個鄉鎮社區進行文化產業資源的開發、整合、創新、傳習、推廣、文化產業形象的塑造與行銷、人才培訓與實務觀摩等，並委託專案管理團隊，進行計畫執行的輔導及訪視工作。2003年，又從各地遴選十個社區做為種子社區，進行專案式的社區文化產業發展診斷與輔導計畫。這種個案專業輔導的方式，對缺乏產業經濟概念的社區有極大的幫助，例如遭遇多次風災肆虐的新竹縣五峰鄉桃山社區，泰雅族永續發展協會由於這個計畫，開始進行部落祖靈祭文化的保存，進行部落結盟，推動傳統工藝雕刻、編織、藤竹編等訓練，並經由人才的培育開創傳統產業，奠定部落振興的基礎。

　　除文建會推動「地方文化產業振興計畫」「產業診斷計畫」等文化產業措施，以及前述經濟部中小企業處的特色產業開發外，經濟部商業司亦推動「形象商圈計畫」「活化地方商業環境中程計畫」，以及「災後商業重建計畫」「地方產業交流中心計畫」等計畫，積極創造商業環境活力。經濟部工業局則有輔導離島地方產業，以及輔導九二一重建區地方產業計畫。農委會以「輔導地方產業文化」「輔導農村婦女開創副業計畫」「發展地方特產伴手計畫」為主軸，輔導農業產業的振興。原住

民族委員會針對原住民區農特產經營及設施加以輔導及改善。客家委員會則執行「特色文化加值產業發展計畫」。勞委會則實施「永續就業工程計畫」，提供用人費用及雇主負擔費用補助，協助失業者重返職場。這些具有特色或群聚關係的地方微型產業，所展現的在地性與獨特性，是對抗全球化與因應加入WTO對農村地區衝擊的利器，因此政府各部會調整過去經濟發展過程中長期未重視地方產業的現象，轉而致力於協助地方進行產業轉型，帶動了一波青年返鄉就業的風潮。

（一）新故鄉社區營造

2000年政府延攬從事社區營造多年的「新港文教基金會」陳錦煌先生擔任政務委員，督導有關社造的政策。陳錦煌以其在民間社會從事社區營造多年的經驗，入閣後旋即成立「行政院社區總體營造推動及協調委員會」，一方面整合行政院各部會社區營造計畫，提高行政效率、避免有限資源的重複挹注；一方面將社區營造的參與溝通精

1. 台南市北門居民養蚵為生，燒蚵灰製成磚，成為當地流傳久遠的傳統產業。
2. 花蓮縣太平社區開發的竹編社區工藝產業。
3. 台東縣太麻里新香蘭拉勞蘭部落成立小米工作坊，開創傳統作物新契機。

神，以及由下而上的政策規劃與執行理念推廣至各部會，並以行政院層級推動「社區總體營造心點子創意計畫」，這個行政作為是國家機關以中央最高行政機關統合各部會社區營造政策的濫觴，也是2002年「挑戰2008：國家發展重點計畫」中「新故鄉社區營造計畫」的先驅。

（二）挑戰的意義

　　社區營造政策提升至行政院層級，成為國家重要政策，始於國內第一次政權移轉，並受國際政經環境變遷的推波助瀾。「挑戰2008：國家發展重點計畫（2002-2007）」所稱的挑戰意義有二，一是挑戰2008年中國主辦奧運，勢必帶動的中國相關軟硬體公共建設與國家競爭力的提升；二是面對全球化、數位化潮流，台灣面臨一個全新的政經局勢與國際競爭模式。為建構「新國家」，政府在既有的施政基礎上，集中資源、優先推動具國家發展潛力的重要建設；其中「新故鄉社區營造計畫」為「生活環境」的一環，目的在發展地方的特色與魅力，啟動「新故鄉運動」以對抗全球化下的文化霸權，並強化台灣主體意識。

二、新故鄉的意涵

　　這個階段，以「新故鄉」為名，目的在於消弭族群與地域的認同差異。新故鄉社區總體營造計畫，強調社區營造是一項社會工程，鼓勵國人認同自己生活所在，共同營造社區，創造有品質、有尊嚴的生活。當時文建會即倡議「心之所在，即是故鄉」，人人投入營造自己當下的社區，即使不是原生家鄉亦成為新故鄉，台灣自然成為一個大家認同的好社區。社區沒有固定的圖像，社區營造沒有固定的做法，就是共同夢想與共同創造，新故鄉社區營造計畫就是要用國家的力量來鼓勵大家夢想與行動，一起打造「心目中理想的新故鄉」。

三、政府的相關計畫

　　政府首度將分散於內政部（社會司、營建署、兒童局）、文建會、農委會（輔導處、漁業署、水保局）、教育部、經濟部（商業司、中小企業處）、原民會、客委會、環保署、衛生署等九個部會有關社區營造的業務（如表4-1），統合至單一平台進行整體思考與評估。

四、實施特色

　　新故鄉社區營造計畫的實施特色有三：

　　（一）賦權給地方政府：協助地方政府改善行政體質，並適度的下放權力給地方政府與民間社會的專業團隊。縣市政府原應是最適宜推動社區營造的層級，但過去常被忽略，使得縣市政府對社區營造相關政策多停留在承轉的被動狀態。

　　文建會在新故鄉社區營造計畫時大幅調整此一狀態，尤其在軟體活動經費的補助方面，以縣市為主要窗口，透過補助機制鼓勵縣市政府不斷的提升其與社區互動的知能與機制，如鼓勵縣市政府成立跨局室的社區營造委員會，並建立社區營造的主政窗口，將社造政策融入各縣市綜合發展計畫中。對於積極配合新故鄉營造中行政機制社造化計畫的縣市（如主動配合編列配合款、建立執行機制者），文建會則在補助經費上優先加碼，發揮鼓勵競爭的作用。換言之，社區營造除小額的補助直接由文建會審查社區團隊的提案外，其餘的補助款項賦權給地方政府，調整過去直接跳過地方政府，逕行甄選社區的推動模式，採行審查地方政府整體規劃的能力，藉由地方政府競爭型提案，鼓勵創意、合作、行動、地方參與以及價值創新。而其中，地方的民間社區營造團體，如社區發展協會等組織，則扮演極重要的角色。

（二）公私夥伴關係：早期推動社區營造計畫，即引進大批的學者參與詮釋、協助輔導的工作，因此學者以及專業社區工作者與團體，對新故鄉社區營造計畫的實施具有相當大的影響力與貢獻。該計畫善用民間社會團體的彈性、活力與專業性，分北、中、南、東四區，委託專業團隊為專案管理中心或為培力中心，藉由社區自主力量的參與及專業團隊的陪伴，培育社區人力資源，養成居民對社區公共事務之參與能力，並以長期陪伴及蹲點的方式，與社區民眾共同成長，協助社區從事社區營造工作。

此外，也特別規劃「社區營造員」機制，透過計畫聘雇在地居民擔任營造員，讓社區的推動方向可持續且穩定的發展，並且達到培訓在地社區人才的功效。經由專案輔導中心或培力中心等機制，加速提升社區的執行力，也促進相關基金會與社區組織的良性互動，深化社區營造的公私夥伴關係。

（三）培養自主能力：在補助社區進行社區環境景觀的改善工程時，善用地方人力資源，鼓勵社區改變以往委外發包施作的方式，改採雇工購料與生態工法，落實在地就業，強化硬體工程的施作品質與永續經營的能力。換言之，新故鄉社區總體營造的理念與精神，已在台灣生根發芽，不但民間自發性的力量逐漸茁壯，政府亦結合民間社會力量，將政策的加乘效果發揮得淋漓盡致。

表4-1　2002-2004年新故鄉社區營造計畫一覽表

名稱	推動計畫	主政單位	名稱	推動計畫	主政單位
台灣社區新世紀推動機制	社區人力資源開發計畫	內政部社會司	文化資源創新活用	充實地方文化館計畫	文建會第二處
	活化鄉村社區組織計畫	農委會輔導處		開發利用地方文化資產與文化環境計畫	文建會第二處
	行政機制社造化計畫	文建會第二處		社區營造人才培育計畫	文建會第二處
內發型地方產業活化	地方產業交流中心計畫	文建會第二處		社區藝文深耕計畫	文建會第二處
	地方小鎮振興計畫	經濟部商業司		社區營造創新實驗計畫	文建會第二處
	商店街區再造計畫	經濟部商業司		新故鄉成果展現計畫	文建會第二處
	地方產業永續機制建構計畫	經濟部中小企業處	原住民新部落運動	原住民部落永續發展計畫	原民會企劃處
	地方特色暨社區小企業輔導計畫	經濟部中小企業處		原住民部落永續發展計畫	原民會中部辦公室
鄉村社區振興運動	農村社區更新規劃及建設計畫	農委會水保局	新客家運動——活力客庄·再現客家	語言復甦及傳播計畫	客委會
	農村生活圈規劃及建設計畫	農委會水保局		客家文化振興計畫	客委會
	營造農村新風貌計畫	農委會漁業署		社團發展與人才培育計畫	客委會
	發展休閒農業計畫	農委會輔導處		特色文化加值產業發展計畫	客委會
	發展地方料理特產計畫	農委會輔導處	健康社區福祉營造	社區環境改造計畫	環保署綜合計畫處
	輔導地方產業文化化計畫	農委會輔導處		健康生活社區化計畫	衛生署國民健康局
	鄉村營造人力培育計畫	農委會輔導處		照顧服務社區化計畫	內政部社會司
	社區風貌營造計畫	內政部營建署		托育照顧服務社區化計畫	內政部兒童局
				長期照護社區化計畫	衛生署護理及健康照護處

第五節
地方文化館vs.社區博物館
（2002-2007）

一、文化據點

　　除了軟體活動外，新故鄉社區營造計畫中另外以「地方文化館」計畫充實地方的文化設施，做爲社區居民參與文化活動的據點。

　　社區意識、公民意識與國家主體意識，表面上較偏重精神與心理的建設，因此容易設計爲人才培育、文史調查研究，以及藝文活動舉辦等類型的計畫。但文化的累積與呈現除培育、研究與藝文欣賞等軟性的活動方式外，更需要類似早期民眾的精神中心——傳統廟宇的據點，以聚集人潮並扮演文化保存與傳承、交流中心的角色。

　　社區營造計畫提出前，文建會以田園藝廊、充實鄉鎮展演設施等計畫，補助地方政府建設文化藝術展演場地，嗣後（2001）於「社區藝文發展計畫」中訂頒「補助縣市政府充實社區藝文設施」及「補助社區藝文設施推展藝文活動及經營管理」兩項作業要點，充實鄉鎮展演活動場所設施，促進基層文化發展。

二、地方文化館

　　2002年文建會提出「地方文化館」（一鄉一館）計畫，該計畫係「國內旅遊發展方案」的重要內容及地方文化休閒遊憩產業的起點，屬於社

新北市十三行博物館是台灣少數同時見證遺跡與出土文物的文化設施

新北市鶯歌陶瓷博物館屬地方型產業博物館，其建築曾獲台灣建築獎與遠東建築獎。

區總體營造的延續，目的在保存地方豐富多樣的文化資源及鄉土文化特色，並經由社區博物館的呈現方式，促使社區的居民及外來的遊客，藉由館藏的展示，了解地方的歷史文物及風土人情，提升國人對自我文化的認知與認同，並開創文化觀光事業與文化產業。

地方文化館計畫，藉著鄉鎮文化據點的建立，均衡城鄉發展並創造民間社會的文化活力。該計畫一方面延續閒置空間再利用與社區營造的精神，鼓勵居民參與規劃當地文化發展，落實文化公民權；另一方面提供鄉村產業轉型機會，開創「地方文化休閒遊憩產業」。地方文化館利用在地資源研發的特有文化產品，可成為當地基礎產業，並進而穩定永續經營的財務基礎。如台北樹火紀念紙博物館、北投溫泉博物館、世界宗教博物館、鶯歌陶瓷博物館、桃園眷村故事館、花蓮石雕博物館、嘉義交趾陶館、楊逵文學紀念館、澎湖海洋資源館……等，都是富有地方人文、藝術、歷史、文化、民俗、工藝、景觀、生態、產業等特色的館舍，而這些豐富多元的特殊文化內涵，亦可轉化為觀光資源，規劃串連成為「深度社區文化之旅」的觀光旅遊路線，進而復甦農村產業經濟。

其中，蘆洲李宅是古蹟轉化為地方文化館的成功案例之一。蘆洲古宅建造於1903年，是蘆洲著名的將軍宅，也是國家三級古蹟。自1983年自動申列為國家資產到2006年蘆洲李宅古蹟暨李友邦將軍紀念館正式開放，歷經二十四年艱辛的整修與維護過程，讓人深刻的體會歷史建築的重建活化過程，亟需要如李友邦將軍遺孀李嚴秀峰女士般有毅力、長期的堅持與付出的精神，才能成事。李宅開館營運後，文化與永續必須兩全，也因此發展出一套兼具生活文化與經濟價值的活動與展示，如在宅內建置居仁茶坊、由義書院、外翰講堂、自得手作坊、耕讀大埕院、家珍童玩區、國寶閱覽室等生命教育服務平台，推行親子詩經共讀、素淨佛畫、易理養生、靜觀太鼓、草地說書、清淨奉茶、開筆啟蒙、環境劇場、國際婚禮、古禮拜師、古禮抓週、古禮收涎、風水花藝、志工培

1. 花蓮縣七星潭的七星柴魚博物館是產業型地方文化館。

2. 台南市七股瓦盤鹽田是將甕瓦敲碎,再平鋪於結晶池的土層上。

3. 新北市泰山是全球芭比娃娃的生產重鎮,現成立娃娃產業文化館記載榮景。

4. 新北市的蘆州李宅的開筆啟蒙儀式。

5. 新北市的蘆州李宅以生命禮俗的古禮體驗活動,連結了古蹟與先民的生活。

訓、功夫小學堂、冬夏令營、環境教育……等文化體驗活動課程。其中，「古禮抓週」無心插柳柳成蔭，最受歡迎，從原先的週休假期才開放報名，到現在，只要開館日（週一休館）每檔爆滿，且已經預約到明年，這種扣緊現代少子化又重視傳統禮數的社會氛圍，不但具有文化傳承的意義，也為李宅帶來意想不到的收入，或許生命禮俗可以成為李宅的品牌，成為空間再活化的範例。

台南市七股一座座金字塔型的小鹽堆，成為七股鹽田的新地標，也是另類的地方文化館。

第六節
六星健康社區vs.社造價值的昇華
（2004-2008）

一、健康社區六大發展面向

　　2004年謝長廷擔任行政院院長，在「合作共生」的施政理念上提出「六星社區，凝聚公民意識」的「新社區主義」政治願景，該項計畫擴大了游錫堃的「新故鄉社區營造」政策的範圍與領域，並整合國家機關十三個部會、六十二項計畫與資源，以產業發展、社福醫療、社區治安、人文教育、環境景觀、環保生態等六大面向（如表4-2），建設健全且多元的社區。

二、社區自主的公共治理特色

　　六星計畫的主要精神在鼓勵社區居民透過社區資源調查、社區會議等方式先進行自我診斷，建立內部基礎共識，並依據社區資源及特色，規劃發展願景及藍圖，設定發展步驟及優先辦理項目，再向政府機關申請補助，推動各項社區營造工作，或是透過社區公約、社區建議等形式，參與政府公共政策之研擬或決策過程，落實民主自治精神。

　　經由行政院的主導，社造的施政理念擴大到更多部會，例如內政部警政署的警政系統。六星計畫鼓勵社區居民發揮自主運作與永續經營的精神，強調貼近社區居民生活、在地人提供在地服務、創造在地就業機

會、促進地方經濟發展等政策原則，因此對區域均衡發展的影響力超越過往的社區營造。在六星計畫中，就政府與民間社會的影響面而言，最重要的應該是「透過政府與民間的合作，由下而上推動六星社區計畫」的觀念。這種將民間社會視爲公共治理的「夥伴關係」的理念或社區自主的觀念，在前述新故鄉社區總體營造計畫推行下已逐步的種下基礎，而六星計畫以六大面向，強調健康社區應該具備的條件，以及有系統自我診斷的重要性，經由診斷的過程可以強化社區的內聚力與自信心，也可以補強政府治理上的盲點，對國家機關與民間社會關係的轉化而言，可以說是一個公共治理突破性的施政思維。

　　例如新北市萬里區的礦潭社區，位於新北市礦溪與員潭溪的交會處，是一個典型農村聚落，從台二線進入社區兩旁的山邊，有安放先人的福地與靈骨塔，可見這是個「好風水」之地。進入社區，又是一個桃花源，住家旁的人行街道安靜又整潔，每戶人家門前一小盆的小花、小盆栽，讓人不由得放慢腳步，靜靜欣賞。社區的公共區域綠意盎然，有水岸景觀休閒公園、青青草地、池塘曲水、彩楓步道、登山觀海的步道、觀景台等，也有餐廳、民宿、小商店與大小客車停車場，是個適合居住與全家休閒旅遊的好所在。其實，這個務農爲生的小社區，原本雜草叢生，一片荒蕪，而周邊的福地愈建愈近，激起居民的危機意識，於是在熱心居民的發動下，成立社區發展協會，也發起捐地美化環境的社造運動。如今，礦潭社區的公園美景，都是居民無償提供使用的公共空間。而在社區居民的努力以及政府相關社造經費的協助下，礦潭社區曾獲得新北市社區營造評比第一名、內政部全國社區評鑑「優等獎」，也是農委會「富麗農村」社區營造計畫的典範，而勞委會的「多元就業開發方案」協助居民在地就業，不但讓社區居民的生活品質提升，也讓社區得以「景」爲生，逐步創造社區產業價值。

　　這種小地方裡的小社區，在台灣各地比比皆是，各自默默的發芽、茁

六星健康計畫中，農委會投入發展地方產業文化與營造農漁村新風貌計畫。

新北市萬里礦潭社區生產的地瓜品質優良，焢窯為社區體驗活動之一

壯，如台南市金華社區榮獲「2012年國際宜居社區大獎」第二名，除肯定其二十多年來社區居民的共同努力，也代表台灣社會底層堅韌與無窮的生命力，是台灣異於其他國家的獨特生活型態。

表4-2　六星計畫各部會施政計畫彙整表⑥

六大領域	策略	直接有關的施政計畫	相關計畫	主辦機關
產業發展	1. 推動產業轉型升級	地方特色暨社區小企業輔導計畫		經濟部
		商店街區再造計畫		經濟部
		發展地方料理特產計畫		農委會
		輔導地方產業文化化計畫		農委會
		社區營造創新實驗計畫		文建會
		客家特色產業創新育成計畫		客委會
			特色文化加值產業發展計畫	客委會
	2. 促進綠色生產與綠色消費		輔導有機農業經營計畫	農委會
			有機米產銷經營輔導計畫	農委會
			綠色消費計畫	環保署
			綠色商業推廣計畫	經濟部
			辦理再生能源利用宣導工作	經濟部
	3. 發展產業策略聯盟	地方小鎮振興計畫		經濟部
		地方產業永續機制建構計畫		經濟部
			發展休閒農業計畫	農委會
			觀光客倍增計畫-套裝旅遊路線	交通部
	4. 促進在地就業機會	多元就業開發方案		勞委會
		青年返鄉就業計畫（二）大專學生暑期職場初體驗		青輔會
			青年返鄉就業計畫（一）鼓勵青年在地創業	青輔會

社福醫療	1. 發展社區照護服務	預防照護——建立社區照顧關懷據點計畫		內政部
			照顧服務社區化計畫	內政部
			長期照護社區化計畫	衛生署
	2. 強化社區兒童照顧	國民小學辦理兒童課後照顧服務		教育部
			托育照顧服務社區化計畫	內政部
	3. 落實社區健康營造	健康生活社區化計畫		衛生署
		運動人口倍增計畫		體委會
社區治安	1. 建立社區安全維護體系	推動「台灣健康社區六星計畫——社區治安」工作實施計畫		內政部
			工業區敦親睦鄰計畫	經濟部
	2. 落實社區防災系統	辦理有關防災社區宣導工作		內政部
		辦理民間救援隊訓練		內政部
		坡地防災應變		農委會
	3. 建立家暴防範系統	推動「無暴力社區」輔導方案		內政部
人文教育	1. 培養凝聚社區意識	社區人力資源開發計畫		內政部
		社區營造人才培育計畫		文建會
		社區藝文深耕計畫		文建會
		客家文化環境營造計畫		客委會
	2. 強化社區組織運作	新故鄉成果展現計畫		文建會
		行政機制社造化計畫		文建會
		活化鄉村社區組織計畫		農委會
	3. 落實社區終身學習		建立社區教育學習體系計畫	教育部
			發展新移民文化計畫	教育部
		創造偏鄉數位機會推動計畫		教育部
	4. 促進社區青少年發展		推廣青少年社區資訊及服務網絡	青輔會
		推動青少年社區志工參與及服務學習		青輔會
			活絡社區青少年組織	青輔會
			推動社區青少年審議民主論壇	青輔會

環境景觀	1. 社區風貌營造	營造農村新風貌計畫		農委會
		營造漁村新風貌計畫		農委會
		都市社區風貌營造計畫		內政部
		生態社區示範計畫		內政部
		開發利用文化資產與文化環境計畫		文建會
	2. 社區設施及空間活化		充實地方文化館計畫	文建會
			客家文化設施興（修）建計畫	客委會
環保生態	1. 推動清淨家園工作	綠色社區清淨家園計畫		環保署
		社區病媒孳生源清除及入侵紅火蟻消除計畫		環保署
	2. 加強自然生態保育	社區林業計畫		農委會
			社區生態教育概念性架構之研究	農委會
	3. 推動社區零廢棄	推動社區垃圾全分類計畫		環保署
	4. 強化社區汙染防治	推動社區清新空氣計畫		環保署
		河川汙染防治志工巡守計畫		環保署
綜合類		原住民部落永續發展計畫		原民會
		永續校園推廣計畫		教育部

第七節
磐石生活圈vs.回歸生活體驗
（2008-2013）

　　2008年文建會為持續營造可永續發展的文化環境，繼新故鄉社區總體營造第一期與地方文化館第一期之後，提出這兩個計畫的第二期計畫並統合為「磐石計畫」，意為文化發展與地方發展的堅固基石。

　　其中新故鄉第二期的重點在於「行政社造化輔導計畫」，輔導縣市政府社區營造推動委員會運作、成立專業輔導團隊、辦理縣市層級社區人才培訓、徵選培育新營造點；「社區文化深耕計畫」則辦理社區記錄補助、社區劇場實驗推廣、社區藝文傳承，由在地社區刊物、技藝傳承、村史調查、社區展演、團隊培植、社區故事媽媽、影像紀錄等，累積在地生活文化的活動；「社區創新實驗計畫」輔導社區組織經營管理能力、辦理社造論壇、輔導縣市提出整合型創新實驗計畫。

　　而地方文化館第二期則以「文化生活圈」的概念出發，希望輔導地方整合人、文、地、產、景、物等資源，建構優質的文化環境，帶來文化經濟的發展及生活文化品質的提升。地方文化生活圈的執行方式採用非單點建構，而是整合各地的區域性發展政策，由各縣市提報中長期區域性規劃，整合地方的文化據點、在地住民的人力資源，建立與再結構地方文化環境，提升整體文化品質及呈現多元地域（社群）特色。而其重點項目包含某範圍內的居民文化參與、文化據點，以及文化活動與服務，著重三者間互相依存關係的建立。

台南市海安路藝術造街，讓老街換新妝。

　　例如以「台南故事」為主軸的台南故事文化生活圈，就是以台南市中西區、南區及北區為範圍規劃的一個生活圈域。這個區域內處處是古蹟、廟宇、聚落、古道、古戰場、遺址，是台灣府城庶民生活的歷史場域，擁有荷、明、清、日本時代的歷史街廓及各式古蹟與文物，如同一座城市歷史生活博物館，蘊藏著許多的歷史故事，因此透過「一日生活圈」的形式，讓在地居民與外來遊客都能以輕鬆方式深入了解古都的歷史，也使得在地文化得以保存與推廣。以這個歷史街廓與資源為主體，再搭配旅運業、觀光飯店、伴手禮業者、社區、學校及文化據點，共同創造「台南故事」，其間也設置了資訊站、問路店和展示場所，方便遊客尋訪，同時規劃屬於地方性的獨特文化活動與開發文創商品，如做

十六歲、中秋搏餅、花布書套等，以及規劃地方故事爲主軸的區域型導覽活動，如文學之旅、台灣港之旅、西來庵之旅、神廟之旅等，活絡旅遊的內涵，爲在地居民創造產業、文化據點以及文化活動與服務三贏的局面。

文化、文明的成長必須一步一腳印的持續推動，才能累積成果，文化創意也是如此。文化創意牽涉自我文化的反省，也需要文化環境與空間來實踐產業價值，而諸如前述不論是社區營造、地方文化館等文化空間與文化環境，都是文化創意產業重要的基礎。社區營造不但開發、累積、保存了許多地方的文化資產，成爲文化創意產業的基石與元素；社區的微型產業型態是當今文創產業的類型之一；而地方文化館則是文化資產的保存與創意產業展售的重要平台。

今日文化創意產業的發展，其實不需要從頭開始，而是應該善用這些長期培育出的文化環境成果，思考如何在國土規劃上整合既有的文化空間，如何從珍貴的文化史料發想文化創意服務或產品，如何建立創意產業的行銷平台、擴展市場⑦。換言之，當今文創產業應該在既有的文化環境基礎上，確立正確的方向，整合資源、快速前進，才能趕上其他國家的腳步。

註釋

① 以 1993 年申學庸主委在國民黨中常會提出的「文化建設與社會倫裡的重建」報告為藍圖。

② 林振春，〈終生學習與社區教育〉，收入中華民國成人教育學會主編，《終生學習與教育改革》。台北：師大書苑，1996，頁 181-240。

③ 文化環境基金會，《台灣社區總體營造的軌跡》。台北：行政院文化建設委員會，1999。

④ 楊敏芝，〈文化產業理論思潮與時代發展脈絡〉，《文化視窗》，第 38 期，2002，頁 38-45。

⑤ 黃世輝，〈社區產業重建與文化產業發展〉，《勁草社區協力報》，第 3 期，2000 年 5 月 16 日，頁 7-9。

⑥ 文建會，《台灣健康社區六星計畫說明書》，2005。

⑦ 近年，勞委會刻正推動的「社會企業」或許可以發揮統合社區微型產業的作用。

Chapter 5

文化創意產業政策

陳郁秀撰文

文化創意產業不是無中生有的政策，
它奠基於台灣過去所累積的重要文化資產，
在知識經濟時代之下，
以藝術文化與科技發明，促進產業的升級。

第一節
各國文化創意產業概況簡介

　　文化創意產業在整個文化政策中扮演的角色，是希望表演藝術、視覺藝術、電影製作、漫畫、設計製作等藝術工作者，能夠將其創作進行一定程度的產品化，再進行加值包裝，以發揮更大的經濟效益。台灣的文化創意產業發展已蓄勢待發，透過借鏡世界各國如英國、法國、丹麥、芬蘭、日本、韓國、美國等推動的經驗及耀眼成績，台灣文化創意產業將可以走得更順暢。

一、英國

　　英國是全世界第一個將「文化創意產業」列為國家發展政策的國家。英國新工黨在1997年上台後，鑑於全球化時代來臨，為了保有英國本土藝術與傳播文化的優勢潛力，特別成立文化媒體體育部，在該部之下設置「創意產業小組」（Creative Industry Task Group），輔導國內的自由藝術創作者，進行與媒體、網路、表演、設計等產業的結合，以小型工作坊的叢集形式，利用政府設立的中介平台，和企業界進行交流，創造合作與買賣的空間或機會。

　　在首相布萊爾（Tony Blair）親自擔任創意產業小組主席的積極作為下，英國政府對於廣告、建築、設計、電影、遊戲互動軟體等十三種產業，以群聚的方式加以輔導，並提供創業基金。根據英國文化媒體體育部2001年發表的《創意產業專題報告》顯示，短短四、五年間，「創意產業」竟然快速成長而躍居英國經濟產值的第二順位，而整個政策的

成功更解決了嚴重的失業問題，創意產業定義下的就業人口從1997年的一百六十萬人，成長到2002年的一百九十萬人，累計總共有十二萬二千多家相關廠家參與其中。英國自工業革命以來即是以「創造發明」著稱，例如網際網路之父蒂姆・柏納斯－李（Tim Berners-Lee）發明了3W（World Wide Web），促成了「資訊革命」，改變了人類的生活方式，在文明史上立下了里程碑。

這些成就不僅振興了英國經濟，也引起各國關注，紛紛開始正視文化產業的神奇力量。

二、法國

法國在八〇年代由文化部長賈克朗（Jack Lang）宣示下，開始積極進行大型的文化工程，他們把文化產業政策依附在整體的國家文化政策當中，希望以整體國力打造的文化工程，能建立起文化經濟的市場規模。

大型工程所帶動的市場經濟，逐漸支撐起各地的文化硬體與軟體建設，二十幾年來，藉由羅浮宮改建、巴士

2011 年英國倫敦設計節地標設計 V&A 博物館門前的公共裝置藝術作品〈Timer Wave〉。

法國奧塞美術館外觀。
法國奧塞美術館內部大廳。

底歌劇院修繕、奧塞美術館、國家圖書館、柏和立人類原始藝術博物館的落成完工，以及拉維列特科技城啟用、坎城電影中心成立等重大工程，一方面全力提升文化產業，同時也造就了相當多的就業機會，不只是藝術家、演員，連周邊的工程公司、經紀公司、古蹟修復行業、餐飲業、交通運輸等也同時受益，就業機會成長了5%。

文化工程成為帶動法國文化產業的龍頭，將企業管理的機制導入所有的硬體設施，而企業經營體系也提出「決策者／製作者群組」的聯合生產與行銷模式，讓大家都可以從中獲得利益，這是一個服務的概念，進而也帶動文化市場的發展。因為有文化市場的供應和需求，法國政府的文化工程預算不但不會減少，反而增加更多的經費額度。

除了工程建設，法國文化部也輔導大型企業參與文化產業，例如法國最大的出版商城邦（La Citè）、哈榭德（Hachette）出版社，電影如巴德（Pathe）、高蒙（Gaumont）電影公司等，服裝設計更是以巴黎

為主要發表場所。各種大、中、小型的文化活動,滿足來自全世界的文化觀光消費人潮,帶動了法國的文化經濟效應。

三、丹麥

丹麥是眾所周知的設計產業龍頭國家,聞名國際的設計大師如Georg Jenson、Arne Jacobsen、Jørn Utzon、Johann Otto von Spreckelsen等,更成為品牌的代表。該國將文化與工商業之間的關係,定位為創意的夥伴關係,政府致力於文化與商業之間的媒合,以創造高獲利的來源。

丹麥在推動文化創意產業時,策略性地將本身既有的設計強項,納入電影、音樂、網路媒體這三項產業當中;不僅如此,他們有鑒於文化產業的創業者在第一年的經濟效益非常有限,因此特別輔導文化工作者進行創業計畫,同時將這些經驗提供並輸入到資訊科技(IT)產業相關的公司,包括網路硬體環境、多媒體設備與設計、行銷顧問公司、數位訓練等。

丹麥不像法國那樣將美國的資本文化拒斥於外,而是以借鏡的心態去分析、審視美國文化產業的發展方針,以提供本身建立整套策略與做法的參考,於是由文化部與貿易部共同提出十三項創意提案,並且將這些提案聚焦在五項策略之上,包括取得創投資金、改善能力與知識、輸出全球化、為內容產業訂定

Georg Jensen 概念店具有強烈
丹麥建築和設計風格。

相關條款、改善藝術與產業間互動的基本架構等。由此可見，丹麥設計產業的成功並不是單獨存在，而是融入各項文化產業與工商業之間的創意合作，所得到的可觀成果。

四、芬蘭

芬蘭的教育部在1997年成立「文化產業委員會」（Culture Industry Committee），主要任務是：（1）檢視全球文化產業的發展狀況；（2）研究歐盟現今相關文化產業的目標與計畫；（3）勾勒芬蘭現階段文化產業的發展狀況與前景；（4）與各部會合作，提出促進芬蘭文化產業發展的行動方案。其中特別針對視聽文化、中小金融企業、著作權、電子貿易等部分深入探討，並對新科技的運用和文化產業的研究予以大力支持。

文化產業委員會結合了文化與經濟的考量，強調個體創造力的重要性，並以多種方式促進創作的成長與發展。在芬蘭文化產業委員會的報告中，也包括了企業態度、金融、教育、研究、資訊和政府計畫，希望藉由這些總體規劃與落實，促成文化產業向上成長。芬蘭在教育方面以其創意的教學法培育人才，為全世界所推崇。

五、日本

日本政府把發展文化產業做為基本國策已經將近二十年。1995年，日本文化政策推進會議發表重要報告《新文化立國：關於振興文化的幾個重要策略》，提出了廿一世紀「文化立國」的戰略方針，決定由政府提供政策支持，學術和研究機構負責提供市場預測和前景分析等資訊，企業則透過與政府及研究機構的合作來謀求發展。2002年日本文化事業的預算為985億日圓，占政府財政預算的0.12%，但是日本的文化產業市場

世界文化遺產日本白川鄉合掌屋的冬季雪景宛如童話世界。

在當年已達84萬億日圓,占國民生產總額的16.5%。

日本將文化事業的操作透過大型企業完成普及性,企業是文化產業的主體,大型文化活動是依靠企業的參與和贊助來完成,例如2005年舉辦世界博覽會,TOYOTA就是最大的贊助廠商。

日本的文化事業在各領域皆有相當成熟的運作,例如表演藝術有四季劇團、寶塚歌劇團,電影有松竹電影公司、東映公司、東寶公司,出版界有大日本印刷公司、凸版印刷公司,廣告業有電通公司等。不僅如此,企業界進行內部文化與產業結合的比比皆是,以SONY為例,他們與其他大企業集團一樣,傳統產品虧損嚴重,但旗下的電腦娛樂、音樂和影視業務卻不斷獲利,文化產業部門的興旺,強化了整個集團體質,他們不再是傳統的電子設備生產企業,而是一個以文化產業為核心的綜合性企業。

除了企業界的操作,行業之間的自律性組織或機構,更成為協助文化產業提升的重要中介團體,這些社團法人被視為政府職能的延伸,謹守著行規而積極的參與,負責制定行業規則,維護會員的合法權益,並進

行行業的各種統計。另外，日本也有完善的經紀人制度，舉凡畫家、演員、歌手、藝術家都有自己的經紀人，經紀人還負責發掘與培養有潛力的新人，對於日本整體文化藝術市場的發展功不可沒。而精緻的工藝、充滿競爭力的漫畫及精采的城鄉風貌，更爲日本觀光帶來榮景。

六、韓國

韓流席捲亞洲的契機，肇始於一場橫掃亞洲的金融風暴。金泳三總統領導的政府除了努力振衰起敝，也首次宣示包括電影在內的文化產業的重要性。金大中於1998年接任第十五任總統後，馬上確立國家的新戰略，積極發展文化事業爲經濟轉型的樞紐，認定文化是廿一世紀最重要的產業。

爲了大力發展文化產業，韓國政府自1998年正式提出「文化立國」方針，1999年至2001年先後制定《文化產業發展5年計畫》、《文化產業前景21》和《文化產業發展推進計畫》，於2001年決心以五年時間，把韓國文化產業產值在世界市場的占有率，由原先的1%增加到5%，成爲世界五大文化產業強國之一，文化產業自此成爲韓國廿一世紀發展國家經濟的策略性支柱產業。

由於國家資源珍貴、資金有限，也爲了確定達成目標、提高效益，因此韓國政府不採用平均主義，而是確立以「選擇與集中」爲發展策略，其核心理念是：（1）集中力量開發具有國際競爭力的高質量文化產品；（2）重點培育策略性文化產業，集中力量支援重點產業和重要專案；（3）爭取國家扶持政策，以產生最大的整體實效。

其次，主要的發展措施在於組織管理、人才培養、資金支援、生產經營等逐步加強機制的建立，並對文化產品研發、製作、經銷、出口，進行系統性的扶植。爲了有效落實，不僅成立官方委員會，也設立文化產

韓國電視劇《大長今》的主要拍攝場景「御膳廚房」。

業振興院、廣播影像振興院、電影振興委員會、遊戲產業開發院、國際廣播交流財團等,更針對重點策略產業成立專門機構,例如「遊戲綜合支援中心」「遊戲技術開發支援中心」「遊戲技術開發中心」。

　　果然,經過韓國政府的政策與短程計畫的努力,如今韓國文化產業的成績已經打響招牌。

　　為了保護崛起中的本國電影,韓國政府在施政綱領中明確指出:「我們將透過強制手段,來保證韓國國產電影在上映檔期上的配額,並給予專門發行放映國產電影的發行公司和電影院稅收上的優惠,這些政策將持續到國產電影的市場占有率達到40%。」為此政府每年撥出鉅額經費,重點支持二十部國產電影的拍攝,並規定電影院每年放映國產電影不得少於一百四十六天。韓國政府有計畫、有系統地發展影視產業,重視影視人才的培養,幾乎每所大學都設有電影及戲劇系,包括學士、碩士和博士的不同課程,不少韓國天王、天后均出自著名學府。

　　除了影視工業,電腦線上遊戲也確立為韓國的國家戰略產業,其中以「天堂」遊戲最為突出,不僅風靡亞洲,也與微軟和SONY在世界遊戲

產品市場中三足鼎立，直接促進了電子商務在其他領域的發展。韓國已不再以製造工業做爲經濟導向，而是著重創作產業的發展，由「韓國製造」推向「韓國創作」。

七、美國

在比較了多國的文化產業之後，最後回過頭來審視美國的情況。藉由好萊塢電影工業以及流行音樂的全球化娛樂，我們看到了美國的國際市場推廣祕訣──先販賣生活型態，再把認同這種生活型態或價值的美好產品輕易賣給別人。

透過文化流行商品的全球化流通，美國生活與好萊塢所創造的，不只是文化產品的產值，而是「對美好生活印象的通路」的大舉拓建。這樣來看，美國的文化產業所販賣的就是美國的生活型態，只是一般人太過於單向吸收他們的文化及產品，而忽略了文化產品銷售過程中的美國文化入侵現象。

美國文化創意產業的文化源頭之所以能夠吸引全球的矚目，並不是因爲資本主義的實力，除了媒體操作與全球行銷特別高明以外，其文化內容能夠被輕易的接受，才是主要因素，尤其英語做爲世界通行的語言，對於其歌詞創作、廣告語言、漫畫解說、新聞標題、影片與電視對白等，都有很大的優勢。另外一個因素是，美國融合不同種族、文化、宗教以及性別等多元性，讓好萊塢製片場不得不學會如何與各種類型的群體與階層交流，並且從中了解世界各地不同群眾的口味和需要。

因此美國文化給人們的最初印象，如好萊塢的大製作電影、FOX或CNN的電視新聞、MTV流行音樂頻道、《TIME》雜誌、ESPN體育直播、星巴克咖啡、牛仔褲風格……等，雖然都融入了不同種族的風格與想法，以及多族裔的各種人才參與其中，但不可否認的，這些卻是由

「美國製造」、完成一系列產品製成的過程。以李安的電影《斷背山》為例，它以全球流行語言訴說同性戀的苦悶，雖然全片從故事原著到製作拍攝，甚至銷售網絡都在美國進行，不過卻是由台灣導演掌握影片基調。接納全球性的人才與文化素材、提供絕對開放而沒有禁忌的環境，應該是美國文化席捲全球並獲致龐大經濟利益的重要原因。

八、反思

從各國文化創意產業發展來看，政策與培育的方針會因為國家內部的不同問題，而訂定相對應的政策解決方針，並依各國固有文化的特色而選項發展。不論各國在文化產業的政策方向如何，都共同指向一個目標——以當地所處的生活文化元素，做為培育該國文化創意產業的內涵，以解決現有的諸多經濟困境，進而解決就業、重大工程投資、企業轉型與國家自信等問題。在制定文化產業的政策方向與發展分析上，國家扮演著決定性的關鍵角色，並發揮火車頭的啟動作用，不論是由上而下的政策指導，或者從旁協助法律的優惠與便利，都是為新興文化創意產業開拓道路，不應被既有的困窘或限制所束縛。而這個正在進行中的「台灣文化創意產業」肯定是廿一世紀台灣最重要的文化經濟政策，攸關人民的生活內容甚鉅，我們借鏡他人，回到自己，不得不嚴慎以待。

第二節
以國土規劃及生活美學為依歸之
台灣文化創意產業

一、文化創意產業政策

　　2002年5月31日行政院核定「文化創意產業發展計畫」為「挑戰2008：國家發展重點計畫」①項目之一，文化藝術成為提升國家經濟競爭力的重要元素。這個政策是我在文建會主委任內提出的重要文化政策之一，推動至今已經十年，第一期（2002-2007）是由經濟部負責統籌，文建會、教育部與新聞局分別推動相關計畫，政策目標著重於以文化藝術提高經濟產業的附加價值。第二期（2008-2013）改由文建會統籌，新聞局及經濟部等部會納入相關專案計畫共同推動，內容包含「環境整備」之「產業研發及輔導」「多元資金挹注」「人才培育及媒合機制」「市場流通及開拓」「產業集聚效應」，且以「工藝產業旗艦計畫」為執行策略。而後，行政院院會於2007年9月5日通過《文化創意產業發展法》（草案），送立法院審議，於2010年1月7日經立法院三讀通過，2010年2月3日經總統公布實施。公布實施後文建會宣稱「文化創意產業成為帶動台灣未來經濟轉型的重要產業之一」②，並認為「文化創意產業政策不僅是產業政策，亦是文化政策，相互影響」③，文建會仍以創造產業價值為推動文化創意產業的主要業務。2012年5月21日文化部正式成立，並依《文化創意產業發展法》推動之。

　　在此，我們仔細探索「創意產業」（Creative Industries）創始國——英

國，將創意產業定義爲「源於個人之創造力、技能與才華，透過智慧財產之形成與運用，具有開創財富及就業機會之潛力」。聯合國教科文組織則將「文化產業」（Cultural Industries）定義爲「結合創作、生產與商業之內容，同時這些內容在本質上具有無形資產與文化概念之特性，並獲得智慧財產權之保護，其形式可以是商品或是服務」。兩者相較，英國清楚地強調推動創意產業的目的在解決經濟困境與就業問題，而聯合國教科文組織則著重內容，也就是文化的本質，而其產出形式也從「產品」擴大到「服務」的層面，也即是從「物質」層次提升到「精神」層次。不過要特別註解，英國自工業革命以來，一直是一個創意與文化領先的先驅國家，尤其是「英語世界」國家中引領風潮之文明大國，其對文化創意產業定義中所提的「創造力」以及「藝術文化」等核心價值，長久以來一直是該國的立國根基，也是人民生活素養之一部分，自然而然成爲其推動文化創意產業的堅實基礎。工業革命、福利社會，以及近年的3W，都充分彰顯英國是近代人類文明的領航大國，也是世界上首先提出「創意產業」爲國家重大政策的國家。

相較之下，觀看當前台灣政府以文化部門推動文化創意產業，其目標與實施策略仍因循經濟部以產業與就業率掛帥的方向，執行其不熟悉的市場商業行爲而忽略核心文化內容的深度、廣度之耕耘，令人憂心，所以建議應回歸到文化的本質，從「服務」，也就是「精神層面」的深度，以及「國土規劃」的高度，宏觀的來思索台灣文化創意產業的定位與功能，並以微觀探索、蒐集、建立台灣DNA資料庫，提供全民創意的養分園地，以達建立台灣品牌的成果。本章節即是以文化部的角度，來統籌全國文化創意產業應具備的高度和廣度。

文化創意產業對國內外的產業及相關單位來說是一個新的產業，所以在關鍵字的定義上仍有討論的空間。關鍵字中的「文化服務」與一般觀念的「服務」有所不同，本書所指的文化服務是精神上、心靈上的服務，

以及教育上的意涵，在此先說明。

二、產業升級之基本概念及歷史背景

我國的《文化創意產業發展法》第三條將「文化創意產業」定義為「源自創意或文化積累，透過智慧財產之形成及運用，具有創造財富與就業機會之潛力，並促進全民美學素養，使國民生活環境提升之產業」。而《文化創意產業發展法》制定的目的在於「促進文化創意產業之發展，建構具有豐富文化及創意內涵之社會環境，運用科技與創新研發，健全文化創意產業人才培育，並積極開發國內外市場」。所以文化創意產業的範圍應是包含以「藝術文化」「科技發明」之內容融入產業，以達「產業升級」之效，呈現在生活空間（文化空間）、文化服務、文化產品中的所有產業。

（一）文化政策、產業政策、創意產業，與文化創意產業

2005年10月聯合國教科文組織通過了《保護和促進文化表達多樣性公約》④，其中針對「文化政策」進行了比較完整且權威的表述：「文化政策是與文化相關的政策和措施」；至於「產業政策」則為「國家根據國民經濟發展的內在要求，調整產業結構和產業組織形式，從而提高供需總量的增長速度，並使供需結構能夠有效地適應需求而制定的政策」。「創意產業」在這裡採用英國政府對它的定義。由以上的內容可以清楚地看出「文化」與「創意」是有區別的。

台灣的「文化創意產業」政策內容，我認為應該分為兩部分來看它，一部分是文化政策範疇內有關產業發展的政策，包括著重於以藝術文化創造出的核心價值或提高經濟產業附加價值的廣大產業；另一部分則是以個人創造力、技能與才華（也包括各領域各項發明）所創造出的核心

或附加價值，而且提高經濟產業價值的廣大產業。兩部分所涉及的範圍
幾乎涵蓋國家的、全民的、生活內容之全部，它的終極目標是建立國家
品牌、造福人民，讓人民有優秀品質的「幸福生活」。所以必須奠基於
鑽石台灣，並由「生活美學」的廣大觀點，及國土規劃的高點來檢視它，
將其最高目標設定為「國家品牌」的建立（如下表）。

文化創意產業的基礎、策略與目標（製圖：陳郁秀）

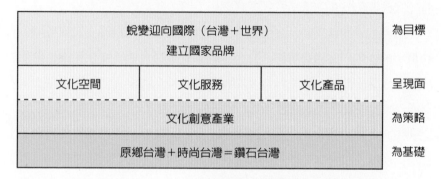

蛻變迎向國際（台灣＋世界） 建立國家品牌			為目標
文化空間	文化服務	文化產品	呈現面
文化創意產業			為策略
原鄉台灣＋時尚台灣＝鑽石台灣			為基礎

（二）九〇年代以工藝產業為濫觴的台灣文化產業

　　台灣文化創意發展所推動的項目或執行策略，大致延續九〇年代興起
的文化產業運動，但在政府大量經費挹注下，確實也擴大實施層面、增
加補助資金、提供更多的消費管道，而輔導對象也從社區擴展到一般團
體，成為當前重要的文化作為。但就文化的核心價值而言，其功能是否
僅止於此，實可再議。以下先概要說明九〇年代開啟的文化產業概念。

　　九〇年代起，隨著政治、經濟、社會的改革、開放與發展，政府文化
政策的內容與範疇也隨之改變，從以往由上而下、只著重殿堂式藝術活
動的補助，轉而開始重視地方文化、社區發展。

　　台灣開始萌生社區產業再生概念，始自 1991 年台灣省政府手工藝研究

中心邀請日本千葉大學教授宮崎清指導社區發展傳統工藝，振興社區。九〇年代初期，台灣由於經濟與都會區快速發展，造成農村產業和傳統工藝產業日趨沒落，因此邀請宮崎清教授來台傳授有關日本傳統手工產業振興的觀念與案例，介紹日本鄉村社區如何利用手工藝結合觀光旅遊，活絡地方的經濟，使逐漸衰敗的農村重新振興。

宮崎清的社區振興概念，激發文建會於1994年仿效日本的「造町」（まちづくり）運動，提出「社區總體營造」⑤計畫。日本造町運動同義者有「鄉村振興」「地域活性化」「造市」等，都是以振興產業為手段，以活絡地方經濟為目的，促使逐漸衰敗的農村重新振作的「振興地域」計畫。1995年，文建會舉辦「文化・產業」研討會，「文化產業」開始出現在政府的政策中，並且以「文化產業化、產業文化化」做為觀念宣導的口號，成為「社區總體營造」重要的子計畫之一。

前述1991年所推動的工藝振興計畫，主要目的在於重建地方的傳統工藝，從而吸引觀光客在地消費，振興地域的繁榮。而1994年推動的社區總體營造計畫，則以建立社區生命共同體為訴求，強調透過居民的共同參與、凝聚社區發展共識等社會性過程的重要性，而社區傳統工藝的重建，或延伸為生計產品，則成為達成該目標諸多手段中的選項之一，其目的在吸引年輕人願意重返家鄉繼承傳統產業，活絡社區生計與生活。這兩種結合在地傳統文化的地域發展模式，通常以傳統文化為主軸，以鄉鎮、社區為範圍，強調在地就業的產業模式，規模通常不大，產值相對也較小，屬於微型產業型態，而其價值來自在地性、獨特性，因此將這種產業稱為「文化產業」。就其所欲達成的「文化產業化、產業文化化」執行成效而言，似乎仍著重傳統工藝產業，以及少數的原住民編織、印染等傳統文化的「產業化」，而未能大力影響「經濟產業部門的文化化」。

（三）2002年國發計畫中的文化創意產業

2000年以後，隨著知識經濟以及創意產業觀念的引進，「文化產業」的概念開始拓展新的領域，討論焦點也從原先著重於沒落地區的初級產業，逐漸擴及更廣泛、透過創意或文化資產創造的經濟效益以及城鎮重生的議題。2002年台灣引進英國「創意產業」的做法，正式將文化藝術列入經濟產業發展項目，並且從消費者、使用者的角度，擴展文化的經濟效益。

文建會第一期及第二期的文化創意產業推動內容，大致著重環境整備及產業扶植，對文化界而言，常有不務正業的批評聲浪。若我們仔細檢視《文化創意產業發展法》（簡稱《文創法》）所列的文化產業項目，包含視覺藝術產業、音樂及表演藝術產業、文化資產應用及展演設施產業、工藝產業、電影產業、廣播電視產業、出版產業、廣告產業、產品設計產業、視覺傳達設計產業、設計品牌時尚產業、建築設計產業、數位內容產業、創意生活產業、流行音樂及文化內容產業，以及其他經文建會指定的產業共十六項，姑且不論其妥適性，但可以發現其內容已超越文建會原本掌理的業務範圍，尤其每個項目都加上「產業」二字，這種著重投資效益的產業政策，是否是文建會內部行政人員所能承荷或勝任的領域，有待觀察。

（四）2010年《文創法》通過後的文化創意產業新價值

若為擴展文化藝術的發展契機、表現文化藝術的有形價值，前二期的施政作為，可視為階段性的必要手段，希望引發國家更重視文化的價值，帶動更多部會的資源投入文化藝術領域；另一方面也展現文化的經濟力量，爭取更多民間企業開發文化產品。但文化創意產業若視為文化政策，就不能偏離其核心價值及基本精神，因此，我暫時將文化創意產業分為文化空間、文化服務與文化產品三個類別來討論。當前，文化創

意產業的推動內容大部分著重在文化產品，屬於藝術運用層面。未來的發展方向，一方面應朝向人民創意生活的基本方向植根，另一方面更要提高其層次，成為建構國家（或城市）形象與品牌空間的文化。前者，可透過文化服務觀念與實際行動的方式，落實到人民的生活領域；後者，則必須透過國家政策，將文化創意納入國土計畫中實施，才能如同許多歐洲文化首都的成功案例，以文化內涵建立國家（或城市）的空間品牌，進而帶動經濟發展。

這種重新將文化藝術帶回民眾生活與國家精神指標重心上的轉變，可以讓文化創意產業跳脫僅是直接建立在供、需的產業，只是重視刺激消費端的迷思，得以重新定位為一種新的價值核心，可以提升人民的文化藝術涵養，帶動人民享受創意生活、提升生活品味；另一方面也可以成為建立社會精神、形塑空間文化與建立國家品牌的核心。

嘉義縣文化創意產業園區。

花蓮縣文化創意產業園區。

華山文化創意產業園區。

台中市文化創意產業園區。

第三節
文創發展的新觀點

一、台灣文創的核心價值
—— 以原鄉時尚為基礎之鑽石台灣

　　台灣文化創意產業成功的關鍵，在於全民是否了解自身擁有異於其他
國家、屬於台灣特有的生態、歷史、族群、藝術、生活以及當代科技，
也就是立基於原鄉與時尚，並以此為本，才能開創可長可久的台灣創意
產業。

　　何謂原鄉？何謂時尚？原鄉是由文化脈絡、生活型態、風土人文長時
間累積出來的經驗、知覺和關懷，它的基本核心內容即是由土地、人心
生長發展而來的元素，在經過歷史多次文化融合與觀念技術的突破後，
存在於日常生活中。時尚是指當代的新科技、新技術、新創意和目前普
世所認定之國際趨勢、國際語言、國際品質。原鄉所累積之文化深度，
在我們每日所處的生態環境中，與時尚結合發酵，重新孕育出屬於當代
整體的文化型態，也就是我們擁有的「現代文化」。

　　豐富多元的台灣現代文化之所以很難被取代，是因為它擁有原鄉的
DNA、哲學與美學。所以台灣的文化創意產業一定要以台灣的原鄉文化
結合時尚的技巧、觀念所呈現的成果，我定義為「鑽石台灣」⑥，為其
最重要的核心價值，才能擁有異於其他國家之特色，在全球化的趨勢中
保持競爭力。

　　「原鄉台灣」可以由生態和人文兩方面來認識。生態方面，台灣雖

然僅是三萬六千平方公里大的小島，但是擁有多樣的地形，有高山、丘陵、台地、平原和盆地；在高山方面又有玉山、阿里山、雪山、海岸山脈等綿延交錯的山脈。這種豐富的地理環境，孕育出世界少有的豐富林相，使得台灣這個蕞爾小島，集熱帶、副熱帶、溫帶以及寒帶等林相於一身。加上島國擁有豐沛的海洋資源，棲地和物種的多樣性也是居世界之冠。墾丁海域多采多姿的珊瑚、台灣的萍蓬草——水蓮花、台灣水韭、台灣冷杉、台灣一葉蘭、台灣紅檜、水筆仔、台灣百合、黃花鳳山花……等，都是台灣原生植物。在動物方面，有冰河時期孑遺的陸封型鮭魚——國寶魚櫻花鉤吻鮭、澎湖的綠蠵龜、台北的樹蛙、台灣雲豹、台灣黑熊、台灣山羌、台灣獼猴等。台灣更被全世界稱譽為「鳥類王國」「蝴蝶王國」「蝶魚王國」和「蕨類王國」。換句話說，「Formosa美麗之島」的美名，其來有自。

　　人文方面，台灣的歷史演變，也造就當今多元的文化族群，有南島語族的原住民，有先後不同時期（尤其在明清時期）移民的最大宗河洛人，有十七世紀從廣東、福建來台的客家人，有戰後隨國民黨政府遷台的大批軍公教人員，也有近年從東南亞、中國移入的新住民。這些住民在台灣生活、交融，衍孕出豐富多元的台灣文化。在音樂上，有許多與祭典有關的原住民音樂，及以民俗、戲曲、宗教、器樂為主，屬閩南、客家的漢族音樂。十九世紀從日本引進的西洋音樂，以及隨著時代脈動產生的校園民歌、電影歌曲以及流行音樂等。美術方面，有原住民族的織繡、雕刻，有明清時期引進的文人水墨，有日治時期的東洋畫，有解嚴時期壓制下的畫風，也有解嚴後活潑奔放的色彩。在舞蹈上，有原住民族祭典節慶儀式的舞蹈，有日治時期引進的西方芭蕾舞蹈，有戒嚴時期的民族舞蹈，也有台灣獨特創新屬全方位的現代舞蹈。在戲劇方面，有南管戲、北管戲、說唱戲、歌仔戲、京戲、豫劇、布袋戲、皮影戲、現代戲、兒童戲等。在文學上，則有原住民的神話、傳說、歌謠，有明清

《鑽石台灣──多樣性自然生態篇》

《鑽石台灣──多元歷史篇》

的詩文、小說、戲曲,有日治時期殖民統治下的作品,有五○年代中國來台作家以懷鄉、反共、軍旅為主題的文學,也有面對政治社會困境所激發的鄉土文學,以及解嚴後百花爭放的都會、環保、旅遊、同志、情慾、網路等,推陳出新的文學。這些台灣特殊且豐沛的自然與人文風貌,可以孕育創意的種籽;創意的研究與作品,可以提供民眾幸福的感覺,也可以吸引世人驚豔的目光。

「時尚台灣」係指台灣是一個前衛的「科技國家」,我們在科技上所擁有的成果、在民主運動過程中所累積的經驗和觀念,乃至於開放教育所培育的勇於接受挑戰、勇於創新的價值觀,到全民對於現代生活各方面所擁有的技術和知識,都符合當代國際的趨勢、語言、品質。這些時尚台灣的內涵展現最明顯的例子,例如台灣各大企業在資訊科技、數位奈米的成果,以及年輕人在全世界大賽,不管是工業設計、服裝設計、生活用品、工業用品專利,或是三大發明展──美國匹茲堡國際發明展、德國紐倫堡、瑞士日內瓦發明展中奪得許多金獎,耀眼奪目,足以證明台灣的當代高科技、新技術與新創意已與世界接軌。

「鑽石台灣」係指「原鄉台灣」和「時尚台灣」的結合。婆娑之洋、美麗之島，台灣經歷數百年來不同種族的耕耘與文化的激盪，呈顯相當豐富的自然地理與人文歷史特色。相較於其他先進國家，台灣獨特的自然與人文風貌，可用「壓縮的空間」與「壓縮的時間」來形容。

　　「壓縮的空間」指的是台灣山林至海域之間，以及平地至高山之間劇烈的氣候與景觀變化，在面積狹小的空間中，孕育複雜的生態環境，涵容多樣的生物物種。「壓縮的時間」意指台灣現代文明的躍遷，在短短百餘年間達成，台灣從十九世紀末的農業社會轉型為廿世紀末的高科技生產國，是在極快速與壓縮的時間內形成的。此外，台灣經歷多種文化衝擊的洗禮，在西方、東方以及南島文化的歷史邂逅交織中，發展成豐富、多元而特殊的文化形貌，而長期與大自然災害如地震、颱風、土石流等搏鬥，則塑造了彈性與堅韌的性格，以及不屈不撓、勇往直前、屢挫屢起的生命力⑦。

　　占全世界陸地面積僅0.023％，陸地海洋生態多樣性、生物多樣化卻在許多特有種或原生種動植物世界占有率超過10％，並擁有「壓縮的時間」與「壓縮的空間」特性的台灣，像極了一顆「鑽石」。鑽石在尚未被發掘前，充其量不過是一顆礦石，但在經過切割磨光後，成為閃閃發光的珠寶之王。台灣人民擁有自己的寶貝，是可以在經過全民的開拓發展，也就是結合原鄉台灣及時尚台灣，讓台灣成為熠熠發光的「鑽石台灣」。在國家推出如此重大的文化創意產業政策之際，應該提供「鑽石台灣」中的原鄉與時尚豐富內容，結合身為「科技大國」的所有能量，創造廿一世紀的「幸福台灣、經典台灣」。

二、以國土規劃為依歸的文化創意空間

（一）《國土計畫法》與文化創意產業

2009年10月4日行政院院會通過內政部營建署訂定的《國土計畫法》⑧草案，第一條開宗明義指出「為確保國土資源永續利用，促進區域均衡發展，縮小城鄉差距，改善生活環境品質，健全經濟發展，增進公共福利，特制定本法」。一個國家、區域或城鎮的資源與環境要素，包括人才、知識、技術、金融、交通、通訊、設施及其所展現的文化特徵（即空間文化），而且彼此交互作用與影響，例如環境要素較為完備、較為優越的地區，較能吸引各種優秀人才進駐，形成更有利發展的條件，促進地區的再發展，如此交替循環，也才能達成《國土計畫法》的目標。創意文化空間的推動精神與概念與之不謀而合，實應成為國土計畫中空間文化的一環，集中中央與地方、文化與都市計畫的各種資源，共同擘畫整體建設藍圖與具體推動計畫，才能產生實質的效益，提升國家競爭力。

（二）文化展演空間與表演藝術

文化空間在台灣普遍被定位為文化藝術的展演設施（即在文化創意產業中只偏重其載體的功能），其實文化空間的範圍十分廣闊，規模較小的如各縣市文化中心、展演廳、社區活動中心、小小展演場（例如畫廊、小劇場等），小至家庭的客廳（如果它常舉行文化活動，最佳的典範如十八世紀的沙龍音樂會〔Salon〕等）；規模大的可擴展至都市計畫、城鄉新風貌，乃至國土規劃、國家國格與品牌之建立。如果只將文化空間視為一提供活動的空間，只偏重其載體的功能，那它就只是一個空間，但如果經營管理者以「原鄉時尚」的概念設計它，更重要的是創作新的載體內容，那就能使文化空間成為有生命力、有靈魂的生活場

域。例如有人認為兩廳院只是各類型表演藝術工作者表現戲劇、舞蹈或音樂等創作與成就的場所，充其量只是一個國家級、國際級的藝術文化中心。然而，近幾年兩廳院的經營已經轉型，除了空間規劃與氛圍，已從高不可及的藝術殿堂朝向親近人民的生活場域發展外，其經營內涵與管理模式也已經成為台灣表演藝術、文化創意產業，以及文化設施經營管理的重要實務案例。

（三）文化生活圈與社區發展

2007年行政院文建會以「磐石行動」⑨做為地方文化館營造地方整體文化環境的重要計畫，並以「文化生活圈」（the cultural life circle）的區域發展概念來推動。事實上，文化生活圈的論述，早在1995年即由文建會委託當時的中興大學都市計畫研究所（今台北大學都市計畫研究所）進行「全國文化生活圈整體規劃先期研究」。這是台灣首次以空間、地區發展的概念進行文化議題的研究，開啟這十多年來都市計畫系所、建築系所參與文化空間與文化環境相關計畫，開拓了文化發展領域，也使得文化發展議題成為各縣市區域計畫的一環⑩。

文化空間涵蓋有「地理上的同質文化空間」以及「心理認同的同質文化空間」兩大面向，代表民眾意識到過去、現在與未來，在時間與空間上的連結，是由所在區域民眾共同的行為模式與生活習慣所造成，也就是一種共同記憶與集體行動的呈現。簡單地說，即是在地居民社群生活與行為模式的具體呈現，也就是所謂「生活的文化」（living cultural）⑪。

（四）地方文化館與社區產業

前述「地方文化館計畫」⑫是文建會於2002年推動「挑戰2008：國家發展重點計畫——新故鄉社區營造計畫」⑬項下的一個子計畫，目的在提供社區居民一個落實社區營造的空間，成為社區發展的基地。執行上，

1. 德國魯爾為傳統重工業城區，1985年鋼鐵廠陸續關閉，僅剩十數萬人就業，失業率達15%。
2. 昔日的魯爾為傳統重工業城區。
3. 魯爾媒體港口周邊的建築，是建築師 Frank O. Gehry 的數位建築代表作品。

以閒置空間再利用的精神，修復老舊、頹廢的建築本體，並充實其軟硬體設施，輔導其經營管理。按性質，地方文化館大致可分為文史文化館、藝術文化館、表演文化館、產業文化館、自然科學館與綜合性的文化館等六類，其中產業文化館係以在地傳統技藝為核心，帶動周邊產業成長，擔負有促進地方性文化產業發展的目標。

（五）創意文化空間與國土計畫

相對於文化生活圈，偏向於重現在地傳統文化活動的傳承與活化，地方文化館著重於在地傳統技能的傳承與在地發展。文化創意產業概念下的創意文化空間，應該提高層次與思維，從國家發展與世界接軌的面向，引進歐洲文化首都的概念，從文化的精神層面，思考整體性的城鎮與國土再生計畫，結合展望式的硬體與軟體建設願景，創造新的空間文化、國土意象，並建立國家品牌。

以創意文化空間帶動城市產業振興，其過程需要有明確的目標、冒險的精神、無窮的想像力、開放的態度，以及長期投入的毅力。就德國急速沒落的傳統最大工業區──魯爾（Ruhrgebiet）工業城重建為例，歷時十年之久（1989-1999），計畫執

行方式則仿效柏林建城七百五十周年國際建築博覽會的都市更新經驗，以國際建築博覽會的形式，透過大小近百個，各種形式的實質建設，進行傳統舊工業區的更新，改變地區風貌，創造再發展生機⑭。

　　德國埃姆瑟國際建築博覽會（IBA Emscher Park），不是一個單純為建築形式或營造技術的表演活動，而是一個具有極大理想與目的的地區發展整體結構更新計畫，其中主要計畫——埃姆瑟地景公園，從其名可知，其環境風貌被建設成公園一般綠意盎然，而其精神則在於突顯工業地景遺跡。因此「地景遺跡」成為意象的基本元素，地景融入城鎮設計藍圖，耳目一新的綠帶生態景觀公園，處處充滿人文氣息，在「公園中就業」以及「聚落型的住宅」概念的倡導下，帶動高科技工業、商業以及服務產業紛紛投資，創造新的就業機會，也吸引新住民移入，帶動地方活化。魯爾工業城成功的再生經驗，名聞遐邇。

　　此外，**法國**也有類似將工業遺跡更新為公園及文化設施的案例。巴黎拉維列特園區（Parc de la villette）位於巴黎第十九區，1867年為屠宰場，是販夫走卒集散地。隨著巴黎城市的發展，1974年法國政府關閉屠宰場，決定改建為科學博物館工業館，周邊附設公園及音樂設施。1982年密特朗總統重新評估這個改建案，並變更為一個整體的市區公園開發案。

　　該開發工程由伯納·屈米（Bernard Tschumi）擔任建築師，他認為：「廿一世紀的公園觀念有極大的改變，公園已無法與城市分離，而必須變成城市景觀的一部分，必須是一個活動的場所，不能只提供休息與娛樂的行為。」因此，這個公園被定位為可提供聚會與活動的公園，並可接納不同層次、各種年齡甚至文化的大眾需求。為了這種彈性運用訴求，特別重視各種機能設施，以及不同性質設施間的動線，希望達到提升市民藝術與科學的興趣。公園建設長達十五年之久，占地五十五公頃，草地約八萬平方公尺，擁有二十六棟奇想建築（folies），有鏡園、沙丘園、葡萄園、竹園、鋼絲園、島園、平衡公園、童年驚悚園、龍園、影園等

十個主題公園，其間以總長三公里的步道連接，一百六十項兒童玩具、三十五公里長的水道與地下長廊，主要文化設施有科學工業城、立體電影院、屠宰場屋棚架改建的展覽場、音樂城（包含音樂博物館與音樂學院）、劇院與小劇場等，每個新建或改建計畫都強調彼此的協調性與互補性，使得這個公園成為綜合自然、建築、娛樂與文化的獨特園區。

為了形塑為國際觀光公園，園區的活動內容也相當多元活潑，有展覽、爵士、電影、音樂、劇場、舞蹈、馬戲團、偶戲等等，主要的嘉年華活動有自由拉維列特節、拉維列特爵士嘉年華會、露天電影節、都市文化與新式創始藝術等，吸引各國遊客造訪，帶動地區的觀光產業，也為古老的巴黎帶來廿一世紀的新意。

1. 拉維列特園區原為牛隻交易市場，整建為展演大廳。
2. 拉維列特園區擁有巴黎市最遼闊的綠地及眾多公共設施。
3. 各式活動表演在拉維列特園區內舉辦。

法國拉維列特園區內直徑達 36 公尺的晶球形放映空間。

在「全球化」襲捲各國的當下，台灣也無法自外於世界潮流，借鏡上述德、法兩國的成功案例，台灣政府如何結合地景、地貌，以創意空間帶動城市再造，建立鄉村新貌，營造一個適合人民居住並能與自然和平共存的優質環境，是須具備遠大的眼光，以國土規劃的高度、生活美學的廣度，來思考、制定並執行政策的，也唯有如此才能成功地為人民建立一個美麗的家園。

　　2012年所落實的「五都」建設（即將成為六都），正是近年來國土規劃政策中最重要且正在進行中的實例。有關「五都」建設的觀察與分析，將在《文創大觀2：創意空間篇》中詳述。

1. 高雄市愛河。
2. 新北市新板特區市民廣場。
3. 台北 101 大樓。
4. 台中市台中公園湖心亭。
5. 台南市孔廟。

雲門舞集於兩廳院廣場戶外公演，吸引上萬民眾參與為台灣加油

自信而精銳的國家交響樂團（NSO）

三、以生活美學為目標的文化服務

　　文化創意產業發展的關鍵在於創造新思維與新價值的能力,而文化藝術的內涵與表現,就是激發創造力的來源,不論是表演藝術、視覺藝術或是生活藝術等,其內容與展現,都可轉化成為一種具備文化內涵的服務產業,可以讓民眾從「過生活」當中,培養講求品質、追求美感、享受品味的習慣。

(一)表演藝術

　　表演藝術包括音樂、舞蹈、戲曲、戲劇。過去我們表演許多世界各國的名作,如十分叫座的莎翁名著《羅密歐與茱麗葉》,台灣的藝術團體可能成為表演界的經典而巡迴世界各國嗎?大致是有困難的。反觀「雲門」的演出,由林懷民創作的作品,不論是《水月》《行草》或《渡海》,全世界爭相邀約,因為這些作品符合台灣「原鄉時尚」的精神,在世上是獨一無二的。所以在我擔任兩廳院董事長期間,極力推動以原鄉時尚為本的新創作,樹立時代新觀念。

　　自2007年起,兩廳院以年度「旗艦計畫」「藝像台灣」「樂典」等系列節目為策演重點,企圖建立精緻藝術創作典範。「旗艦計畫」一方面委託國人創作,一方面積極邀集國內外聲譽卓著的導演與藝術家跨國合作,達到扎根國內、引進國際先進藝術創作新視野、推向國際舞台的發展目標。例如世界著名劇場巨擘羅伯·威爾森(Robert Wilson)為台灣京劇第一旦角魏海敏量身打造的《歐蘭朵》,就是藉由「做中學」理念,以漸進式的指標製作方案,引領台灣藝術工作者貼身學習名家的創意思維,累積創作和演出能量,期待未來能進軍國際,展現台灣表演藝術旺盛的創作力。至今,旗艦節目已製作演出《黑鬚馬偕》(2008)、《歐蘭朵》(2009)、《觀》(2009)、《鄭和1433》(2010)、《很久沒有敬我了你》

台南人劇團的戲劇作品《閹雞》劇照。

許芳宜曾是瑪莎葛蘭姆舞團的首席舞者。

崑劇《牡丹亭》演出盛況空前。

（2010）等多齣經典劇碼。

而「藝像台灣」系列，則是建立台灣原創活力的演出計畫，以台灣故事為創作主軸，製作戲劇、舞蹈、戲曲、交響樂、各種樂器協奏曲及交響詩，如《黃虎印》（2008）、《稻草人與小麻雀》（2008）、《閹雞》（2009）、《凍水牡丹》（2009）、《雲豹之鄉》（2009）、《逐鹿》（2009）、《大海嘯》（2009）、《海神家族》（2009）等，均是展現精采台灣元素的創作。

台灣的西洋音樂系統發展較晚，始於日治末期，至今已擁有許多音樂菁英。為完整記錄他們的作品，兩廳院於2009年開始推動「兩廳院樂典──國人音樂創作、演奏、錄音、發行計畫」，選錄前輩作曲家許常惠、盧炎等管弦樂作品，並以委託創作及徵選創作的方式，鼓勵台灣音樂家參與計畫、協助創作，以三年的時間創作一百二十首小型室內樂及大型管絃樂作品，並以五年時間分別創作演出及錄音出版。《樂典》強調「原鄉時尚」的創作理念，將新的音樂語彙結合傳統元素再出發，將完成十八張CD，共四十八首管絃樂作品，其中二十首為委託創作，四首為企業委託並由NSO首演，以及二十四首經典作品；歌劇作品則有《白蛇傳》《霸王虞姬》《黑鬚馬偕》《快雪時晴》《梧桐雨》《畫魂》等六套。

為更進一步建立台灣表演藝術的產能，建立屬於台灣的獨特國際藝術節，2009年兩廳院也策劃舉辦「台灣國際藝術節」（Taiwan International Festival，簡稱TIF），邀請國內外著名表演藝術團體及藝術家參演，和台灣表演團體互相切磋。台灣國際藝術節定位為「未來之眼」，強調科技與藝術結合的新表演趨勢，核心價值則在多元且勇於展現跨界創新與挑戰實驗的精神。另外，台灣國際藝術節也強調世界首演或亞洲首演節目的份量，塑造台灣國際藝術節獨特的風格與品牌質感，以媲美其他各國國際藝術節，創造新的文創產業新價值與發展型態。

兩廳院這種自製節目、擁有智慧財產權的劇場經營模式，為成功的案例，可供相關產業參考。

（二）視覺藝術

台灣視覺藝術市場初始於六〇年代商業畫廊的開立，且奠基於畫廊的經紀運作方式。1962年聚寶盆畫廊成立，開啓畫家、收藏家與畫廊經營三者的互動關係，是台灣最早的商業畫廊⑮。其後，海雲閣（1963）、國際（1964）、海天（1967年）、文星（1967）、凌雲（1967）及藝術家（1964）等畫廊陸續成立，但當時藝術風氣未開，並沒有造成市場商機，大部分的藝廊在無法支應經常性開銷的情況下，一、二年後便結束營業⑯。

七〇年代受到西方思潮的影響，台灣視覺藝術市場日益擴增。七〇年代初期主要顧客群仍是外僑，包括日本觀光客及美軍顧問團⑰。此時期成立的畫廊有鴻霖（1971）、西北（1972）、龍門（1975）畫廊，其中龍門畫廊經營良好，即使曾換手經營，但仍營業到2002年。1973年成立的長流畫廊，首開台灣水墨市場的先河。七〇年代中期，台灣社會現代化觀念提升，開始重視美術作品，賞畫與購畫的動力趨增，而畫廊經過長期的摸索階段，也開始穩固根基，開啓現代畫廊的先聲，如1977年成立的阿波羅畫廊及太極畫廊。

八〇年代末期以後，台灣視覺藝術市場在經濟榮景的影響下，畫廊如雨後春筍般的出現，造成藝術市場畫廊林立的現象，經營者也開始加入企業界，如積禪五十藝術中心（1989）、誠品畫廊（1989）、首都藝術中心（1989）、傳承藝術中心（1990）、日升月鴻藝術中心（1991）、臻品藝術中心（1992）、春之藝廊（1978）等。1992年6月8日，六十二家畫廊聯名成立「中華民國畫廊協會」，並於同年11月在台北世貿中心的展覽館裡舉辦首次「中華民國畫廊博覽會」，藝術市場經營體質開始受到重視。

台灣藝廊的經營模式，有代理、寄賣、買斷與經紀等形式。其中，以太極畫廊率先採用經紀方式，對早期畫廊的經營、畫家的創作與收藏家

的信心影響與貢獻最大。

　一般畫廊的經紀模式，採定期支付畫家經紀金，而畫家每月繳給畫廊一定數量的畫作，其對象除當時已知名的畫家外，也以投資心態資助年輕畫家，鼓勵後進並為年輕畫家印畫冊、辦展覽[18]。換言之，畫廊扮演「星探」的角色[19]，篩選具有潛力的畫家，並長期有計畫的栽培，除提供畫家固定收入外，也提供場地供優秀畫家辦展覽、安排巡迴展示及宣傳來促銷畫作。

　畫廊的經紀方式，對畫家而言不但可免於奔波生計、排除繁雜的行政瑣事，也可專心於創作，對其助益頗大。對收藏家而言，畫廊可為經紀畫家的畫作做好去蕪存菁的管制責任，篩選畫家最具代表性的作品，從而提高對畫廊展售、推介畫家及畫作

台灣前輩美術家陳澄波的油畫〈淡水風景〉。
台灣前輩美術家陳進的膠彩畫〈化妝〉。

台灣前輩美術家陳慧坤的水墨畫〈玉山靈峰〉。

的信心。對畫廊而言，所經紀的畫家必須按時繳交一定風格、尺寸、數量的畫作，因此可擁有穩定的畫作來源與品質，提升其信譽；而對企業體成立的藝廊而言，其資助藝術家、積極參與藝術活動的作為也可提升其企業形象。

　　近年，由於亞洲藝術市場興起，國際性拍賣公司與各種型態的國際或區域藝術博覽會相繼出現，導致台灣畫廊有減少的趨勢，經營型態也產生變化。

　　總括而言，畫廊的經營對於台灣視覺藝術市場的發展有其角色與定位，而在當今推動文化創意產業領域中，其最大的貢獻應在於產生一套公認的藝術市場行情表[20]。這種鑑價方式是當前推動文化創意產業中最難制定與執行的環節，在近四十年的畫廊運作下所形成的畫家作品鑑價方式，或許是促進視覺藝術產業發展的優勢。而其他文化創意產業的鑑價機制，或許也可以採「經紀」方式先試行之，藉由一段時間的供需市場磨合，可決定出各個文化產品、文化服務的品質與價格水準。

相對於民間以市場爲導向的視覺藝術作爲，在扶植創意藝術產業方面，文建會則以健全藝術生態爲導向，自2005年起，每年和中華民國畫廊協會合作辦理「ART TAIPEI台北國際藝術博覽會」，強調年輕藝術家及地方美術主體的認同，提供藝術更多的發展平台，強化畫廊產業體質與視覺藝術產業市場。據文建會統計，至2010年累計五年的「ART TAIPEI台北國際藝術博覽會」交易額約新台幣20.6億元，並有近二十二萬人次參觀㉑。在內容方面，國際雙年展、國際版畫展，以及在公共藝術、數位藝術方面的推動，也都爲文化創意產業奠定了基礎。

藝術 7-11——2005 年台北國際藝術博覽會。

（三）生活藝術

相對於表演藝術、視覺藝術著重於以文化藝術的內涵服務普羅大眾，藉以提升人民的精神生活與文化素養，生活藝術則更加貼近人民的生活習慣與生活型態，對整體社會美學品味的影響層面更加廣泛，甚至是前述文化空間形塑國家品牌的靈魂。

國土計畫除了必須有以文化爲核心的空間規劃書，並據以開發出富質感的硬體建設外，更重要的是生活其中，表現其氣質的居民，也就是一個文明國家（或城市）的精神表現。國家的精神來自實際生活其中人民的氣質涵養與行爲表現，而培養居民氣質涵養與優美行爲最基本的方法，就是讓其從日常生活中隨時隨地可以接觸藝術，培養享受美感的品味與習慣。體驗文化藝術的習慣，有時需仰賴一些可以提升鑑賞能力的文化產品，如日常生活使用的用品與器具，除了考慮其功能性之外，也可以購買一些具有藝術性或創意設計的產品，讓人們從日常生活中自然而然的養成欣賞藝術品的習慣與品味。

生活藝術可由食、衣、住、行、育、樂多方面切入了解。食的方面，世界各國的料理以及來自中國各省的料理、台灣的料理等，經過在地的研發後呈現特色，並使台灣成爲「美食王國」。尤其中式及台式料理的食材，在台灣卓越的農業科技技術改革下，發展出「青出於藍勝於藍」的創意餐、養生餐、有機餐、環保餐……等，並在食器、空間設計、氛圍營造、衛生設備、服務品質及方式方面，漸漸將人文的美學素養融入其中。茶葉在農技改革下，培育出各種優質的茶種，而茶器創意製作、泡茶、事茶、茶食之研究，及以表演藝術、視覺設計結合進行的方式，已累積一套有別於日本「茶道」、韓國「茶禮」，專屬於台灣的「茶藝」。

衣的方面，織品本身因奈米、竹炭等科技技術的改良、吸溼排汗、環保又質優的布料不斷被研發出爐。在時尚設計上，也採用許多原鄉台灣的概念，穿出自己的驕傲。住的方面，環境的整備、城鄉風貌的整頓，

1. 台東縣卑南的朗‧克徠爵風車教堂民宿。
2. 台灣多朵多姿的休閒運動娛樂，打造健康的生活品質。
3. 台灣高鐵拉開台灣百年發展史上第三次交通變革，讓台灣西部形成一日生活圈。
4. 座落山林之間，禪味濃厚的私房菜館——食養山房，周圍有清澈溪流及巨石環抱，自然景觀純樸。
5. 台北市北投三二行館隱身於山間綠意中，以『泉、木、樹、石』四個元素構成，呈現精緻的設計融合。

到建材的更新，不僅由自己家內的設計到社區、街廓的設計，觀念都已有長足的進步並努力落實，雖進步空間仍大，但已漸往「美的環境」邁進。行的方面，除了建設高鐵改變生活觀、提供快速移動的可能，方便工作增加效率外，也規劃「自行車步道」，提供健康、環保的交通概念。而各地民宿的興建、宗教節慶活動的提升，展現地方特色的小小文化館紛紛設立。數位家庭技術及概念的推動，提供人民休閒的、慢活的、方便的、有品味的生活。民眾每日所能接觸到的藝文活動，也在政府有心的推動下遍地開花，豐富育樂生活。以上所述均是讓藝術文化與創意透過科技的結合，讓人民生活往幸福邁進。

　　所有的表演藝術、視覺藝術及創意成果，因能深入生活中服務人民的心靈，才有存在及發展的必要以及真正的價值。這種從居家生活環境中養成的生活品味以及建立的生活美感，才是提升整體社會文化藝術素養的根本，也是最直接的途徑，更是文化創意產業除了經濟產業外，更應該強調的精神生活。如此，文化創意產業才堪稱是一個文化部門堆動的「文化政策」。

（四）文化行政及人才培育

　　上述表演藝術、視覺藝術與生活藝術等領域的一切運作，必須仰賴「人」的執行才能實踐，也才會有結果，因此必須重視執行者及其能力的培育，也就是文化行政人才的養成。

　　文化創意產業所涉及的人才，包括各種藝術原創者、應用藝術設計者、經營管理者、經紀媒介、媒體公關，以及周邊促其成事的公私立機關或單位行政人員等。目前台灣這方面人才較為缺乏，而就文化創意產業的基礎而言，已累積許多深厚的根基，只要加速擴增相關人才的培養，尤其是具有國際視野的國際人才，即可促進文化創意產業之全面發展。

四、以文化經濟為導向的文化產品

當前政府與民間有關文化創意產業的作為，大多集中於文化創意產品這個項目。文化創意產品是以文化為基底，經由設計，將文化的意象融進產品，一方面可以增加產品的價值，一方面也可以提升民眾的生活品味，屬於應用藝術的層面。

近年已開發的文化產品有台灣紅年節糖罐及用品、蘭花花器、精緻的餐具（如陶瓷工藝研發的餐具、法藍瓷取自大自然的餐具、以台灣蘭花為圖騰的漆器餐具）、兼具傳統與創新的飾品或生活用品（如取材於林家花園的花窗隨身CD收納盒、墜飾或交趾陶的手機座、名片座或史前博物館的人獸形玉玦胸針，或台北十三行博物館的人面陶罐胸針）、博物館或戲劇院所開發的各種館藏紀念品或用品（如玫瑰騎士歌劇紀念杯組）、酒莊開發的酒器與包裝等。

如果文化空間建設得好、文化服務發展得好、文化產品就會自然產生。由視覺、表演及生活藝術所能提供的應用藝術其實太多了，以此為本，再設計產品成果是可以源源不斷產生出來的。所以國家的文化創意產業政策應以高度的視野，在文化空間及文化服務多著力，文化產品自然會蓬勃發展。

屬於經濟部以開創財富、解決失業問題、推動產業發展為導向之文化創意產業政策統籌權，在2009年底轉由文化部接手執行。由這件事來看，其最大的意義莫過於除了一方面仍因循經濟部發展產業追求經濟價值之方向外，文化部將可紮實地將藝術文化融入常民生活中，提高人民的生活品質，更能積極地提供一個優質的、多元的環境，激發人民的創造力，來豐富文創產業的核心及附加價值。所以台灣的文化創意產業應該以「原鄉時尚」的核心價值為本，培養具備前瞻國際視野的文化、創意及產業經營人才；以「國土規劃」為依歸，建立國家品牌，提升人民

生活美學素養；全國上下共同合作，落實文化創意產業政策的真實精神和內容，建設一個永續發展的「鑽石台灣」。

註釋

① 計畫內容請參閱經建會官方網站，網址 www.cepd.gov.tw

② 文化創意產業專刊，2010 年 3 月 23 日，文建會電子報，網址 http://www.cca.gov.tw/epaper.do?method=find&id=135

③ 方芷絮，文創政策發展策略，《2010 全國文化論壇文創系列北區座談會會議手冊》。2010 年 5 月 26 日，頁 17。

④ 聯合國教科文組織網站，網址 www.unesco.org

⑤ 文化部網站「社區營造業務說明」，網址 http://www.moc.gov.tw/business.do?method=list&id=5

⑥ 相關內容請參閱本書第六章，以及《鑽石台灣－多樣性自然生態篇》與《鑽石台灣－多元歷史篇》（玉山社出版）二書。

⑦ 摘自《鑽石台灣－多樣性自然生態篇》序文。

⑧ 內政部營建署，國土規劃法草案網站，網址 http://www.cpami.gov.tw/chinese/index.php?option=com_content&view=article&id=10182&Itemid=

⑨ 參見文化部網站：www.moc.gov.tw，以「磐石行動」關鍵字搜尋。

⑩ 目前台灣的土地使用係由區域計畫、都市計畫及國家公園計畫等體系管制，未來將整合於《國土計畫法》。

⑪ 王本壯，〈淺談文化生活圈〉，發表於「台灣社區通」網站，2008 年 10 月 12 日。

⑫ 文化部「地方文化館」，網址 superspace.moc.gov.tw

⑬ 經建會「挑戰 2008：國家發展重點計畫」，網址 http://www.cepd.gov.tw/m1.aspx?sNo=0001539&ex=1&ic=0000015

⑭ 曾梓峰，〈德國埃姆瑟國際建築博覽會〉，頁 3。

⑮ 涂榮華，〈台灣商業畫廊經紀方式之研究〉，《復興崗學報》，第 81 期，2004，頁 256。

⑯ 文康，〈台北畫廊的滄桑史〉，《藝術家》，第 49 期，1979，頁 27。

⑰ 黃郁惠，〈胸懷千里、承志長流〉，《藝術家》，第 310 期，2001，頁 190。

⑱ 涂榮華，〈台灣商業畫廊經紀方式之研究〉，《復興崗學報》，第 81 期，2004，頁 258。

⑲ 同前註，頁 251。

⑳ 參閱《藝術家》雜誌各期「藝術市場行情表」。

㉑ 文化部網站「視覺藝術業務說明」，2010 年 5 月 19 日。網址 http://www.moc.gov.tw/business.do?method=list&id=21

1. 新北市藍染節透過藍染文化的傳承與再造，建立三峽染的品牌與核心價值。
2. 法藍瓷獲紐約國際禮品展最佳禮品首獎「蝶舞系列」。
3. 將傳統的服飾設計融入時尚，是洪麗芬服飾的特色。
4. 蔡爾平彩鑲瓷珠寶常將大自然花草鳥獸用於作品造型。
5. 陳俊良設計的國宴餐具「天圓地方」。
6. 八大酒莊精美酒器深具台灣人文意涵。
7. 潘黛麗運用八家將元素設計服飾。

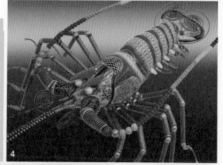

Chapter 6

台灣文創之基石 — 鑽石台灣

陳郁秀撰文

台灣多樣性的生態以及多元文化，

就像鑽石的各個切割面，

晶瑩璀璨、熠熠發光。

這一切，即是台灣文創產業之基石。

在現今世界中，僅有極少數開發中國家能夠在經濟與民主政治雙元軌道上，成就政治安定、社會祥和、民生樂利的果實。更難能可貴的是，在五十年一黨獨大中達到政黨輪替、政權和平轉移的罕見成功案例。台灣打破了「槍桿子出政權」的迷思，雖然有待改進、提升的空間仍然很多、很大，但相較其他國家烽火綿延的悲景，我們不禁要為進取而有生命力的台灣人感到驕傲。

台灣人普遍具備純樸勤儉的美德、敬業務實的生活態度，重視倫理，重視教育，總是不屈不撓、屢敗屢起，展現的毅力與勇氣令人動容，而開朗的性格與友善的親和力，最為國際人士稱道。

台灣在四百年前進入國際版圖之後，一直就是國際海運和貿易的樞

北海岸野柳風化紋

紐，昔日台灣的鹿皮是亞太地區的熱門商品，台灣也是糖、茶、樟腦、燃煤的重要產地。時至今日，台灣有數十項工業產品在全球市場中名列前茅，是世界第三大資訊產品工業國家，也是世界第十四大貿易國。我們有一定的經貿實力與成果，文化發展的潛力也不容小覷。

　　台灣雖小，卻是一顆不容忽視的鑽石，做為嶄新世紀的台灣人，我們的期望和體認，是背倚玉山、面向海洋，資源豐富的台灣有無限發展的空間。認同土地，接納並珍惜所有族群文化的瑰寶，疼惜這個共同的家園，它是子子孫孫安身立命的好所在。我們是有血、有淚、有歷史的國家，兩千三百萬人的努力，必須受到國際應有的尊重。台灣就是品牌，正在國際舞台躍升、發光。

第一節
瑰寶台灣

　　台灣是自然生態的奇特寶地，也是世人眼中「天然的造山實驗室」「鳥類王國」「蝴蝶王國」「蝶魚王國」「蕨類王國」「蘭花王國」。

　　台灣位於北半球，在全世界最大陸塊亞洲大陸和最大洋太平洋的交會之處，它是在數百萬年前由歐亞板塊和菲律賓板塊碰撞下，經過長期演變成為今日的樣貌，面積三萬六千萬平方公里。台灣島的地質非常年輕，相當活躍，占全島三分之二面積的高山地形中，超過三千公尺的高山就有兩百多座。因為可以完整觀察到山脈「從無到有、從有到無」的演化過程，被許多國際地質學家稱為「天然的造山實驗室」。在這個活躍的天然實驗室裡，地球表面常見的岩石種類，都可見到，形成豐富的地質景觀。此外，因台灣正好位在亞熱帶與熱帶交界，季節性的降雨量變化很大，同時又在東亞季風區的範圍內，使得夏季豐沛的雨水和冬季強勁的東北風，就像一把精緻的雕刻刀，造就出台灣鬼斧神工多樣的地理形貌。

　　台灣雖小，不過在地球上可見的山脈、湖泊、火山、丘陵、平原、台地、盆地、河流、沙漠、海岸等地形，幾乎都有。著名的中央山脈、玉山山脈、雪山山脈、阿里山山脈及海岸山脈，皆是壯麗峻秀，令人讚嘆。而台灣的最高峰玉山，自大地聳立、直入雲霄，海拔高達三九五二公尺，長久以來成了台灣子民誠心守護的精神象徵。

　　在這個「壓縮的空間」所造就的奇蹟之地，台灣可以讓人在很短距離內體驗到最多的變化。熱情而好奇的山林旅人，可以在短短一天的時間裡，由海岸邁向高山的行程中，隨著生態環境呈現垂直的帶狀分布，經

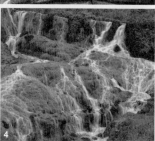

1. 基隆和平島海岸礁岩。
2. 玉山主峰。
3. 台東利吉月世界。
4. 金瓜石黃金瀑布。
5. 北海岸野柳女王頭。
6. 花蓮太魯閣清水斷崖。
7. 澎湖七美嶼雙心石滬。
8. 澎湖西嶼池東玄武岩。

1. 台灣藍鵲。 2. 白耳畫眉。 3. 藍腹鷳。 4. 帝雉。 5. 黑面琵鷺。 6. 五色鳥。

歷地球上少數變化如此劇烈的環境，欣賞到熱帶、亞熱帶、暖溫帶、涼溫帶、亞寒帶，以及寒帶的風光，目睹不同環境和林相所帶來的生物奇觀。

　　台灣亦有「北半球生態縮影」之稱。小小的島嶼據估計至少有十五萬種以上的生物，而物種的歧異度之高，經常讓世界上的生態學家驚豔，不但視之為「美麗之島」，更是「多樣性生物之寶地」。例如全世界的哺乳動物約有五千種，台灣就有八十種，而其中二十種還是特有種，例如台灣獼猴、台灣黑熊等。而在全世界九千九百多種鳥類中，台灣可以看到的高達五百種，其中二十二種是特有種，例如色彩斑斕的國鳥帝雉，以及叫聲悅耳的冠羽畫眉。

　　此外台灣更是名聞遐邇的「蝴蝶王國」，擁有四百多種包括熱帶、溫

1. 珠光鳳蝶。　2. 淡黃蝶。　3. 雙環鳳蝶。　4. 紋白蝶。　5. 寬尾鳳蝶。

帶、寒帶的蝴蝶，其中約有五十種屬於台灣特有種，例如展翅可達十四公分的珠光鳳蝶。

　　而在這南北長約三九四公里、東西寬約一四四公里的狹長土地上，就有三種不同類型的蝴蝶谷。其中位於台東縣山區的雲紋粉蝶谷，常會有數量驚人的蝴蝶沿著溪流呈現縱隊飛行，是世界獨一無二的壯觀景象。位於高雄市美濃區的黃蝶翠谷，每年都有兩次黃紋蝶大聚集，數以萬計的黃色小精靈浩浩蕩蕩在溪谷間飛舞，相當震撼。至於高雄市茂林區的紫蝶幽谷，是全世界除了墨西哥「帝王斑蝶谷」之外，另一個僅有的「越多型蝴蝶谷」，輕巧透著紫光的蝴蝶，集體群聚過多的數量，最高紀錄曾達到六十萬隻。

1. 鏡斑蝴蝶魚。 2. 烏面立旗鯛。 3. 黑背蝴蝶魚。 4. 雙棘甲尻魚。 5. 弓月蝴蝶魚。

　　台灣四周環海，東海岸面臨太平洋，在短短四十公里距離之內，海底地形急遽下降到四千公尺以下，因兼具深海及陸棚兩種海洋環境，以及正好位於東海、南海、菲律賓海三大海洋生態系統的交會處，因此海洋生物種類之多，幾乎占全球的十分之一，蔚為一片海底奇觀花園。台灣目前的海洋生物超過一萬兩千種，以魚類為例，就有將近三千種，不但種類豐富，屬於世界新種的數目更是名列前茅，其中的蝶魚和棘蝶魚總數是全世界第一名，因此台灣不但享有陸上「蝴蝶王國」的美譽，就連在海洋生物方面，也博得「蝶魚王國」之稱。

　　台灣的植物資源也相當豐富。在高山森林中，以中央山脈為主的巨木群就有六處。這些舉世聞名的巨木樹齡多在兩千年以上，超過三千年

1. 台灣瘤足蕨。 2. 南洋巢蕨。 3. 全緣卷柏。 4. 楓葉石葦。 5. 台灣車前蕨。 6. 台灣金狗毛蕨。

的也不少。其中的台灣紅檜和台灣扁柏，是世界七種檜木中的兩種台灣特有種，它們是台灣人民心中的「神木」，也是台灣自然界的「綠色奇蹟」。

另外台灣還是「蕨類天堂」。全世界的蕨類約有一萬兩千多種，歐洲一百五十二種、北美洲四百零六種、澳洲四百五十六種，台灣則擁有高達六百七十二種，其中六十多種爲特有種，可說是世界之冠。不可忽略的是，台灣也是白蝴蝶蘭的原生地，早在1952年就獲得國際蘭花大展的首獎，這種著名的園藝觀賞型蘭花，近年來因爲美麗的姿態與形狀，隨著台灣蘭花的大量出口，而在世界各地展露豐妍，所以台灣也常被稱爲「蘭花王國」。

從全球地理的位置看台灣，它並不起眼，甚至被許多人忽略，但如果以自然生態的角度凝視，台灣卻因上天特別的眷顧，而在東方海陸交會之地發亮。美麗的台灣，因為多樣性自然生態造就的奇蹟，使它在地球上顯得更為耀眼、珍貴。

1. 台灣阿媽蝴蝶蘭。 2. 台灣一葉蘭。 3. 屏東捲瓣蘭。 4. 黃根節蘭。 5. 心葉葵蘭。 6. 黃花石斛。

第二節
歷史台灣

　　透過考古學家及出土的遺址文物，已經證實台灣最早的住民可以追溯至三萬年前的遠古時代。位於台東縣的長濱文化遺址，訴說舊石器時代的人如何運用打剝而成的石器去打獵。而卑南文化等五大遺址，則展現新石器時代的農耕聚落，進行耕作、塑陶、交易等各種社會行為與生活樣貌。

　　台灣的原住民是大自然智慧的傳遞者，自六千多年前來到台灣，彼此間在源起神話、語言、圖騰、社會組織、祭典、服飾等各方面有些差異，共分為十四族，分別是阿美、泰雅、達悟、魯凱、布農、排灣、卑南、賽夏、太魯閣、撒奇萊雅、賽德克、噶瑪蘭、鄒族、邵族，加上平地的平埔族（不包含在十四族中），目前在台灣約有四十一萬人，分布於北、中、南、東各地。自十九世紀以來，民族學者認為台灣原住民族是在不同歷史年代、透過不同的途徑，從南方菲律賓、印尼等地，藉著洋流和季風的助力，來到台灣。但是，近十多年來，有更多人類學家認為，台灣是南方鄰近地區民族的原鄉，也就是南島語族的原鄉。

　　十六世紀中葉後，西歐海權勢力相繼來到東亞海域，西班牙占領菲律賓之後，東海與南海立刻成為亦商亦盜的冒險家樂園，台灣也成為這些包括西歐人、華人、日本人所競相逐利的地方。

　　1624年，荷蘭東印度公司進占台灣，以台南做為其從事中國貿易的據點，積極拓展以甘蔗、稻米為主的熱帶栽培業，這是台灣這個島上首次出現的一個「準政權」。1662年，在中國抵抗清朝失利的鄭成功轉進，來到台灣，這個軍事力量在台灣建立了一個中國式的政權。二十年後，

勢力強大的清朝帝國跨海征服了鄭家王朝，將台灣納入版圖。

　　雖然清帝國對於台灣的統治態度消極，但是中國沿海地區的居民卻不畏台灣海峽的風浪和官府的禁令，前仆後繼地前來這個充滿機會的新天地。隨著這一波大移民潮，人們將故鄉的技術和文化帶到台灣來，逐漸在平原墾荒拓地，形成以漢人為主的閩南聚落，也是目前台灣人口中數目最龐大的主要人口。

　　十九世紀中葉以後，西洋殖民勢力再度來到東亞，1860年，台灣北部和南部各有一大通商港口，傳教士紛紛來台傳教。自十八世紀初以來中斷了大約一百五十年的對外關係重新開啟，茶和樟腦成為新興產業，也帶動了台灣西北部山丘陵地的快速開發。1884年，法國軍隊在台灣北部進行登陸作戰，艦隊還封鎖台灣港口。十年之後，追隨歐洲帝國腳步而大肆擴張武力的日本，以新式軍事武力打敗清帝國，台灣成為代罪羔羊，割讓給日本做為殖民地。

　　在日本帝國強力鎮壓台灣人民一次又一次激烈的武力抗爭之後，開始展開大規模的鐵路、公路、港灣等交通建設，改善公共環境衛生，建立近代西洋式的醫療、教育制度，並建置近代國家所應具備的行政機構和法律制度等基礎建設，促成台灣現代化。廿世紀初，台灣出現許多小型具有現代風貌的市鎮，以及歷史上的第一代知識份子，隨後也誕生了以現代民主思潮為訴求的民間言論團體和刊物。

　　1945年第二次世界大戰日本戰敗後，台灣脫離殖民統治，由在中國大陸內戰中失利的國民黨接手，延續中華民國政權，並因為蔣介石所領導的政府與中國共產黨的鬥爭不斷，使台灣於1949年5月底進入全面戒嚴時代，前後達三十八年之久，成為反共堡壘，展開另一段始料未及的奇異歷史。

　　七○年代後，國際冷戰局勢緩和，中華民國被迫退出聯合國，短短幾年內，轉而承認中華人民共和國的絕大多數國家，紛紛與台灣斷絕外交

1. 《熱蘭遮城彩繪圖》描繪十七世紀中期熱蘭遮城商業鼎盛、市容繁華的風貌。

2. 《鄭成功畫像》為國立臺灣博物館鎮館之寶，已被國家指定為「國寶」。

3. 清朝乾隆時期繪製的《皇清職貢圖》描繪台灣原住民的風俗民情，技藝與歲賦情形，共有 13 幅，每幅以一男一女呈現，此為局部。

4. 億載金城位於台南安平，又稱二鯤鯓砲台，由沈葆楨聘請法國工程師設計建造，城門上有沈葆楨的題字。

5. 台灣總督府（今總統府）是日本建築師在台灣引進西式建築樣式的代表作之一。

6. 金瓜石太子賓館為日治時期接待當時皇太子（後來為裕仁天皇）預定視察金瓜石礦場所興建的臨時行館。

1.1949年5月19日臺灣省主席兼警備總司令陳誠頒布戒嚴令，限制台灣政治社會與人民自由長達38年。

2.1996年總統直接民選帶來台灣民主的希望。

3.2000年總統選舉確立了台灣透過民主機制達成政權和平轉移的里程碑。

關係，迫使台灣在強調國際主義的年代，成為外交孤立的國家，而基督長老教會也在1977年提出台灣獨立的訴求。

　　然而，憑著堅毅與彈性的生命力，台灣在蓬勃的製造業和出口導向的經濟發展中，終能突圍而將貿易的觸角伸向世界各地。從最先進的歐美各國，到尚未開發的非洲大陸，都留下台灣企業家及貿易先鋒的步履，並且贏得紡織大國、腳踏車製造王國、電腦及周邊科技產品製造大國等讚譽。由於經濟起飛和接踵而來的文化覺醒，台灣的社會與政治全面邁向民主化。

1990 年野百合學運抗議萬年國會，成為台灣學生運動的典範

隨著1987年國民黨政府宣布解嚴，台灣擁有前所未見的各種言論自由，民主、自由、開放、多元，成爲台灣人民追求的核心價值。透過民間一波波改革的浪潮，台灣在國會及地方選舉乃至於全民直接選舉總統上，有著顯著的重大變革，並於2000年完成首次政黨輪替，主張「民主、進步」的民進黨，取代掌權達五十年之久的國民黨，成爲台灣的執政黨。台灣終於在廿一世紀初始，政治及文化進入嶄新的階段，在民主轉型的陣痛中挺身向前，成爲全球華人世界唯一的民主典範。

台灣是由原住民、河洛、客家及戰後新住民四大族群組成的多元文化社會。

1.1961 年軍人節於台北市中山堂舉辦的軍人集團結婚。

2. 楊秀卿夫婦的福佬說唱。

3. 屏東三地門的排灣族帶著陶壺來下聘的男方親屬。

4. 屏東和興社區舉辦的客家衫走秀活動。

3

4

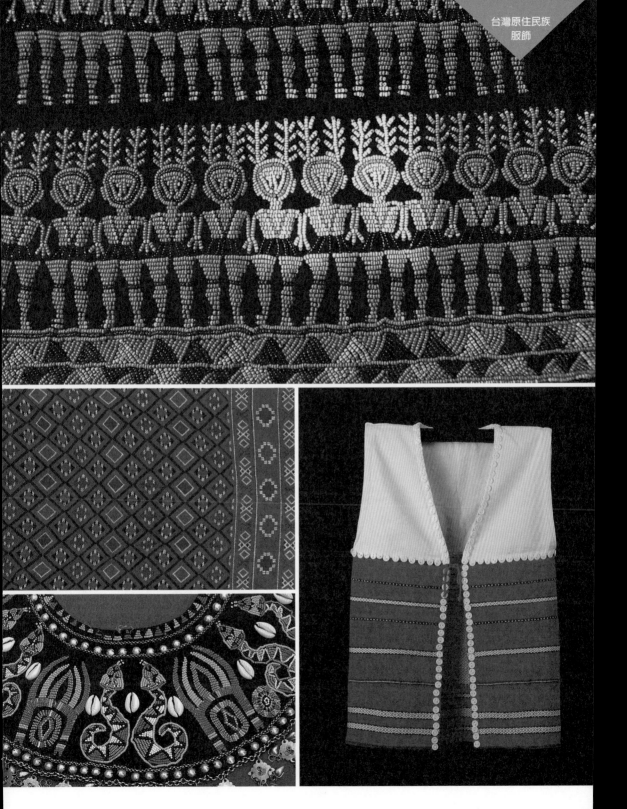

阿美族

泰雅族

1.2.3.4. 台南大天后宮媽祖神像。左起：修復前被燻黑的黑面、修復中的原創性金面、驗收後再改動的金面、重新被「畫眉朱唇」的金面。

5. 河洛漢人。

6. 北埔客家野台戲。

7. 新年期間民眾到廟宇上香祈願。

8. 台北市信義區的四四南村為國民政府遷台後所興建的眷村之一。

9. 新竹新埔枋寮義民廟前的水燈牌。

10. 新竹縣鹿寮坑鍾屋夥房表現早期客家移民社會生活型態。

翹脊與馬背是金門傳統
民居的建築特色

雲門舞集《行草》的靈感來自中國書法

第三節
現代台灣

一、如繁花盛開的表演藝術

　　台灣的表演藝術發展至今，無論在音樂、舞蹈、現代劇場、傳統戲曲各方面，都有相當傲人的成就和水準，特別在孕育其成長茁壯的土地上，因為汲取了多元的文化養分，不但在國內展現精采迷人的特質，近年來也在國際舞台上綻放光彩。

　　2003年，《紐約時報》將年度十大舞蹈團體的第一和第二名榮譽，給了台灣的「雲門舞集」和「漢唐樂府」。前者創立於1973年春天，是台灣第一個職業舞團，也是所有華語社會的第一個舞團，三十多年來所創作發表的舞碼超過一百六十齣，在台灣及歐美亞澳各大洲將近三百座舞台上，總共進行了一千七百多場公演，令許多愛好舞蹈的國內及國際人士深深著迷，不禁將「雲門」與台灣劃上等號。創辦人林懷民在獲《時代》雜誌「亞洲英雄」、德國舞動國際舞蹈節終身成就獎、美國約翰‧洛克斐勒三世獎、法國藝術文學騎士勳章之後，在2013年美國舞蹈節八十周年之際獲得終身成就獎的殊榮。「漢唐樂府」則是結合傳統的南管音樂和梨園戲曲，以極為細膩精緻的面貌和優雅的身段動作，吸引世人目光。

　　時常代表台灣在世界各地展演的佼佼者「優人神鼓」是個由一群專精藝術表演的優人所組成的藝術團體。有別於其他團體的養成，他們是在山上打太極、練武術、靜坐、擊鼓，藝術總監劉若瑀與擊鼓音樂家黃誌

1. 新古典舞團經典作品《沉默的杵音》。
2. 光環舞集《人物語》將人與物融合為一，衝擊觀衆的想像。
3. 原舞者表演原住民歌舞熱力四射。
4. 台北民族舞團舞碼《慶神醮》結合台灣民俗廟會的家將、車鼓、跳鼓等演出。
5. 太古踏舞團林秀偉與吳興國夫婦共舞《生之曼陀羅》。

群共同領導下創作了一系列以擊鼓爲主軸的「心靈深戲」，代表作如《聽海之心》《金剛心》，均在法國、德國等歐美各國巡演，深獲好評。

另一個享譽歐洲的「無垢舞蹈劇場」，由於創作靈感大量擷取台灣民間宗教信仰的元素及符號，在肢體動作、服裝、舞台、造型上，在在呈現出神祕、深邃的美感與視覺震撼，不但數度受邀參加如法國亞維儂等歐洲著名的藝術節，2002 年由歐洲最重要的藝術文化電視台「ARTE」邀請當代最具代表性的八位編舞家時，「無垢」的創辦人也是藝術總監林麗珍女士獲選，且是全亞洲僅有的一位。

1. 樊潔兮的舞蹈《媽祖》融合古典與現代。
2. 無垢舞蹈劇場《觀》探索人與大自然的相依相存，全劇緩、靜、沉、遠。
3. 許芳宜曾是瑪莎葛蘭姆舞團的首席舞者。
4.《輓歌》由羅曼菲獨舞。

　　在兒童劇方面，首推由紙風車文教基金會、紙風車劇團所推出的「紙
風車319鄉村兒童藝術工程」，這是因一群有遠見的有心人，不願見到台
灣的孩子因城鄉差距，在童年即喪失欣賞藝術表演的權利，不申請政府
的補助經費，邀請企業界及廣大民眾共襄盛舉，參與的方式除了捐款，
更歡迎義工朋友的加入，以及在地表演團體的共同表演，深入各鄉鎮，
陪孩子走上藝術文化的第一哩路。整個文化運動歷時五年，走過319個
鄉鎮，共三百八十一場演出，八十萬名以上大小朋友觀賞，圓滿達成推
動的理想。就在2013年的年初，他們又勇敢地宣布「紙風車368鄉鎮市

1. 著名民謠樂師陳冠華。
2. 南管名家王心心。
3. 北管藝師邱火榮。
4. 台灣民間說唱藝人楊秀卿女士的《念歌仔》以月琴伴奏。

區兒童藝術工程」正式啓動。也許又是一個五年，也許會縮短，但我們
看到真金不怕火煉，「金」字招牌的「台灣精神」。

　　在音樂方面，由於受到不同的文化激盪和影響，台灣的音樂種類繁
多。最早的原住民音樂有歌有舞，大都與生命儀式和祭典緊密相連，著
名的布農族「祈禱小米豐收歌」，採用自然合音，甚至發展出八聲部合
音，宛如天籟，令國際人士驚嘆，並為1996年美國亞特蘭大奧運會主題
曲所引用。台灣的傳統音樂還包括福佬人和客家人的歌謠等民俗音樂，
無論南管、北管、客家八音，都有相當高的藝術價值。

1. 苗栗陳家客家八音團掌門人陳慶松，表演同時吹奏四把嗩吶的絕技，後方協助表演的是他孫子鄭榮興。
2. 台灣原住民的樂器演奏，左為弓琴，右為口簧琴。

廿世紀初，西式音樂正式在台灣落地生根，隨著新興學校音樂教育的帶動，很快在台灣都會區普及起來，也引發後來台灣人民在音樂欣賞和詞曲創作的重大轉變，使得今天的台灣擁有為數眾多的西式音樂教育機構，以及國家交響樂團（NSO）為首的各種樂團。

在現代劇場方面，台灣在1987年政治解嚴之前，已經累積了許多實驗與創作的能量，之後併隨劇場運動的推展和社會議題的脈動，而更為蓬勃熱鬧。各種不同型態的現代劇紛紛出現，更有以兒童為對象的劇團、台灣風格濃厚的歌劇團、女性議題劇團、七十歲以上老人為演員的劇

1. 魏海敏主演羅伯‧威爾森的《歐蘭朵》。
2. 綠光劇團《人間條件》觀眾反應熱烈。
3. 果陀劇場《最後 14 堂星期二的課》。
4. 優人神鼓《聽海之心》是一個關於「水」的作品，嘗試在「未知」當中去尋找生命的了悟。

團、說唱劇團等。其中有兩個團體，因為強烈的創作企圖與優異的演出
水準，近十年來不斷在國際舞台獲得喝采與掌聲。

　　「當代傳奇劇場」以傳統中國京劇的技藝與身段，融入現代戲劇元素
與空間設計，將西方著名舞台作品如《馬克白》《李爾王》《暴風雨》
《等待果陀》等，進行東西合璧的實驗與創新，每一次國際公演，都引
起熱烈的討論與迴響。「優劇場」的表演，則是以純粹東方「道」與「藝」
的精神為基礎，結合了打禪、打拳、打鼓的「靜與動」最高境界，深深
觸動每一位觀眾的心靈。

1. 表演工作坊第二次演出《暗戀桃花源》與明華園合作。
2. 屏風表演班《西出陽關》訴說一段愛與背叛的淒美故事。
3. 當代傳奇劇場改編自莎翁名劇的《李爾在此》。
4. 紙風車劇團《武松打虎》。
5. 金枝演社在淡水滬尾砲台演出《祭特洛伊》。

　　對台灣的表演創作者而言，能夠優游於傳統與創新之間，是相當的幸運。對觀眾來說，能同時享受傳統和現代的作品，更是機會難得。現代表演有許多來自西方的美感，傳統表演則投射出在地人民心靈的原鄉情懷，其中的布袋戲和歌仔戲，最能代表台灣在傳統戲曲上的特色。

　　傳統的古典布袋戲戲偶長約三十公分，偶頭、戲服、舞台的做工，都相當講究，有很高的藝術價值，往往成為戲迷和研究者的收藏品。這種利用手指和手掌操弄戲偶的表演，在廿世紀初的台灣就廣為流行，成為一般人民生活的重要休閒娛樂。直到今天，布袋戲著重念白和操作技巧

1. 台灣第一苦旦廖瓊枝。
2. 唐美雲歌仔戲《梨園天神一桂郎君》榮獲金鐘獎最佳傳統戲劇節目獎。
3. 明華園當家小生孫翠鳳。
4. 楊麗花與許秀年合演《雙槍陸文龍》。

的表演，仍是台灣最普遍、最受歡迎的戲劇型態。

　　而歌仔戲，是台灣唯一土生土長的傳統戲曲，最早發源於宜蘭地區，至今已有一百多年歷史。這種採用台灣通行的閩南語為主、具有強烈地域色彩的戲曲，重視表演者的身段和唱腔，其「有聲皆歌、無動不舞」的特色，是最重要的藝術成就。在台灣，歌仔戲雖然是晚近新創的劇種，但因為擁有龐大的觀眾基礎，而逐漸發展為內容豐富、情節引人的民間流行表演藝術。

　　以上兩種傳統戲曲，在台灣庶民文化及廟會祭儀中，都扮演酬神娛民

1. 各式各樣的皮影圖案，色彩繽紛。
2. 國寶級布袋戲大師黃海岱。
3. 布袋戲大師李天祿創立亦宛然戲班。
4.《閻羅夢》為國光劇團經典定目劇之一。
5. 台灣豫劇團《劉姥姥》。
6. 榮興客家採茶劇團。

的重要角色，伴隨而來的，還有台灣節慶活動常見的各種陣頭儀式。這
些在從前以農家青年子弟為主要成員的表演，有著濃濃的宗教意涵，喧
鬧的演出、繁複的過程、豔麗的色彩，流露出一種「敬天畏神」的無比
莊嚴。無論在台灣最盛大的「迎媽祖」大典，或年度重要節日的嘉年華
會中，祭儀和陣頭表演不僅深深吸引台灣子民的目光，也讓國際民俗專
家不斷前來進行深入的紀錄與研究，並且在國際學術研討會發表。

　　在整個華語世界中，台灣是自由度最高的國家，開放的環境使得創作
百無禁忌；它讓台灣的表演藝術在沒有壓抑的情況下自由的發展，如同

繁花般遍地盛開、迎著時代的風潮歡喜招展，最終，每一個表演除了呈現出美麗的身影，也構成當代台灣動人的生命圖像。

二、活力奔放的視覺藝術

在多樣自然生態物種、多元族群文化的基礎上，台灣的視覺藝術有著極為紛雜複合的面貌，其特殊因素包括了地理、歷史、政治、思想等等，從創意的角度而言，這些環境提供了創作者靈感和情感的刺激度，也使得台灣視覺藝術在快速的演變下，由單一走向百家爭鳴，顯得奔放而熱鬧。

對原住民而言，「美」是權威的象徵，階級地位愈高的貴族或頭目，裝扮和服裝就愈繁麗複雜，這使得他們的編織和刺繡相當令人驚豔，有些族群擅長以琉璃珠、鈕釦、銀片加以點綴，讓一件華麗的衣服就是一件價值連城的藝術品。他們的創意曾被台灣的服裝設計師運用在充滿時尚感的服裝上，並在2005年巴黎國際時裝秀活動中大放異彩。

此外，因應生活型態、風俗習慣與宗教祭典，原住民各個也是擅長雕刻的高手，住屋、家具、器皿，都可見其充滿原始力與美的鑿痕，其中最令人印象深刻的是海洋之子達悟族的獨木舟，建造並雕刻出一艘美麗的獨木舟，是達悟族男子一生最重要的成就，船身的海浪紋與太陽紋，最能訴說他們海天合一的生命情懷。這些原住民的文化元素，是台灣現代視覺藝術重要的創作泉源。

在台灣視覺藝術的歷史脈絡裡，無可否認的，當以漢族的發展為大宗。從十七世紀末，有關美學與技術的想法和作為，除了展現在單一純粹的作品上，也開始融入食、

1. 台灣日治時期雕塑家黃土水 1930 年代表作〈水牛群像〉，為一銅版浮雕作品。
2. 台灣前輩美術家林玉山膠彩畫〈蓮池〉。
3. 台灣前輩美術家廖繼春的油畫〈有香蕉樹的院子〉。
4. 台灣前輩美術家陳慧坤的膠彩畫〈谷間之花〉。

衣、住、行的常民生活，例如餐具、服飾、家具、花轎。這時候，台灣移民社會的文化面貌逐漸呈現出來，同時也透過對於廟宇宗祠的精雕細琢與大費心力，表達對神明和祖先的景仰與禮讚，這些都成了台灣早期的視覺圖騰，並在數百年後成為珍貴無比的藝術資產。

　　而在純繪畫方面，因為受到源自中國明朝、清朝以來流行風尚的影響，這時期的台灣知識份子和文人雅士，大都能從事文人畫，所著重的是抽象的氣韻和意境的展現。最特別之處，是在畫幅上大片留白的地方，提上作者自己的詩或詞，以及在簽名下方蓋上一枚或數枚字形各異的印章，這在世界各地的繪畫作品中相當少見。以水墨、書法、篆刻為主的繪畫，雖然在早期因為著重於臨摹且缺乏內容的開發，逐漸失去創意的活力，不過，到今天仍是台灣視覺藝術中一種重要的媒材作品，在內容方面也日趨現代化、生活化，而有新的突破與發展。

　　二〇年代，日本殖民政府引進正式的西式教育，使得台灣視覺藝術發展邁向一個新的里程碑，自然寫實主義、野獸派風格、寫生、素描、油畫、新工藝等新的觀念與名詞，開始在台灣落地萌芽，進而打開了台灣近代美術的現代之窗。此後十年間，台灣知識份子及畫家不但連帶接觸到西方的現代思潮和文化藝術，也意外醞釀了在地社會的新文化啟蒙運動，這些堪稱為台灣第一代的藝術家，為台灣締造出近代美術創作的輝煌時期。

　　到了五〇年代，國民黨政府來台後旋即宣布戒嚴統治，水墨畫再度成為主流，各種藝術創作因為思想的箝制，顯得單調而貧乏，自由度也受到極大約束。直到六〇、七〇年代，台灣視覺藝術受到歐美現代主義思潮激盪、畫廊產業興起、在地主體意識萌發、文化覺醒運動等各種背景因素的影響，在壓

1. 林惺嶽作品〈黑日〉。
2. 劉國松作品〈月之換位之89〉。
3. 廖修平的版畫〈廟〉。
4. 黃心健的數位藝術創作〈墟〉。
5. 楊英風不鏽鋼作品〈天下為公〉。
6. 朱銘作品太極系列〈太極拱門〉。

抑及處處受限的情況下，隱約蓄積即將於十多年後迸發的創作能量，從而成就了台灣民間力量最生猛的八〇年代，使得視覺藝術隨著政治解嚴和社會解構，全面進入蓄勢待發的新歷程。

台灣當代視覺藝術由早先的純繪畫、純創作，到後來廣為人們所認同的「藝術表現不再只是純視覺的美感享受」，相當能夠顯示藝術家強烈的社會意識與改變企圖，而反映在藝術生態上最明顯的，就是自由的創作。藝術家們紛紛觸碰過去所不敢面對的議題，包括政治敏感、社會批判、文化尋根、時代性格等。

至於在創作形式及手法上，台灣當代藝術有著極為豐富的面向，包含了東、西方傳統媒材所發展出來的新繪畫、立體造形雕塑、空間裝置藝術、攝影及錄像藝術、身體行為藝術、總體觀念藝術、科技數位藝術等。純藝術之外，台灣在插畫、視覺傳達及平面設計、民俗藝術各方面，也無不展現特有的流行語彙及文化元素。

藉著短短三十多年所累積的這些驚人成就，台灣順應「藝術無國界」的浪潮，積極於國際間展開交流與對話。近年來，台灣透過在國內舉辦各項大展或藝術博覽會等活動，以及參加威尼斯雙年展、里昂雙年展、聖保羅雙年展等重要盛會，已經建構起國際接軌與互動觀摩的模式。

台灣的視覺藝術在不曾停歇的進行式中，於每個階段努力的承先啟後，並期待將台灣觀點和東方美學帶進西方的審美觀念中，在地球村時代關懷並欣賞異質文化與創意的趨勢中，做出貢獻。

三、溫馨多元的生活藝術

　　現代的台灣即是擺脫過去被殖民的命運，積極建立屬於自己的國家，從唱自己的歌、穿自己的衣服、寫自己的歷史、享受自己的好山好水開始，到活出自己的生活方式，吸引更多新住民來台生根立命，豐富台灣多元的生活樣貌。這些可以從食、衣、住、行各方面來了解。

（一）食的豐盛

　　1945年後，國民黨大軍隨行而來的三十五省佳餚，與在地食材的結合，尤其在八〇年代經濟起飛、科技發達的年代，台灣的農技科學改變了「吃」的藝術，成就了台灣美食，目前也進步到必須持食材認證，制定「美食質地及流程標竿化、國際化」等工作落實的階段。廿世紀末、廿一世紀初的台灣，可說是飲食的天堂，隨著新住民的落腳生根到處可見異國美食，例如泰國菜、越南菜、義大利餐、印度菜等，也開創出台灣特有的菜色，豐

亞熱帶海島型氣候的台灣四季盛產多樣性的水果，素有「水果王國」之美譽。

1. 新香米。 2. 紅蟳油飯。 3. 宜蘭三星蔥。 4. 烏魚子。

富台灣的味蕾。此外，吃的藝術已結合空間設計與茶藝，慢慢醞釀出屬於自己的風格。綜言之，台灣飲食文化之豐美已是全球之冠，若能加以包裝、空間設計上有所提升，將成為最吸引人的賣點，其他如「十二生肖宴」，有其特殊的意義與不同菜色，也是台灣飲食文化中的國寶。

（二）穿的藝術

由於族群的多元及科技的進步，台灣的衣著藝術呈現多樣發展。許多人一定不知道，2001年日韓舉辦世界盃足球賽時，很多國家選手所穿的制服布料，以及美國太空人所穿的高科技服裝質料，均是台灣製作的。

1.「鳥語花香」－ 2005「衣PARTY」。
2. 2008「衣PARTY」。
3. 第一屆台灣文創博覽會展示原住民創新服飾。

但因為我們專門做代工，沒有品牌，不僅利潤微薄，名氣也拱手讓人。因此，台灣除了利用高科技創出多功能的優質紡織品外，更應積極鼓勵藝術家、設計師加入創意團隊，以原鄉時尚的核心觀念，把自己的文化圖騰、民族精神，尤其是每個原住民族特有的精神象徵圖騰，轉化開創出符合現代趨勢的紡織品，進而更以此設計個人風格的品牌時尚服飾。

我們常問自己，台灣的代表服飾是什麼？透過2002年以來所舉辦的「衣Party」已累積了小小的成果，如果長年累月繼續開創下去，一定可以走出屬於自己的一片天。

（三）住的環境

　　歷經九二一大地震，每年夏季土石流的震撼教訓，全民回歸尊重大自然的理念，環保意識抬頭，加上愛鄉愛土之信念興起，全民朝向永續經營的目標前進。大都市的都市計畫，各鄉鎮的新風貌，成了施政重點及人民關懷的核心問題，而在老屋新修或新建築中，紛紛注入台灣文化的精髓以及老祖宗傳承下來的住屋智慧與工法，假以時日希望能改善住的環境，讓醜陋的市景換裝為生意盎然的有機綠園。

1. 台灣原住民傳統石板屋。
2. 桃園神社。
3. 台北市圓山飯店為傳統中國宮殿式建築。
4. 台北市濟南基督教長老教會為日治時期哥德式建築。
5. 台中市東海大學路思義教堂為台灣建築師陳其寬之傑作，考量台灣多地震而採用雙曲面的薄殼建築。
6. 台北市信義計畫區及地標台北 101 大樓。

南投縣溪頭竹廬

金門縣閩南傳統聚落珠山聚落。

（四）行的方便

　　由腳踏車、汽車、火車、捷運到高鐵，交通網絡方便安全。美中不足的是對行人的用路權不夠尊重，讓人民無法安心行走，這是需改進的部分。而「自行車」的製造，已成為台灣的品牌，遊走全世界。

1. 中華航空在台灣各大國際機場均有營運定期航班，航點佈及 29 個國家。
2. 台北 YouBike 微笑單車從 2009 年設置以來，逐漸成為廣受歡迎的綠能運輸工具。
3. 台灣高速鐵路 2007 年 1 月 5 日通車後，成為台灣西部重要的長途運輸工具。
4. 台鐵太魯閣號特快車，將台北至花蓮的行駛時間縮短為 1 小時 59 分。
5. 台北都會區大眾捷運系統為台灣第一座投入營運，也是規模最大的捷運系統，紓解台北交通長期以來的壅塞問題。

高雄港讓高雄市成為台灣第一個真正與海洋結合的都會。

日月潭「水社碼頭」的設計結構採用浮動式碼頭，可以泊滿數十艘遊湖用的遊艇與手划小船。

（五）育樂——流行音樂

生活育樂中，最受大眾認同及引以為傲的莫過於台灣的民謠及流行歌曲。日治時期的前輩創作者和年輕的音樂家，譜寫出許多膾炙人口的作品，如〈望春風〉〈杯底不可飼金魚〉〈收酒矸〉〈燒肉粽〉〈安平追想曲〉〈孤戀花〉〈鑼聲若響〉〈阮若打開心內的門窗〉等。二〇年代末期，上海流行的華語歌曲及國語歌曲已傳入台灣，例如由古倫美亞唱片翻唱之〈毛毛雨〉〈可憐的秋香〉等。

1945年國民黨戰敗退居台灣，使台灣的台、華語流行歌曲產生變化。1962年台灣電視公司開播之後，〈群星會〉節目的製作，培育了華語流行歌曲的第一個黃金時期，國語歌曲取代台語歌曲成為市場主流，風靡東南亞。七〇年代鄧麗君以她甜美的嗓音成為台灣、日本、香港、東南亞與中國所喜愛的的國際巨星，而鳳飛飛則以特別的演唱方式，建立台灣式的華語歌曲風格。七〇年代中期，由楊弦等知識份子發起的「現代民歌運動」，經由金韻獎和「民謠風」節目，孕育了影響台灣深遠的「民歌」運動。「民歌」運動不但造就一群創作型的歌手，也為華語流行樂壇注入一股清流。而在同一時期所產生的「鄉土」運動結合「民歌」運動之影響，使式微的台灣歌曲再度受到全民重視，累積創造台語流行歌曲今日的榮景。

八〇年代美國的搖滾樂影響了台灣，偶像團體興起，1987年解嚴後，林強的〈向前走〉，讓台語搖滾歌曲躍上檯面，充分反映當時年輕人的心聲。1998年底，全球五大唱片公司集體進駐台灣，以製造符合台灣、香港與中國等多元面向的歌曲為主，這種現象相對擠壓了在地流行音樂的發展空間。在台灣的華語歌曲國際化的同時，也即是它衰退危機的開始，幸好台灣歌曲漸受華人世界的青睞，可保持具「台灣」特質的音樂，也可以為華語歌曲尋回「台灣」的根。如此，才能在華語歌曲國際化、中國歌手崛起之趨勢中脫穎而出，例如台語歌后江蕙的〈酒後的心聲〉

台灣的流行音樂歌手

1. 鄧麗君歌藝精湛、外型溫柔婉約，她的聲音撫慰了一代人的心靈。

2. 「帽子歌后」鳳飛飛，其演藝事業橫跨歌手、演員與綜藝節目主持人。

3. 台語歌壇天后江蕙創下連續四屆金曲獎最佳台語歌曲女演唱人獎得主之殊榮。

4. 搖滾天王伍佰是兼具詞曲創作與製作才能的全方位音樂人。

5. 重金屬樂團「閃靈」為台灣在國際音樂界曝光度最高的樂團。

〈家後〉等,不僅受全台喝采,同時也風靡東南亞。此外,自1987年解嚴後再生的「客家民謠」「原住民歌曲」等,也漸漸受到重視,正在為台灣的流行歌曲儲備DNA之基石。相信不管是華語、台語、客語或原住民風的流行歌曲的發展,能因雄厚的台灣特質而得以繼續在亞洲的流行音樂市場居關鍵地位。

四、命運多舛的電影藝術

台灣的電影源自五〇年代的台語片時期,全盛時期(1955-1960年)片產達一百七十多部之多。1960至1970年間中央電影公司以健康寫實主義的製作路線,建立了台灣電影的新風格,代表作如《蚵女》《養鴨人家》,為台灣國語電影創下黃金年代。在健康寫實主義電影出現之前,台灣國語電影幾乎完全被香港電影壟斷,由香港電影所掀起的武俠、黃梅調風,席捲全台,而台語片在政府刻意打壓下,平均每年仍出產百部的成績。

八〇年代台灣新電影崛起,促進台灣電影的藝術化,關鍵在於中影啓用新人拍攝、劇本使用改編之鄉土文學作品,獲得好評,票房也好,其中以《兒子的大玩偶》為分水嶺。接著年輕新銳導演紛紛拍出形式新穎、風格獨特、意識前衛的新電影。這些導演以楊德昌、侯孝賢、蔡明亮等為代表,之後他們成為國際影展的桂冠寵兒,台灣電影遂成為世界影壇不可忽視的「國族電影」。而來自台灣、在美國執導的李安,以《推手》一片,以及其後的《喜宴》《飲食男女》《臥虎藏龍》《斷背山》《少年PI的奇幻漂流》等作品,贏得了兩座奧斯卡金像獎的最佳導演獎,成功的奠定了國際的地位。

台灣的電影並沒有因此走上平順大道,相反的一直處於困境中。雖然魏德聖的《海角七号》《賽德克巴萊》,以及林育賢的《翻滾吧!阿信》、

1. 李行導演執導的影片，連獲 1978、1979、1980 年金馬獎最佳劇情片獎，是台灣電影史上至今無人能破的紀錄。

2. 胡金銓導演原為香港邵氏公司演員，後兼任編劇及助導。第二部作品《大地兒女》獲得金馬獎最佳編劇獎。

3. 楊德昌導演被公認為台灣新浪潮電影重要先驅之一，執導的《恐怖份子》《牯嶺街少年殺人事件》都相當膾炙人口。

4. 侯孝賢導演被譽為台灣八〇年代以來最重要的導演。1989 年執導的《悲情城市》至今仍是最被廣泛討論的台灣電影之一。

5. 蔡明亮導演被公認為台灣電影第二次新浪潮的代表人物之一。

6. 李安執導的《少年 PI 的奇幻漂流》獲得奧斯卡金像獎最佳導演獎，以及三個技術獎項。

7. 蔡明亮執導的《臉》是法國羅浮宮投資拍攝的年度鉅片。

8. 侯孝賢執導的《悲情城市》探討二二八事件，奠定其在台灣影壇的地位。

9. 魏德聖執導的《海角七号》重新找回台灣電影的觀眾，再度刺激台灣的電影市場。

鈕承澤的《艋舺》、蔡岳勳的《痞子英雄》都爲台灣電影帶來曙光，但仍尚未啓航。其中關鍵之一是政府並未體認到電影是商業娛樂、也是文化藝術的特質，在WTO談判中未援引文化例外條款，喪失保護自己電影的契機，使台灣的競爭力盡失。在此情況下，台灣的電影工業、後置中心紛紛外移而造成了不可彌補的遺憾。在此我們深深體會到，錯誤的政策所帶來的傷害是多麼大。

五、文化主體的硬體空間

台灣在2000年以前已經有故宮博物院、國立臺灣博物館、國立臺灣美術館、台北市立美術館、高雄市立美術館、國立科學博物館、國立歷史博物館、縣市文化中心……等重要文化設施，但落實對台灣土地的認同與關懷、努力發揚並尊重台灣多元文化的館舍，卻仍然缺乏。

幸而在其後短短的十二年中，完成了許多建設，包括將原台南州廳修建爲國家台灣文學館，彙整、建立台灣文學；成立文化資產保存研究中心（現爲文化資產局的派出單位），爲後代子孫保留紀錄；爲庶民歷史定位的國立臺灣歷史博物館開館，給台灣人民認識自己的機會；非常具有台灣味、設備兼具現代性與國際品質的國立傳統藝術中心開張，保存、研究、傳承、發展傳統藝術；成立台灣音樂中心（後併入國立傳統藝術中心，更名爲臺灣音樂館），保留台灣原音；國立臺灣博物館重新開館，整頓典藏與史料，爲台灣自然史、人類史留下見證；整建國立臺灣美術館，肩負代言台灣美術史任務，展現台灣原色；普設地方文化館，把文化送到家門口；建立台灣鐵道藝術網路，例如台中20號倉庫、嘉義火車站藝術村、台東火車站倉庫劇場、新竹玻璃藝術館、屏東枋寮展場等，形成一個有活力的藝術網絡；規劃新十大建設，拓展國際前瞻視野，解決國內大型表演空間不足的窘況。

這一切讓台灣的歷史文化不再流浪，找到了心靈的家，也為後代留下珍貴的主體文化。

六、軟體經驗的培育

台灣這塊樂土，有哪一個族群可以與其歷史一樣久遠？除了原生野生動物外，我們所謂的原住民應該是第一批移民。世界上許多島嶼上的居民不也都是短暫寄寓後冀求永恆嗎？這其中的關鍵，就是我們的「心」是否與生長、生活的「土地」連結在一起。人親、土親、故鄉親，愛台灣是一條漫長的實踐路，這條路引領我們尋到心靈的故鄉。

（一）優質社區

社造，是種造人的運動。它試圖從最小的單元「社區」開始，希望每個人都能關懷自己的社區，熱心社區的公共事務，驅除鄰居之間的疏離感，建立共同治理機制，不僅讓自己的家庭美好，也能向外拓展讓社區也一樣美好。如果每個人都能以這份心力投入，就能凝聚社區的向心力，團結豐實社區的內涵，透過點滴力量的結合，翻轉台灣，並轉化成國家最紮實的競爭力，使台灣成為萬物安身立命的好所在。目前在台灣北、中、南、東各地共有兩百多個社區，其中有不少別具特色的領航社區，例如嘉義縣新港文教基金會（台灣社造的先鋒）、南投縣埔里桃米社區（台灣生態的萬花筒）、嘉義縣山美社區（原鄉版圖上的珍珠）、台南市金華社區（化腐朽為神奇的都市奇葩）、花蓮縣牛犁社區（以當下生活經驗生根累積的集體記憶）等。

（二）地方文化館

當我們環遊世界時，常常在不同國家的小城鎮，看到一些深具魅力的

博物館、文化館，其中有不少別具地方特色風格，以地方藝術文化爲展示內容的館舍，其規模雖小，豐富度卻令人驚豔。2002年文建會推出「地方文化館」政策，運用專案資源，由中央輔導地方政府及民間團體，以現有及閒置之公共空間爲基地，藉由建築整修、空間再造及軟體的充實，邀請地方專業團體及文史工作者，籌設具創意與永續經營的各類型文化館。

目前台灣已擁有四百多座地方文化館，不是精緻藝術的典藏展示中心，而是以地方之人、事、物、環境爲主軸，珍藏在地居民耕耘生活的經驗和成果的場所。地方文化館不僅讓在地人認識自己，也成爲外來遊客旅遊資訊中心，更是展現台灣瑰麗生態多元文化的櫥窗，例如台北市的西門紅樓、新北市的金瓜石黃金博物館、新北市的鶯歌陶瓷博物館、苗栗縣的華陶窯、台中市的葫蘆墩文化中心編織工藝館、台中市的台灣民俗文物館、高雄市的駁二藝術特區、屏東縣的獅子鄉文物陳列館、花蓮市的松園別館、台東縣的內本鹿布農文化生活館、宜蘭縣的蘭博家族地方文化館及蘭陽博物館等。

高雄市駁二藝術特區。

（三）國民戲院

電影是藝術的一環，也是娛樂之效，它深入人民生活之中，具有潛移默化的功能，直接影響每位人民的觀念和生活。台灣長期以來市場爲好萊塢電影霸占，長期的侵蝕，造成大眾漸失自己的生活觀、民族性和主觀價值。有鑑於此失衡現象，文建會在台北、新竹、高雄各成立國民戲院，由侯孝賢導演策劃，提供台灣的經典電影，供民眾觀賞，同時也播放主題式西洋電影，做爲比較與學習。

光點台北（台北之家）位於台北市中山北路精華地段，建築物爲前美國大使館官邸，活化成以電影藝術爲主題的藝文空間，並且爲國內電影創作者、文化工作者提供一個聚會交流的場所，在那裡有咖啡廳和餐廳，也設有誠品書店，專門販售電影相關的出版品，是座結合古蹟魅力與電影藝術，集傳統與創新於一體的創意空間①。

新竹市影像博物館爲電影文物典藏、展示、播放、研究及教育推廣的公共空間，傳承早期國民戲院時代的歷史文化體驗，形塑市民共有、共享的共同記憶；還可以看到七、八十年前體積龐大的電影放映機，以及台灣早期的各種電影，是座具傳統氛圍的懷舊館②。

高雄市電影圖書館。

光點台北。

新竹市影像博物館。

高雄市電影圖書館原本是國民黨民眾服務中心，破損不堪，文建會與高雄市政府合作，利用六個月時間，花費六千萬元重建，外觀以廢棄不用的 CD 光碟片裝飾，看起來金碧輝煌。它提供參觀者有關電影、歷史、值得紀念事物的多元綜合享受。一樓展示電影相關文物，二樓有視聽教室以及限館內借閱的片庫，三樓的大型放映室提供常態性的免費電影觀賞。電影圖書館旁邊就是愛河，因此也設置石桌椅，成為戶外電影院，假日的時候，電影圖書館裡外都是人潮。因為高雄市政府免費提供學生參觀，因此學生的使用率相當高，文建會也提供兩千七百部電影做為教學使用，可說是經營非常成功的文化館③。

（四）公共圖書館

2003 年行政院在「擴大公共建設方案」中編列十六億元的預算，規劃了「公共圖書館強化計畫」，責成文建會和教育部共同執行。計畫中，文建會負責兩個子計畫，包括「公共圖書館空間與營運改善計畫」，以及「公共圖書館自動化及網路系統架設計畫」，由國立台中圖書館承辦。計畫之始，為了讓各鄉鎮提報的「公共圖書館空間及營運改善計畫」能達到經費花在刀口上的目標，在規劃階段，延請了九十六位評審成立了「診斷團隊」，深入各鄉鎮，實地了解當地公共圖書館的問題、可塑性和未來性，實地教導協助。從成果看來，每所經過「公共圖書館強化計畫」改造的地方圖書館，除具有基礎知識庫的功能外，都能呈現當地的地方特色，與社區民眾之間的隔閡也逐漸消除，有對症下藥的效果。

台北市的北投圖書館以「生態保育」為館藏特色，大型樹屋的綠建築，四周有公園、溪流，大片的落地窗使得圖書館內外景色相融，戶外木棧道的鳥類觀察平臺，是閱讀自然的絕佳基地。雲林縣的古坑圖書館近年以台灣咖啡備受矚目，古坑圖書館也以咖啡的相關文化與知識做為收藏規劃的方向，樓上陽台的咖啡雅座，為民眾閱讀後的最佳休憩場所。宜

蘭縣的壯圍圖書館位居偏遠地區，卻擁有閒適的閱讀環境，縣籍作家、畫家以及鄉內農特產品，豐富了館藏資源，也是人親土親的好所在。

新北市的鶯歌圖書館，以鶯歌本地的陶瓷產業相關著作，做為主要典藏方向，讓所有想要搜尋陶瓷知識的人，第一時間都會想到去鶯歌圖書館找資料。台中市的石岡圖書館，是一座兼具社教、藝術、民俗、休閒等功能的綜合性地方文化中心，戶外園區景致幽美，近年來結合石岡農會碾米穀倉，成立土牛客家文化館，成為石岡的生活重心。彰化縣的和美圖書館，以養生書籍、地方鎮志、藝文書籍為館藏特色，有如同居家客廳的舒適閱讀空間，二樓陳列當地約兩百餘件的農具民俗文物展品，讓老人家如數家珍地對孫兒們回憶往日時光。

台南市的國立臺灣文學館兒童區，以從小培育閱讀習慣為圖書館的任務，處處可見為親子精心設計的小角落，孩童們可以隨手拿起架上的兒童書籍，與爸媽一起輕鬆的靠在座墊上徜徉世界文學。高雄縣的湖內圖書館是湖內人的大書房，戶外有表演舞台、影像廣場、水景和光廊，2005年曾榮獲南台灣「公共景觀建築園冶獎」，成為湖內新地標。

花蓮縣的鳳林圖書館建築外觀即採用當地的菸樓造型，頗具特色。菸葉是日治時期引進花蓮地區的經濟作物，菸樓是貯存及燻烤菸葉的建築物，花蓮鳳林是全台菸樓最密集且保留較完整的地區。宜蘭縣的南澳圖書館麻雀雖小五臟俱全，充分展現泰雅族的生活特色與智慧，案上的擺飾是泰雅族的主要糧食——小米，兒童區以瞭望台為造型，小藤椅是泰雅族的竹藤編，吸引讀者進入，享受其書香與文化氛圍。

第四節
創意台灣

　　全球化浪潮席捲下，世界各國的在地化工程也相繼展開，紛紛以文化及科技衍生而來的附加價值，積極提升文化產業在國家發展的地位和國際間的影響力。2002年行政院核定「挑戰2008：國家發展重點計畫（2002-2007）」，目標為「開拓創意領域，結合人文與經濟發展文化產業」。當時，台灣經濟面臨高度工業化後，既有的大規模製造業生產型態已逐漸失去競爭力，必須開創符合知識經濟時代新的經濟發展策略，因此將過去經濟發展政策中，較被忽略的文化列入經濟發展模式之中，開啟經濟、社會、環境與生活共生的新創意時代。

　　台灣有豐富的文化土壤，可以孕育創意的種子，而創意的研究與作品，更可以帶給我們幸福的感覺、吸引世人驚豔的目光。近十年來，台灣展現由「台灣製造」躍升為「創意台灣」之姿，迎向未來。

一、文化創意，台灣長虹

　　台灣是一個民主國家，在近六十年教育普及的薰陶下，養成人民勇於自我表現的性格，源源的創意成就許多生活上的改變。例如「國宴陶器旗艦計畫」邀請書法家、建築師、平面設計師、畫家、陶藝家等共同討論發想，由台灣的代表圖騰及文化意象，如金魚、蝴蝶、竹子、書法、古地名天圓地方等，萃取設計靈感，完成十套國宴餐具，並接受政府機構和民間的訂購，此外也與民間餐廳共同開發個性陶藝餐具，促進平價餐廳生活飲食美學的提升。

1. 蜻蜓雅築帶動部落婦女投入排灣族珠藝傳承，將文化特色藝品普及化。
2. 台灣原住民木雕酒杯，多在婚禮中使用。
3. 運用八家將圖像元素設計之圍巾，呈現華麗卻內斂的民俗幾何之美。
4. 排灣族的巫瑪斯為了尋回失傳已久的傳統琉璃珠製法，不斷找尋創作靈感。
5. 珠寶設計師曾郁雯作品「蝴蝶蘭胸針」。
6. 原住民工藝創作者連美惠以自創品牌「Yuli Taki」之太魯閣族風格織布與包包聞名。

　　台灣的紡織和成衣產業曾經締造輝煌的榮景，後來卻日漸沒落，成為夕陽產業。事實上，如果能將台灣的文化元素融入服裝時尚，將會帶來新的發展契機。因此文建會與工業局、紡拓會、設計師協會、布料廠商攜手合作，舉辦設計師激盪營、海外觀摩，並著手開發布料、設計服裝，先後於2002、2003、2004至2010年舉辦「台灣衣Party」活動，每年發表新裝將近兩百套，希望經過時間的沉澱，未來能進一步形塑台灣自有的服裝容顏。

　　「金工寶石振興計畫」結合匠師與珠寶設計師，以文化做為創意發

1. 運用台灣青色彩設計的鋼筆與手札。
2. 運用前輩藝術家陳慧坤畫作設計的「金玉滿堂一壺五杯中式茶組」。
3. 林磐聳設計的國宴餐具「戲夢人生系列」。
4. 國家交響樂團「玫瑰騎士歌劇紀念杯組」。
5. 由國際設計巨星 Konstantin Grcic 與台灣竹藝大師陳高明合作，設計出
世界上第一張竹製的懸臂椅，是台灣竹藝近年最具代表性的作品之一。

想，振興台灣的金工設計產業。例如有業者以台東縣卑南遺址出土的玉器、新北市十三行遺址出土文物圖騰來設計胸針，這些帶有台灣文化意象的飾品，顯得現代而高雅，經常成為送給外賓的禮物。

二、國際台灣，百花齊放

創意迷人的台灣，也積極透過文化事務與國際接軌，由中央定期舉辦的國際盛會，包括「台北雙年展」「亞洲雙年展」「台灣雙年展」「台

1. 2010 年台灣國際藝術節「未來之眼」。
2. 台灣國際紀錄片雙年展。
3. 強調「生活化」，擴大為全民運動的第三屆台灣國際讀劇節。
4. 2012 宜蘭國際童玩藝術節，來自塞爾維亞的塔里佳民俗舞蹈團。
5. 高雄市貨櫃藝術節一個名為「火柴盒小汽車與鐵金剛左腳」的創作吸引參觀者的目光。

灣國際版畫及素描雙年展」「台灣國際紀錄片雙年展」「台灣國際陶藝
雙年展」「台灣國際讀劇節」等國際活動。

其他在地方各縣市舉辦的小型國際藝術節，經過多年經驗累積，早已
百花齊放，各自爭鳴。例如宜蘭國際童玩節、花蓮石雕藝術節、新北市
鶯歌陶瓷嘉年華會、桃園航空藝術節、屏東黑鮪魚文化節、高雄鋼雕藝
術節、高雄貨櫃藝術節、雲林偶戲藝術節等，不僅帶動地方文化節慶的
活絡，也讓參與的外國團隊深入台灣各地，體驗台灣不同的風土民情，
並達到彼此交流、建立友誼的目的。

1.「熱浪搖滾－2005年貢寮國際海洋音樂祭」。
2.台灣表演團隊參加法國里昂國際藝術節留影。
3.台北越界舞團在泰國國際書展演出《默鳥》。
4.無垢舞團在亞維儂藝術節演出《醮》。
5.文建會亞太傳統藝術節，來自印尼的表演團體。
6.2004年「德藝百年－德意志藝術的黃金年代，柏林國家博物館珍藏展」。

　　除此之外，許多國際巨星和知名表演團體也先後應邀來台演出，如馬友友、多明哥、卡瑞拉斯、倫敦愛樂、維也納愛樂、柏林愛樂、紐約愛樂、基洛夫芭蕾舞團等。由於國際文化交流的蓬勃發展，吸引代表不同文化的大型展覽來到台灣，例如「慕夏新藝術」「德藝百年」「黃金印象——法國藝術之美」「農情楓丹白露——巴比松畫派」「文明曙光——美索不達米亞兩河流域文化」「印度文化」「非洲文化」「古埃及文明」「亞太傳統藝術節」等，這一切都帶給我們豐美的藝術饗宴，充實了精神生活。

三、迷人台灣，魅力無窮

　　台灣的迷人風采，在白天有便捷的交通工具，方圓之內美食、美衣、美生活，博物館、美術館、文化館都在半小時的路程以內，大街小巷別具風格的創意商店比比皆是。個性化的咖啡館、茶館更是結合了空間設計、氛圍設計、親切服務，以及文化意念，豐富了每個人的生活。到了夜晚，文化生活不打烊，二十四小時的良好治安，當然是一大關鍵。另外值得驕傲的是，廿一世紀的台灣，「當志工」成為全民運動，濟弱扶貧、投身環保文化，更參與國際賑災，形成志工社會。

　　有愛、有品味、安全便利、有創意，這就是台灣品牌。所以想要深度了解台灣生活風情的觀光客，除了白天的觀光路線，晚餐之後可以到台北市區的兩廳院或新舞臺看表演，然後到木柵貓空飲茶或是唱卡拉OK，午夜之後逛誠品書店，半夜三、四點再到復興南路吃清粥小菜，清晨時分到公園看早起的民眾打太極拳，八點回旅館休息。此外，特有的夜市以及新近興起的夜間賞櫻活動，都為台灣的夜晚妝點絢麗的色彩。

2013台灣燈會「台達永續之環」全景。　　　　　　　　放風箏是小朋友喜愛的休閒活動。

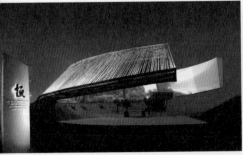

1. 中華棒球代表隊獲得2006年杜哈亞運棒球賽冠軍。
2. 2012年台北國際電腦展。
3. 逛夜市品嚐各式小吃,是台灣特有的飲食文化。
4. 台北市「青康龍」區著名的「青田七六」原為馬廷英故居,現改為充滿文化氛圍的場所。
5. 二十四小時不打烊的誠品書店。
6. 台灣茶聞名世界,素有「茶葉王國」美譽。
7. 霹靂布袋戲。
8. 電音三太子。
9. 簡單生活節。

從麥帥二橋（彩虹橋）欣賞台北 101 跨年煙火

燈籠。

第五節
台灣本色

　　在常民生活中處處可見洋溢幸福快樂的「台灣紅」、環繞生活四周滋養生命的「台灣青」，以及代表台灣宗教信仰、民俗節慶的「台灣金」，正好合稱為「台灣本色」。

　　「台灣紅」和「台灣青」經過多年的推展，已經很自然、強而有力地和人民之生活交織在一起。現在，代表國家出國展演的藝術家、藝術團體及首長們，在出國的禮品中或展演內容中，經常可看到這兩種色彩的相關設計，以及背後所代表的精神。「台灣紅」和「台灣青」已深植在台灣人的心中，代表台灣品牌走向世界。而「台灣金」除了是台灣風土事物的代表色彩，更象徵一種踏實的、穩健的、耀眼的智慧光芒，是屬於台灣的精神展現。「台灣紅」「台灣青」「台灣金」的推展過程，是經由原創的文化和創意來行銷台灣，塑造台灣的品牌形象。換句話說，從在地資源中找到的一個具有台灣味、台灣社會記憶中的要素，就有機會成為驅動發展的內涵，而台灣的顏色就可以根據這樣的脈絡發展出來。

　　以色彩來展現台灣之美的創意並不是空前，過去在國際上已有成功的案例。例如紅、藍、白之於法國，紅、黃、黑之於德國，所以，以色彩來代表國家，是需要文獻基礎及巧思的。2012年倫敦奧運期間，來自各國的選手都將他們自己國家的顏色穿在身上。中國的選手無不各個穿紅穿黃，瑞士的選手以鮮紅和搶眼的白色對比展現，而我們呢？台灣難道沒有自己的顏色，只能穿上灰色的制服嗎？不，台灣是一個山明水秀、人民熱情、民俗慶典莊嚴又神聖的國家，讓我們一起在「台灣紅」和「台灣青」的基礎上，找到表徵台灣精神的「台灣金」。

一、台灣紅：台灣的豔光

（一）桃紅色的文化魅力

「美感」即是「美的感覺」，它是透過視、聽、嗅、味、觸等五感所體會出的優美經驗。我自己也許因為父親是畫家、母親是音樂老師的關係，自小耳濡目染，對於色彩和樂音特別敏感。記得從襁褓時期一直有件陪伴著我長大的桃紅色毛衣，可以說是我對色彩的啟蒙。聽母親提起，那是慶祝我彌月時，師大老校長劉真先生送來的桃紅色毛線。我出生時期的台灣，正值二次世界大戰後的困頓歲月，生活用品十分拮据，這兩打毛線球可是十分珍貴，母親的巧手就這麼一針一針的為我織成毛衣。隨著我的成長，母親一路拆拆打打添上新線，在那崇尚儉樸的時代，她還發揮創意，以原有的桃紅色毛線為襯，搭配白色和深藍色毛線，加大尺寸。而這件毛衣就陪著我一直到小學三年級的歲月。那樣別緻的衣服唯我獨有，穿在身上自然覺得驕傲得意，尤其它載著母親滿滿的愛心，而這份桃紅色的幸福，竟是形成我審美概念的伊始。

十六歲時我遠赴巴黎留學，投入音樂的世界。在學習的過程中，法國的作曲家奧立佛‧梅湘（Olivier Messiaen）是我在國立巴黎音樂學院「樂曲分析」課的老師，他的第一堂課就告訴我們，視覺藝術中的各種色彩，和音樂中的音色之層次是相通的，他要我們想像每一個音符代表的色彩。有趣的是，受到文化背景、個人經驗的影響，同一個音符給予每一個人的感受大不相同，老師說這是很正常的現象，正因每個人的感受不同，創作才能千變萬化。這一席話，改變了我的視野，也打開了我的心靈世界，五線譜上跳躍的音符有了色彩的點綴，憑添無限想像。也許，貝多芬在自然界中散步，感受到田園之美，回家完成了〈田園〉交響曲的記載，也是這種感受的印證吧！日後我在彈奏德布西的〈帆〉〈沉默的教堂〉，眼前就浮出印象派中莫內（Monet）、馬內（Manet）的畫作；

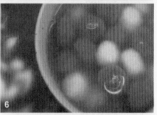

1. 喜氣洋洋的台灣紅。
2. 運用台灣紅色彩開發的文創商品。
3. 壽桃。
4. 董陽孜書法。
5. 春仔花。
6. 湯圓。
7. 紅蛋。
8. 台灣花布。
9. 台灣紅糖罐。
10. 台灣紅提包。

5

6

7

8

9

10

而每每彈奏法國作曲家佛瑞（Gabriel Faure）的作品，不論夜曲、船歌、前奏曲、即興曲等，我的腦海經常浮現出桃花紅的色彩，而它獨具的和聲，更讓我有滿滿的感覺。

音樂無須畫筆即能創造繽紛，更遑論以色彩為工具的美術創作。看著父親畫作中經常可見的朵朵桃紅，或作主角，或是烘托配色，都讓我驚喜不已。父親並不是將桃紅色入畫的特例，瀏覽台灣美術史，不難發現許多前輩畫家的創作中都有此豔色，如顏水龍的原住民畫像、蘭嶼風景等系列創作，或是素人畫家洪通筆下的台灣鄉土風情等，這一切在在印證著桃紅色的文化魅力。

（二）尋找台灣紅

2000年，我很榮幸地被任命為文建會主委，也在2002年6月提出「文化創意產業」政策。2003年春天，我率團遠赴北歐、英、法考察，出發前即嘗試以桃紅色為此次出訪的概念色，強調台灣庶民生活及廟會盛事的熱情與熱鬧，描繪出清晰的台灣形象，做為介紹台灣的指標。所以這趟行程所有的資料、禮品或服飾，都刻意以圖像和色彩象徵出台灣的喜氣和生命力。此舉未料受到各國文化單位及國際友人的青睞，讓我受到很大的歡迎及鼓勵。丹麥文化部長甚至問我：「這是台灣的代表色彩嗎？」這一句話，肯定了我內心的想法，決定回國後深入研究「桃紅色」成為「台灣紅」的可能性策略。

2003年初，我們開始尋找「台灣紅」的因子，透過許多文化創意工作者、設計家、藝術家、作家、企業家、民俗及生態專家學者之眼、之手、之心，漸漸凝聚出這片台灣特有的豔光。我們找尋到在自然的生態中，春天的杜鵑花、夏日的荷花、秋天的九重葛，以及春天的緋櫻，不正洋溢著滿滿的愉悅與青春？在生活的細節中，更是處處都可感受到桃紅色在台灣社會中的魅力，例如蛋煮熟後，一般將其浸泡在俗稱紅花米

的稀釋水中，撈起來就成了紅蛋，其中的桃紅色代表著喜慶、吉祥，而蛋則取其圓滿、新生、繁衍和生生不息的榮象意涵。如此潤紅的簡單幸福，鋪陳生命的厚度，正迎接一場人生的盛宴。耆老靦腆的臉，笑容跟壽桃一樣，直說長壽祕訣就是樂天知命吧！那一顆一顆桃紅色的壽桃正散發生命的意義，而壽桌上長長的麵線，煮熟前也穿著桃紅色的包裝，在人生重要的壽宴上，「台灣紅」象徵「長命百歲」的人生歷程。一對情侶在眾人祝福下訂婚了，媒婆頭上插了朵桃紅色的花，親友們也為他們準備了桃紅色的鴛鴦被，接著在結婚典禮中，大夥一口又一口吃下桃紅色湯圓，祝福新人白頭偕老，而自身也沾滿一身的吉慶。春節期間神桌上的春花、焚香祈福的香袋、金紙、桌前的八仙彩、元宵提燈，以及阿嬤時代傳統常用的棉被套、衣服的紋飾、捏麵人的色彩、剪紙……，都是來自民間生活的台灣紅豔。

這樣洋溢喜悅幸福的色彩，伴隨著我們走過漫長的歲月，在食、衣、住、行之中，在宗教信仰、民俗禮節之上，處處可見。因此，以「台灣紅」來代表人文是最恰當不過了。沒想到，這個概念在2004年春節一推出，受到所有人的認同，每個人都心領神會地豎起大拇指說「讚！」於是，由一群有心人士持著一顆敏感的心，以微觀的角度切入宏觀的視野執行，從日常生活的體驗、生命的感動，轉化象徵成代表台灣的色彩，「台灣紅」（色號M100 Y10）就此問世。

（三）台灣的品牌

接著，我看到台灣藝術家林明弘的作品，在文建會提出「台灣紅」的同時，也以「台灣紅」為核心主題，創作了無數的作品，並在國外掀起熱潮，可見他在更早就體會了「阿嬤的花布」所意涵的生命意義。巧合的是，我們幾乎在同一時間發表了這項概念，而這項巧合也說明了台灣人早將「台灣紅」融入每個人的生活生命中。當然，在各個單位認同

這個迷人的色彩概念後，目前處處可見「台灣紅」的蹤影，它所散發出的喜悅、甜蜜、樂天、長壽、知足、豐收、長紅、財運、瑞氣、寶貴、錦繡、繽紛、風華、歡喜、滿意和幸福，不僅洋溢在湯圓、紅蛋、壽麵上的紅紙、傳統的棉被套之中，更積極在經過符合現代趨勢的設計下，運用在食、衣、住、行各方面的生活產品及各式宣傳廣告、視覺藝術創作、表演藝術創作及各類精神象徵中，甚至連世界品牌LV在中正紀念堂前的年度發表會、代表國家外出展演的藝術家及藝術團體、外交部對外的禮品，都可以看到強而有力的「台灣紅」燦爛地發光發熱。2010年上海世界博覽會台灣館的外觀投影，也採用台灣花布為意象，象徵台灣人的奔放與熱情。「台灣紅」成為台灣視覺意象的流行色彩，也代表台灣的幸福與熱情。在數年的推展之後，現在我可以驕傲地說，台灣紅已成功的代表「台灣品牌」，存在國際及台灣人民的心中了。

二、台灣青：台灣的山水情懷

2007年，我擔任國家文化總會秘書長時，歷經了「台灣紅」具體的成果之後，再度以微觀的角度切入，以宏觀的視野執行，展開台灣色彩的探索行動，為台灣多樣性的自然生態找到台灣山水的顏色 —— 台灣青（C100Y50）。台灣有迷人的多樣性自然生態，也應該有個代表色，就這樣一個念頭，我們再度展開探索行動。有一次我搭乘飛機飛越台灣島，猛然俯瞰，呈現眼前的是山巒疊翠、綠油油的美麗之島，島的四周環繞著一片湛藍的海洋。就在迷人的美景中，看出上帝巧妙的安排 ——在海陸交界處，透過金色陽光的照射，有一輪神奇的清澈鮮明的翠青色，內心很篤定，它就是我們尋找的台灣山水之色「台灣青」。

「台灣青」的蹤影不僅在台灣的四周，離島例如蘭嶼、澎湖、龜山島、綠島等島嶼的四周，以及深海中蝶魚生長環境，甚至廟宇雕牆中或

1. 龜山島。
2. 纏花。
3. 天地杯。
4. 青史茶。
5. 枕心墊。
6. 山海織。
7. 朵雲盤。

日常服飾刺繡中，處處可見。它有如一首山海交響詩，環繞我們生命成長的深處，訴說心靈中的「青」和自然生態的「青」。「青」在意象上讓我們覺得充滿青春與活力，精神上則是代表山川海洋那種生生不息、綿延不絕的力量，而這些特質正是台灣自然生態最佳之代言色彩。於是，2007年國家文化總會舉行記者會，宣布「台灣青」的誕生。

　　雖然其他國家的島嶼也有類似台灣青的顏色，但以台灣青為台灣的顏色，可視為一種海島國家內涵的宣示，代表四面環海的台灣擁有令人讚嘆的豐富海洋生態，也希望可以從台灣青的概念創造價值，進而將價值反饋成知識與土地認同。從認同台灣島嶼與海洋間的自然豐翠色調的過程，可以讓我們心胸更為奔放自由。從親山樂水之中，可以重返海島國家、尋回海洋民族生生不息的活力、熱情，和勇於冒險的海洋性格。而以「台灣青」開發的產品有茶葉盒、坎肩、提袋、燈罩、雲盤、纏花胸針、抱枕、筆等十多項商品。其後，漸漸也出現經由民間認同後所表現出來的運用成果，例如玉山銀行的形象包裝、服裝界以此為主題所舉辦的主題時尚秀，以及食、衣、住、行中的日常用品和空間設計氛圍等。這一切凝聚了台灣的山水情懷。

三、台灣金：台灣的堅實和精采

找到「人文」與「自然」的品牌色彩之後，在一次偶然的行旅中，我又燃起尋根尋色的意念。

2007年9月，高雄市長陳菊女士邀請我擔任2009年高雄世運開閉幕式的藝術總監，開啓了我持續一年多、每星期以高鐵一日往返南北的生命經驗。有一次高鐵行經嘉南平原，一望無際成熟的稻穗在陽光下、在微風中閃爍波動，隔著密閉的窗戶，我甚至聞到了稻香，內心一陣悸動。這不就是「台灣」嗎？這一種強烈的感覺，又驅動近三年多的思考和探索，決定在2012年底，以不同於「台灣紅」「台灣青」的操作經驗，邀請全民參與，以草根的力量，打破藩籬，將潛藏的行爲與記憶多樣性彙集，全民齊心一起尋找台灣人民心目中的「台灣金」。

生活中，不僅金黃的稻穗，還有許多黃金農作物，例如台灣番薯，雖然是外來食物，但形狀似台灣，外土內黃，看似不起眼，卻曾經是我們早期先民的主要糧食，帶著吃苦耐勞的本色。台灣的茶葉、樟腦油、蔗糖（滿清時期的台灣三寶），曾經是台灣主要出口大宗，也是吸引先民從中國沿海冒險渡海來台工作、落地生根的主要因素。日治時期爲台灣賺取外匯的滿山有如金礦般的香蕉，據說是近年運動家或需要快速補充體力者，最佳且最方便使用的食糧。還有，四季供應我們日常生活享用的豐美水果，如枇杷、鳳梨、芒果、柳丁、龍眼、熟透的楊桃以及苗栗曬在穀場的紅柿、台東關山的油菜花田、花蓮六十石山的金針花海、宜蘭的金桔子，甚至號稱台灣黑金的烏魚子、觀光客喜愛的伴手禮鳳梨酥、夏天消暑飲品愛玉、台灣啤酒、粉粿，外國人又愛又恨的臭豆腐……，不都是物質生活中的台灣金嗎？

如以人民的宗教信仰及生命禮俗來探討，金光四射的北港媽祖廟、金面金身的媽祖、燒王船的科儀祭典、刈香時的行頭、遶境時所用的金

紙，不都處處現「金」嗎？而這些「金」是信眾與神明之間的溝通方式之一，也是敬神、祈福與避邪的最誠摯表現。其次，說到農曆春節時處處可見的金元寶、金幣、春花；端午吃的粽子、龍眼；中秋的柚子，在在表現出台灣過節氛圍間所自然而然流露出的，帶一份金的貴氣。還有訂婚、結婚時的定情物──金項鍊、金手鐲、金戒指、金牌，坐月子時吃的麻油麵線，送給新生兒的金鎖鏈、金手飾、金生肖，彌月時吃的油飯，小孩四個月收涎儀式掛在脖子上的餅乾，長輩祝壽時贈送的金飾……台灣民眾生命中的重要或歡樂日子，代表富貴、吉祥、希望的「台灣金」蹤影，幾乎無所不在。

　　精緻的藝術創作與各領域的發明，也有「台灣金」的意涵。以科技類、工業類為例，我們發現台灣人民的「金」頭腦，例如誠品、雲門、無垢、優人神鼓……等享譽世界的優異品牌，又如「晶片」中所運用的金材質，再如台灣年輕人在奧林匹克科技、數學各項競賽中所獲得的發明獎、青年設計師在全世界四大工業設計獎項「Red Dot」「IF」「G-Mark」「IDEA」獨占鰲頭，年年獲獎。這一切的「金頭腦」不也是「台灣金」的智慧展現嗎？而台灣金、金台灣所代表的品牌內容，正是世人所未識的「真台灣」，也是「台灣金」所代表的，屬於台灣人踏實、穩健，「真金不怕火煉」的精神。

1. 林惺嶽作品《旱季的金門》。
2. 曬柿餅。
3. 金碧輝煌的北港朝天宮。
4. 金色的臺北 101 大樓避震球。
5. 花蓮六十石山的曬金針花。
6. 黃澄澄的香蕉。
7. 金黃色的芒果冰。
8. 金黃色的鳳梨。

桃園縣新屋稻田金黃色的稻穗結實纍纍

台灣社區營造的經典案例

陳郁秀撰文

◎台灣社造的先鋒——嘉義新港文教基金會 ④

　　嘉義新港文教基金會堪稱台灣社造的先鋒，早在政府提出社區總體營造政策前，就已經用社造的精神，集結鄉人，凝聚在地的力量，響應參與文化活動。

　　1987年小鎮醫師陳錦煌（曾擔任行政院政務委員），帶領新港人用實際的行動支持在地子弟林懷民的回鄉公演活動，也因此激發在地精神的萌起，自發性地以民間的力量，出錢出力創立新港文教基金會，以改善社會風氣以及提高生活品質為目標，來建設新港老鎮。二十多年來，透過基金會的運作，新港從藝文展演傳承、設立圖書館推廣閱讀風氣、投入新港歷史研究及推動古蹟保存、鄉土教育學習、淨土環保永續，到拓展視野開啟國際交流……等，不斷地開闊社造的範圍，成為社造的重要典範之一。

　　嘉義新港文教基金會縝密的義工網路、義工制度，成為社區的寶貴資源，義工們的精神形成社區總體的靈魂。值得一提的是，基金會所舉辦的「國際藝術節」，曾發動社區居民接待外賓住宿的行動，展現了全球化的胸襟。另一方面，基金會也策劃媽祖出巡遶境後的「淨土」活動，賦予傳統民俗節慶活動新的社會文化意涵，有效地深化了社區的公民意識，展現同時將全球化和在地化兩股力量結合的成果。基金會長期的實踐，改變了新港，也為整個台灣社會走出一條永續經營的新道路。（資料來源：嘉義新港文教基金會）

◎台灣生態的萬花筒
──南投埔里桃米社區⑤

桃米社區位於南投縣埔里鎮南方，是中潭公路往日月潭的必經之地，區內林木扶疏，綠意盎然，蜿蜒的桃米坑溪、種瓜坑溪及大小支流，孕育出多樣的自然生態。這個美麗的小山村在九二一大地震時幾乎被夷為平地，災後在「新故鄉文教基金會」的努力下，結合政府、企業、學界、在地專業團隊及居民的力量，從家園母土中找到新生契機，將這個傳統農村在十幾年間轉型為一個結合有機農業、生態保育和休閒體驗的教育基地，而同時進行的產業、社區生活環境、生態環境的營造，讓桃米社區重生。

桃米社區的面積不大，但物種密度卻高，據調查全台二十九種蛙類，在此可以見到十九種；全台一百四十三種蜻蜓，在此就擁有四十二種；全台一百五十種鳥類，在此可欣賞到五十八種，加上社區低度開發，四處仍密布森林、河川和溼地，堪稱具多樣性生態生物優勢的寶地。如今桃米社區已開發為全方位的生態休閒區，由在地居民們重建經營，拯救了陷入

南投縣桃米生態村。

2008 年 1 月 25 日在桃米生態村，由新故鄉文教基金會舉辦的 Paper Dome 千人立柱活動。

災難中的好山好水，使其恢復美麗的面貌，成為生態的萬花筒，一個快樂、自然、平和的園區。

2006年社區舉辦的「愛與互助」日本紙教堂（Paper Dome）在台灣再生的國際行動，更將地球村的深刻意義注入經營的精神中。Paper Dome是日本阪神地震後，社區居民用大家的雙手，合力以「紙張」為質材所聳立起來的精神教堂，在災後慰藉了無數的災民，十年後功成身退，新的教堂即將興建，而此時台灣的九二一災區居民，以雙手擁抱並以雙手將其在台灣重建再生；這一切象徵兩國人民以愛和互助的精神，將人和人、社區和社區聯合在一起，意義深遠且令人動容。（資料來源：新故鄉文教基金會）

◎原鄉版圖上的珍珠──嘉義山美社區[6]

達娜伊谷溪是曾文溪上游的支流，全長十八公里，源頭從海拔二千多公尺之高度陡降至五百多公尺，四周布滿奇岩怪石，也為溪流帶來豐富的生態。位於阿里山南麓達娜伊谷溪畔的山美村，是鄒族部落的原鄉，村中的達娜伊谷（鄒族人的聖地）也是國寶魚「鯝魚」的故鄉。達娜伊谷曾經面臨過度開發、濫捕魚蝦、汙染水源等生態浩劫，所幸，當地山美居民自發性地以集體合作的機制，建立自律性的公約制度，他們遵循傳統古老封溪護漁的方式，全村投入生態保育的工作，歷經多年封溪保育，目前魚兒成群水中游，溪谷回復潔淨與昔日旺盛的生機。

1995年，此處成為台灣第一座民間自然生態公園「達娜伊谷自然生態公園」，並成為許多人嚮往一遊的新桃花源。此榮景雖為居民帶來經濟上的自給自足，但面對觀光人群驟增的壓力，尤其在2009年社區遭莫拉克颱風重創嚴重毀損，居民們面對的是「人與自然」雙方面嚴苛的考驗和挑戰。然而，在政府、民間企業的協助下，勇敢的山美居民擔負起重建工程，並已重新開園迎賓了。（資料來源：山美社區發展協會）

嘉義縣阿里山山美村鄒族歌舞表演。　　　　　　　嘉義縣阿里山山美村達娜伊谷。

◎化腐朽為神奇的都市奇葩──台南市金華社區⑦

　　金華社區所在地以前是一大片靠海的荒廢鹽田，政府在此興建國宅，並在1988年成立金華社區。二十多年前一件綠地開發案，意外激發出社區的凝聚力。原來居民們為搶救這塊公園預定地不淪為其他用途，陳情二十七次並曾展開激烈抗爭，台南市政府最後尊重民意，還地於民，並由社區自發性的募款集資，靠著自己的力量，建立起社區第一座「金華公園」。二十多年來，占地千餘坪的金華公園中所聳立的每一棵樹木，均由居民認養照顧，而社區也以企業「永續經營」的理念建立制度，聘請一位專職人員掌管行政。

　　除公園管理外，積極將金華里的街角、畸零地、髒亂的違建，整頓為停車場、綠地及花園等，並催生出景致優雅的「觀心園」。停車場可開闢財源，綠的花園除了形成社區的中庭空間外，兼具生態苗園的功能。值得稱頌的是社區協商多處私人用地，打造成鄉土文化館、文化園區，成功地建立了「樹苗銀行」的成果，創造商機增加收入，並將收入以文化藝術活動的形式來服務回饋社區。

目前七千多名居民，人人均是社區義工、導覽員，這一切為居民創造了一個舒適的家園。

九二一地震後，災區百廢待興，當各地興起社區災後重建行動之際，金華社區以社區「認養社區」的方式，協助南投縣中寮鄉龍安社區推動永續家園再造。其後又繼續協助台南市文南、國宅、光明、明興等社區，推動社區環境改造。目前已展現出「公園認養」「空地代管」「閒置空間活化再生」「角落造景」「口袋公園」「打造新街」「災區社區認養」「協力社區」「策略聯盟」等傲人績效。金華社區是社造界的良師益友，可說是化腐朽為神奇的都市奇葩。（資料來源：台南市南區金華社區）

台南市金華社區的社區防災人員在颱風過後協力家園重建。

金華社區基礎環境景觀改造，將里內公、私有空地改造為停車場。

花蓮縣牛犁社區青少年服務隊培訓。　　　　　　　　　　　　　　　牛犁社區交流協會。

◎以當下生活經驗生根累積的集體記憶——花蓮牛犁社區⑧

　　牛犁社區交流協會位於花蓮縣花東縱谷起始點，以日治時期移民村豐田三村（豐山、豐坪、豐裡）為其服務範圍，延伸到花蓮其他村落。居民包括原住民、日本移民、客家鄉親、中國移民以及外籍配偶。外來人口居多的現象，是危機也是轉機，於是社區協會透過田野調查實地訪談、記錄各族群歷史、生命禮俗及生活紀事，一步步喚醒豐田人文的認同，讓居民的集體記憶融合共同新生活的生命經驗，在當下的生活中生根、延續，成功地將不同族群生活習俗和人文資源加值再現，創造共生共榮的向心力，勾勒出一個鮮活的戰後二度移民村。

　　社區協會整合並善用了社區自然及人文等資源，兼顧環保生態、環境景觀、產業發展、社福健康、社區治安、人文教育多面向之觀照，而各項營造工作充滿了創意，例如規劃濕地及夜鶯生態保護園區、復育原生植物、設立公園、綠色隧道、回收廢棄物並再利用……等，這一切行為建立了品質優良的生活環境，更形塑出社區文化的特色及魅力。在所有工作中特別重視青少年教養教育，而全體居民將公共事務的參與當作自家事般親力親為。牛犁社區的生活夥伴，不但尋到了自己生命的根，更在日常生活中實踐樂活的人生風景。（資料來源：花蓮縣牛犁社區交流協會）

台灣的地方文化館

陳郁秀撰文

◎西門紅樓[9]

　　1908年，台北市西門市場八角堂－紅樓興建完成，是台灣第一座官方興建的公營市場，亦是全國保存最古老完整的三級古蹟市場建築物。日籍建築師近藤十郎以「八卦造形」取其八方雲集之意，做為市場入口，「十字架造形」做為市場主體的特色，創作東、西建築史上的創意先例。目前所稱的「西門紅樓」包括八角樓、十字樓，和緊鄰兩旁的南北廣場。

　　日治時期，紅樓是日人生活的市集地，也是當時台灣人最時興的流行朝聖地。1945年國民政府來台，帶來兩百萬軍民，紅樓成為當紅劇場。滬園京劇、紅樓書場、黃金話劇成為移民的心靈慰藉。1963年轉為電影聖地，二輪西片、古裝國片，成了當時年輕人的共同記憶。九○年代後，隨著都市發展東移，紅樓風華不再，1997年公告為三級古蹟，同年紅樓戲院熄燈歇業。2000年一場祝融大火，幾乎燒燬西門紅樓的輝煌前世，幸而浴火後的重生，開啟西門紅樓的新生命。2000至2002年，文建會以「閒置空間再利用」的政策及專案資源，與台北市政府合作，整修建築並由文建會傳統藝術中心協助支援紅樓的表演節目，並委託紙風車文教基金會管理，以「茶館」的經營方式，讓紅樓起死回生。

台北市西門紅樓。

2008年，百歲的紅樓由「台北市文化基金會」接棒經營，配合「文化創意產業」國家政策，使西門紅樓成為創意市集的平台。傳統的、現代的、流行的，各種表演生活經驗都在此呈現。紅樓在百年歷史的長廊中，均扮演一個特殊的角色，廿一世紀也不例外，目前嶄新的創意中心正在發芽茁壯，它代表年輕的台北新意象。（資料來源：西門紅樓）

◎金瓜石黃金博物館⑩

　　位於台灣東北角新北市瑞芳區的金瓜石，是個三面環山、一面向海的美麗山城，日治時期與附近之九份發展為金銀銅著名的礦山區，也是昔日亞洲最大的金礦產區，曾掀起一股淘金潮，盛極一時，可惜在二次大戰後逐漸沒落，人口銳減。2004年由文建會、新北市政府、台鹽、台糖四個單位合作，成立了國內第一座生態博物館，整座園區透過地方文化館的運作模式，重新找到定位，並與文化觀光結合，開啓新的生命。

　　整個園區包括五大部分：（1）介紹展示礦業文化及黃金物理特性的「黃金博物館」；（2）體驗坑道情景的「本山五坑坑道」；（3）展示金瓜石和九份生態環境與地質礦體特色的「環境館」；（4）具日式宮廷建築之美的「太子賓館」及日治時期所興建的「社宅」；（5）周邊之地

新北市黃金博物館本山五坑外觀。

質公園、黃金石神社、茶壺山、戰俘營、黃金瀑布、陰陽海等多處地質景觀。由於深具歷史人文及生態多樣的特質，使園區成為兼具觀光、休

憩、教育等功能的地方文化館。其中，太子賓館於2007年公告登錄為新北市市定古蹟，周邊林蔭密布，由窗口望去，水湳洞海景盡收眼底。目前交通部觀光局已將金瓜石、水湳洞和九份合稱為「水金九」（美真久）景點，向國內外特別介紹，更成為日本觀光客懷舊之旅的最愛。（資料來源：新北市立黃金博物館）

◎鶯歌陶瓷博物館⑪

「人有心，土有神」，我們用「心」表達敬天尊神的精神，藉著陶土、瓷土融合了風、水、火，來創作藝術品及生活品，一方面為台灣的庶民歷史人文生活留下足跡，另一方面記錄當下並虛擬未來。2000年在新北市鶯歌區開館的「鶯歌陶瓷博物館」，就是這個歷史長廊的載體。開館時就明確宣示陶博館不是單一博物館，而是以陶博館為核心，加上休憩型的陶瓷公園，邀請地方人士充分參與，以強化社區與文化的認同，共同提升陶瓷品質，建立國內產銷、國外展示產銷網絡，保存並利用當地舊窯及歷史建築，由下而上經營出具有歷史文化、藝術美學、自在休閒、教育功能等特質的國際陶瓷園區。

陶博館的建築形式是以清水模、鋼骨架、透明玻璃來穿透內外環境空間，而達到無限延伸和虛擬變化的特徵。入館的情境設計十分獨到，當你踏上層層石梯，越過水上橋身，由劉鎮洲所創作的〈彩雲呈祥〉躍入眼簾，藉由氣勢磅礡的大型水牆、清澈見底的水池和潺潺的流水聲，頓時洗滌了內心的煩惱，沉澱腦中紛亂的思緒。入館後，宏偉的大廳是個現代化、層次豐富的空間，由地下二樓至地上三樓，分別設置了典藏庫、演講廳、研究室、陶藝長廊、兒童體驗室、資料行政中心等。

位於一至三樓的常設展、主題展、特展等展示中心，是全館的核心內容。在此，國內外藝術陶瓷珍品源源不斷地策展展出。主館館舍後方是占地廣大、陶瓷公共藝術林立的綠色園區，在此也設有永傳廣場、月形

新北市鶯歌陶瓷博物館外以顏色、
大小不一的陶製雲朵所群聚完成的
裝置藝術〈彩雲呈祥〉。

鶯歌陶瓷博物館是台灣第一座以陶瓷為主題的專業博物館。

廣場及土、水、火、風共六大廣場。迎賓水池、景觀水池、麵包窯、四
角窯、瓦斯窯、穴窯、迷你土窯、蘇打窯（鹽燒窯）、展示廳、雕塑草
坪……等，分布全園。整體建築由建築師簡學義操刀，呈現台灣建築美
學注重與自然相融的特殊觀念。

　　經過十多年的努力，陶博館帶動了藝術創作、產業升級、老街再造，
激發全國人民對陶瓷的熱情，並成功地走向國際，以「地方文化館」的
概念出發，贏得亞洲三大、全世界十大國際陶瓷博物館的美譽，可謂台
灣的驕傲。（資料來源：新北市立鶯歌陶瓷博物館）

◎華陶窯[12]

　　創立於1984年的華陶窯，位於苗栗縣苑裡鎮，背倚火炎山，俯瞰大安
溪沖積扇平原，總占地面積近六公頃，主體風貌融合了台灣特有的建築
景觀、原生植物栽培、柴燒陶藝創作、生態復育等多重面向，成為台灣
中北部海線地區最具人文藝術與自然景觀結合的代表性據點。

苗栗縣華陶窯是一處位於山林之間的玩陶工作坊。

　　園區裡包括柴燒登窯、亭臺磚屋、庭園樓閣、展覽室、陶人工作室，
而廣大的丘陵園區草木綠意盎然，卵石階道曲折幽靜，荷花池裡蓮葉亭
立，紅磚黑瓦的古式建築掩映於其間。在窯主的規劃下，華陶窯的建築
造景巧妙地體現了台灣四百年來的民間建築美學與工法。

　　人文庭園中的「台灣式」傳統建築景觀，融合了荷蘭式的砌磚法、閩
南式的雙扇門扉、以及日本的黑色文明瓦，傳達出多元歷史發展的文化
軌跡，這是華陶窯建築景觀的特殊意涵。為了尊重自然，庭園中也大量
就地取材，大安溪的卵石、火炎山的石頭，都是砌築駁坎、鋪設路徑的
材料。台階、水塘、迴廊依地勢起伏而建，連成一片通透而流暢的空間
意象，而大量陶皿融入園林之中，陶燈、陶壺、陶盆隨意點綴，處處襯
出古拙意境。

　　行走於華陶窯的幽靜山谷中，可充分體驗四季的變化；春暖的季節，
有綻放的蘭花、流蘇和滿園的生氣；炎夏蟲鳴的旋律裡，充滿繽紛的生
態和蓬勃的綠意；深秋蕭瑟的景致下，來看黃金青楓和欖仁紅葉，將祕
境的山谷抹上紅暈；冷凍靜謐的氛圍中，沿著泉池畔的雪白梅花步道，
享受撲鼻的陣陣梅香。一座夢幻般的台灣原生植物園，四季不論晴雨，
隨時歡迎朋友來享受這裡的愜意。

華陶窯依山而闢，其柴燒窯與工作室是華陶窯的主場，此地陶藝雖走現代創作，內裡蘊含對本土精神的堅持。華陶窯以苗栗所產的陶土為主原料，窯身則為傳統柴燒登窯，俗稱目仔窯，包括火櫃頭、三間窯室、一間通氣室、煙囪，利用不斷循環的熱氣原理燒陶，並以當地十年以上的相思樹為柴薪，燒出的陶器名為「相思陶」。華陶窯以庭園、生活、人為元素，為傳統的製陶產業帶來新的方向，也為苑裡的豐富景觀及人文涵養作了最佳示範。（資料來源：華陶窯）

◎葫蘆墩文化中心編織工藝館[13]

台中擁有多元的編織文化特色，從海線的大安、大甲、清水等地的「藺草編織」，到山線的豐原「製麻會社」、東勢竹編農漁具、和平「泰雅編織」，都是地方重要的文化特色，而其中又以「大甲藺草帽蓆」及「泰雅族編織工藝」最為著稱。

1987年文建會委由顏水龍、江韶瑩教授規劃，於1990年成立「台中縣立文化中心編織工藝館」，以「編、結、織、染、繡」等五大技藝群做為主要

台中市葫蘆墩編織工藝館以台灣與亞太地區編、結、織、染、繡為主題。

葫蘆墩編織工藝館。

保存、延續、發展之技藝對象，並擴及中國、東北亞、美洲、非洲等文化區的比較與觀摩，是一座以延續台灣傳統、發展現代編織工藝為主題的小型地方文化館。多年來歷經文建會「地方特色館」「充實鄉鎮展演設施計畫」「輔導縣市主題展館之設立及文物館藏充實計畫」「地方文化館」等政策輔導，2010年台中縣市合併後，編織工藝館改隸屬於台中市立葫蘆墩文化中心。

編織工藝館內收藏編織工藝品近兩千件，除了大甲草蓆、泰雅編織和當代纖維創作等典藏品外，還有中國、日本、韓國、印尼、菲律賓、泰國、印度、巴基斯坦、斯里蘭卡等各國之藏品，不僅保存各國精緻的編織技藝、風俗文化與時尚品外，未來更可做為建構亞洲各文化圈相關工藝文化傳播、編織技術知識與流行時尚設計研發之基礎大本營。該館每兩年舉辦一屆全國性編織工藝獎，也曾舉辦「亞太編織藝術節」「台灣vs.沖繩」「日本和服捐贈展」等國際交流活動。此外，館方亦與專業人才合作，從事「台灣天然染色」「台灣纖維材質在編織上的設計與應用」等研發計畫，以提倡循環、再生之「纖維‧時尚‧綠工藝」，做為編織工藝落實於時尚生活的目標。

工藝館內典藏品及圖文資料豐富，相關展覽與體驗活動多元，在天然纖維材質、傳統編織技藝等調查研究上成果豐碩。未來將延續二十年來推廣有成的編織主題，從景觀到建築朝向「編織工藝文化園區」發展，是一個讓人感受編織工藝之美的迷人寶庫。（資料來源：台中市立葫蘆墩文化中心）

◎駁二藝術特區[14]

假日的早晨，沿著西臨港線自行車道往駁二藝術特區漫步，迎著朝陽和春風，左邊是一望無際的海港，右邊是美麗的高雄愛河，真美。

駁二藝術特區位於高雄市鹽埕區大勇路南端盡頭。「駁二」是指第二

號接駁碼頭，建於1973年，原為一般的港口倉庫。2000年高市府因尋找國慶煙火施放場所，偶然發現這個具有實驗性的場域，遂提報文建會，結合文建會「閒置空間再利用」的專案資源，對舊建物的狀態進行空間的各項整建工程。2003年整建工程完工。

後來，又與文建會合作，透過地方文化館的經營模式，成為高雄市社區總體營造的代表性作品。2006年起由高雄市文化局接手經營，並響應中央政府提出的「文化創意產業」政策，將駁二藝術特區的倉庫建築擴充至十四棟，未來更將增至二十棟之多。城市中文化空間的大幅增加，讓文化工作者有了發展的舞台，創造出豐富的藝術作品，提供市民親近文化、享受文化的空間。這一連串環環相扣的連結，構成有機發展的巧實力，成功地營造成為高雄文創中心，漸漸的以文化累積塑造高雄的品牌。近年在駁二登場的如高雄設計節、好漢玩字節、鋼雕藝術節、貨櫃藝術節、2009年福田繁雄設計展、奇幻不思議3D藝術畫展等藝文活動，均以城市觀察市民思考的角度，呈現高雄市的創意

高雄市駁二藝術特區為南部人文藝術發展的基地。

高雄市駁二藝術特區，吳寬瀛作品〈完美的對稱〉。

特質、概念和樣貌，成功構築出海港城市的魅力文化與生活美學。有別於其他城市及文化中心，它具有勞工、海洋、土地等原汁原味的核心價值。駁二目前更進一步邀請國際及國內的文創產業、數位產業等企業進駐，擴大了文創產業的基礎和國際合作，所以常在網站上被選為「文化部地方文化館巡禮」人氣館排行的冠軍館。（資料來源：駁二藝術特區）

◎獅子鄉文物陳列館⑮

　　獅子鄉文物陳列館位在屏東縣獅子鄉楓林村，緊鄰獅子鄉公所，建築物外觀極具原住民特色，為行政院原住民族委員會輔導的地方文化館之一。館舍牆壁與屋頂仿效原住民石板屋設計，壁面之百步蛇、頭目像、陶甕等圖騰雕繪，是由牡丹鄉藝術家謝文德、瑪家鄉雕刻家尤澄洲，以及專精美工皮雕的李冀香負責設計彩繪、雕刻，展現排灣族傳統建物的風貌，是排灣族第一座文物館。

　　基於文物館是地方經驗生活之展現空間，所以獅子鄉文物陳列館主軸著重於在地歷史研究、探討、再現及文化推廣教育。展示內容以「土地與記憶」來表現南排灣族特色。文物館不僅以櫥窗呈現文史，更向下扎根，透過環境的改造、空間場域的學習，回歸部落最基本的價值與意義。館內主要收藏為各種排灣族之藝術創作品，尤以百年櫸木雕刻而成的〈驅獵遊社百年木雕〉最為重要。該木雕是片非常厚重的門板，門前雕有原住民人像，

屏東縣獅子鄉文物陳列館展示內容以「土地與記憶」表現南排灣族特色。

花蓮市松園別館為「閒置空間再利用」政策的案例之一。　　自 2006 年起，松園別館每年均舉辦太平洋詩歌節。
　　　　　　　　　　　　　　　　　　　　　　　　　　　　　　圖為詩歌劇場的一角。

是非常稀少珍貴的文物，是該館的鎮館之寶。

　　而當地的原住民婦女也利用文物館做為充實技能的地方，她們製作出
各種皮雕製品，例如皮包、皮夾、鉛筆盒、鑰匙圈等，作品質感佳、花
色美外，還具有原住民故事的意涵，不僅受到當地民眾的喜愛，更是送
禮或自用的最佳禮品選擇。（資料來源：屏東縣獅子鄉公所）

◎松園別館⑯

　　位於花蓮市的松園別館建於 1943 年，原為花蓮港「兵事部」辦公室。
它與附近的「放送局」（現中廣公司花蓮台）、「海岸電台」（現中華
電信）、自來水廠等，由松樹連成一片，因而稱為松園。它具天然制高
點的優勢，可俯瞰美崙溪入海處、花蓮港及太平洋海景，所以成為日軍
的軍事要地。傳言日本神風特攻隊出征時，在此接受天皇賞賜的「御前
酒」，傳為美談。2000 年由花蓮縣政府定為「歷史風貌專區」，2001
年獲文建會「閒置空間再利用」政策的專案預算補助，遂開始全面整理
建築物及園區，規劃成藝文特區。2006 年正式由花蓮縣政府接手，配合
中央的文化創意產業政策，委託民間將松園別館打造成專業藝文展演空

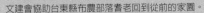
文建會協助台東縣布農部落耆老回到從前的家園。　　　　　　　內本鹿布農文化生活館。

間，進而邁向藝文跨領域合作機制之文化創意產業實驗園區。

　　松園擁有「詩歌劇場」、咖啡廳、餐廳、表演舞台及大片松林，風景優美，空氣新鮮，遠眺蔚藍的海洋與寧靜的藍天相呼應，成為藝文人士以及觀光客們的最愛。園區豐富的自然生態與傳奇的歷史空間，融合出別具美學的特殊風貌，是花東著名景點之一。（資料來源：松園別館）

◎內本鹿布農文化生活館[17]

　　內本鹿布農文化生活館是以生活在台東縣延平鄉的內本鹿後裔為核心，藉由居民參與記錄「內本鹿尋根計畫」，行動包括舊部落探勘、地圖製作、文史調查、文史展演等方式，建構與居民息息相關的史料，將成果與在地民眾共享，並建立資料室與鄉內學校搭配，達到推廣教育之效。目前該館已累積重要文獻，成為布農文化、傳統祭儀文化的據點，而周邊園區擁有部落劇場、台灣原住民當代藝術中心、內本鹿學院（社區大學）、藝文圖書館、傳統編織工坊、庇護工廠，以及部落咖啡屋、民宿等，可提供兩天一夜的觀光休憩旅遊，而部落居民也期望透過文化生活館，教育後裔對傳統生活空間及自我族群的認同，並能永續經營該族文化與自主性的文化產業。（資料來源：財團法人布農文教基金會）

◎蘭陽博物館⑱

　宜蘭縣自古即擁有獨樹一幟的自然環境與親和純樸的人文特色，而選擇以宜蘭孔廟為基地的「宜蘭縣博物館協會」（簡稱蘭博家族）成立於2001年5月，是一個擁有三十一個地方文化館、五十個團體會員，全力為宜蘭城市環境發展而努力的第三部門組織。成立以來，協會推動以博物館的經營理念（文資保存與再生）與營運機能（研究典藏展示教育）為策略的方式，提升人民生活素養，實踐「宜蘭是一座博物館」的理想。

　2010年，籌建了十九年的宜蘭縣「蘭陽博物館」終於落成，它的誕生源自於一群宜蘭地方熱心人士，為保存深具歷史文化意涵的「開蘭第一港」—烏石港，積極倡議促成在舊港遺址設置了蘭博。

　蘭博所在的烏石礁遺址為清代烏石港，因擁有三大塊黑色礁石而得名。當時港口萬商雲集，為宜蘭貨物進出之要口，其繁華景象「石港春帆」，被列為蘭陽八景之一。今日興建的館區分建築主體及溼地生態公園兩大部分，這座由建築師姚仁喜仿宜蘭特有的地理特質—單面山為設計依據而建出之氣勢宏偉的建築主體，配合了蘭陽大地春、夏、秋、冬的農田美景，選取韋瓦第小提琴協奏曲〈四季〉的主旋律，在建築實體的外牆，以多種質感的石材轉化為音符，依序排列。自高空俯瞰像極了遍布在蘭陽大地上，大小不同、顏色深淺與質感不一的農田方塊，而跳躍的音符正歌頌著這塊被祝福的綠地。內部展區常設展結合館內四層樓的設計，以山、海、平原，展現宜蘭環境及歷史人文脈絡。溼地公園方面則保存了原來的生態；低海拔原生樹種、森林景觀等多樣的自然生態環境均被細心地阿護著。位於公園中龜山島之軸線上，設有「烏石望龜」區，為眺望著名龜山島的最佳位置。

　如果宜蘭是一座博物館，蘭陽博物館就是認識宜蘭的窗口。（資料來源：宜蘭縣立蘭陽博物館）

宜蘭縣蘭陽博物館。

公共圖書館

陳郁秀撰文

◎北投圖書館[19]

　　坐落於綠意盎然、生態環境豐富的北投公園內，台北市立圖書館北投分館是由九典聯合建築事務所設計，建築採木構架為主，搭配鋼材，外觀彷彿一座大型樹屋，是台灣首座綠建築圖書館。「生態保育」為館藏特色，並曾榮獲內政部綠建築九大指標候選證書，以及其他多項大獎，如「國家建設獎—卓越獎」（2007）、「台灣建築獎」首獎（2007）、「全球建築金獎—全球卓越建設獎入圍獎」（2008）等，亦是2012年美國網站Flavorwire.com評選全球最美二十五座公立圖書館之一。

　　北投圖書館總面積六百五十坪，地下一層、地上二層，整體建築環繞著大片落地窗，不但可採集最大量的自然光，亦巧妙向自然借景，並設有鳥類觀察平台的戶外木棧道，使館內外的景物交融，讓民眾無論在此閱讀或小憩，都能更親近自然。此外，其輕質生態屋頂設有太陽能光電板發電，大量的陽台深遮陽和垂直的木格柵，可降低熱輻射進入室內，降低耗能達到節能效果。屋頂綠化和斜草坡設計則可涵養水分，自然排水至雨水回收槽，再利用回收水澆灌植栽及沖水馬桶，以達

台北市北投圖書館。

到綠化與減少水資源浪費的功效。北投圖書館除了是愛書人的知識寶庫和當地居民休憩的好場所，亦是至北投時不容錯過的人文景點之一。（資料來源：台北市立圖書館北投分館）

◎壯圍圖書館[20]

　　1992年12月開館的壯圍圖書館，在經過原有內部空間格局的大改造後，閱讀環境、館藏和展示空間皆煥然一新。該館不但設有館藏特色專區，陳列家政、家事和養生等書籍，亦設置縣籍作家、鄉籍作家展示專區，展示作家的最新作品，而樓梯間更展示了在地詩人提供的新詩創作。除此之外，玻璃窗展示區展示鄉內農特產品，如南瓜彩繪藝術品、石頭彩繪藝術品和藝術家陳鴛鴦的蠟藝作品等。在入口通道處和主牆面上，則有陳雪芬的現

宜蘭縣壯圍圖書館。

代水墨畫以及陳淑子的風景畫作。至於二樓，建置溫馨舒適的親子閱讀新樂園專區，帶動親子閱讀風氣，使民眾盡情享受閱讀的樂趣。雖然該館位居偏遠地區，卻擁有閒適的閱讀環境，加上縣籍作家、畫家和鄉內農特產品，豐富了館藏資源，使得圖書館不單只是閱讀的場所，也是人親土親的好所在，可說是當地文學和藝術創作結合的文藝中心。（資料來源：宜蘭縣壯圍鄉立圖書館）

◎古坑圖書館[21]

近年來「台灣咖啡」備受矚目，古坑圖書館也以咖啡的相關文化與知識做為蒐藏規劃的方向。古坑圖書館在2004年3月4日「金點子計畫」空間營運改善計畫下修繕完工，該館擁有三百坪的大空間，除了成人、兒童閱覽室外，還設有產業資訊旅遊中心，與產業、農業結合，發放古坑產業及農業特色的旅遊資訊，並播映如台灣的咖啡歷史紀錄影片等，以幫助民眾了解古坑的特色。

中心內亦設有網站連結，免費提供相關的農業、產業最新資訊查詢，以及規劃農業、產業展售農特產品的場地，成為生產與銷售合一的管道。此外值得一提的是，該館將頂樓設計為空中花園，跳脫一般圖書館僅提供閱讀的傳統印象，在空氣清新、視野遼闊的花園中設有陽傘、木椅供民眾閱讀和休憩，不但可邊閱讀邊欣賞優美的景色，使心情備感輕鬆舒適，也使古坑圖書館成為一個結合閱讀、休閒和認識當地文化、產業的多元化場所。（資料來源：雲林縣古坑鄉立圖書館）

雲林縣古坑圖書館。

金光閃閃、紅光暖暖
──節慶生活裡的「台灣紅」與「台灣金」

陳郁秀撰文

◎春節

　　「舊曆過年」是台灣人生活中最重要的歲時祭儀活動之一，這個傳統節慶是由先祖們依循著與農事活動息息相關的二十四節氣，以及春、夏、秋、冬等四個節令變化，所形成的「春耕、夏耘、秋收、冬藏」生活智慧。這是來自農業時代的生活經驗，也是代代相傳的生活法則，經過時間流轉不斷地創新演進，今日已自然地融入了廿一世紀現代生活中。它不但保存了傳統的敬天美德、嚴謹的科儀祭祀文化，更重要的是凝聚累積了一個以「家」為核心的生命價值，吉祥溫馨的「闔家團圓」，豐富了每個人的人生。

◎臘八粥、尾牙與送神

　　記得小時候，過完冬至吃了湯圓，長了一歲就等著吃「臘八粥」了。現在也許有很多人沒聽過「臘八粥」這個名詞，但在五○、六○年代，台灣仍處於經濟蕭條的時代，過年節的種種特色美食，可是孩子們期待許久打牙祭的佳餚呢！陰曆的十二月又稱為臘月，初八這一天是釋迦牟尼得道成佛的日子，為了紀念佛祖修行，在這一天以糯米、桂圓、蓮子、紅棗、杏仁、松子、白果、栗子等（食材可調整）熬成甜粥，敬佛祭祖，開啟長達一個多月的「過年」節慶。

　　接著是臘月十六的尾牙。尾牙是源自拜土地公做「牙」的習俗。舊曆二月二日頭牙是土地公的生日，每月逢初二及十六均須為土地公做

「牙」，所有的商家對此特別遵循，而到十二月十六日正是尾牙。自古尾牙時節，老闆宴請同仁，犒賞大家，除有潤餅、刈包可吃，白斬雞是必備的菜色。傳說中當天的雞頭向著誰，就表示將解雇此人，說起來挺令人緊張的！但這個習俗延續至今有稍許改變，現已成歲末團聚的時刻，解雇這件事也不會在這一天提起了。臘月二十四是送神的日子，家家戶戶恭送灶神和眾神升天述職，人們為了討吉利，希望眾神能在玉皇大帝面前多美言幾句，祭祀時多備甜食，增加說好話的機會。送神後接著就忙著做年糕過年了。

◎圍爐

除夕夜又稱圍爐夜，遠在異鄉的遊子們，都會在這一天想盡辦法，趕回家鄉與家人圍爐吃團圓飯；農業時期，圓桌上的爐火中，燃著發出劈哩啪啦爆裂聲的木柴或是木炭，現代工業時期以後則是火鍋或電磁爐等，熊熊的烈火呈現出金光紅光相交織的景象；金光象徵著富貴、吉祥、希望，而紅光則傳遞著熱情、親情和溫情。一年工作的辛勞、對家的思念、所有的快樂與感恩都融於金光、紅光中。這是一個內斂、內省、感受人間至情的深刻時光，戶外街景雖有別於往常的喧鬧及車水馬龍，靜悄悄的，家中卻是溫馨及熱鬧滾滾的，就如同西方的聖誕夜，年終歲末是屬於家人的時光，而這金光閃閃、紅光暖暖的意象擁抱每一個人的心，金和紅正是台灣生命禮俗的本色。

吃完圍爐敬神祭祖後，晚輩向長輩祝壽，長輩將紅包分予晚輩，紅紅的紅包袋中，裝著金色的元寶，而全家齊心圍著神明桌前的燭火、燈光，在煦煦的金光和紅光中，一起等待大年初一的來臨。記憶中，母親會鼓勵我們要撐著，不要早睡，因為傳說中，能撐到大年初一的第一秒鐘，即可為父母添壽。所以我和弟弟兩人總是等到凌晨子時，爆竹聲起，響徹雲霄的那一刻，只見黑色的天空中，閃耀著金光和紅光，就這

麼為大地拉開了新的一年之序幕。

◎過新年

　　正月初一，家家戶戶貼上金字的紅色對聯，老老少少穿上金色紅色的新衣，不但準備豐盛的供品祭拜天公與祖先，還必須到附近的廟宇行香。各處的廟宇，也特別為了新年穿上金色、紅色繽紛的彩衣，可謂金碧輝煌、炫麗奪目。來往的信徒們人山人海，擠得水洩不通、爭插頭香。金鼎及金爐中燃燒著善男信女們供奉的金紙，大家都想藉著金光與紅光，將訊息傳達天庭，祈求賜福並保平安。高座神殿的金身媽祖、觀世音菩薩、保生大帝眾神們正慈祥端視信眾，讓身處紛爭世界中的每一個人得到心靈的慰藉。街頭巷尾舞龍舞獅的陣頭、跳加官、民俗技藝的表演等，營造熱鬧非凡、快樂慶典氛圍。這一天大家都外出與朋友們分享新年的喜氣，恭賀聲盈耳，幸福滿溢。

　　初二是出嫁的女兒回娘家向父母親拜年，重溫天倫的日子。初三俗稱「赤狗日」諸事不宜，傳說中這一天是「老鼠娶親」的日子，因此往往在入夜後大家都會提早熄燈休息，並在家中各處撒鹽、米，稱為「老鼠分錢」，以祈求家中平安。初四是迎神接神的重大好日子，臘月二十四日升天述職的神明們，初四時會回來，俗話說「送神早，接神遲」，所以往往在午後以豐富供品迎神。初五俗稱「隔開」，表示春節告一段落，各行業紛紛在這一天開工，只見大街小巷的各公司行號擇時放鞭炮、送糖，共享新年開張之喜氣，祈求風調雨順、諸事順利。

　　元宵節是春節結束的盛會，在台灣各處均有不同的儀式，例如汐止炸土地公、野柳洗港、平溪放天燈、苗栗炸龍、台東炸寒單爺、台南放烽炮，而澎湖的乞龜儀式更是別具特色。這一天，家家戶戶張燈結綵，提燈、吊燈，精采多元，入夜後，各地儀式更把整個台灣裝置成金光、紅光四射的珍寶之島。

◎金光閃閃、紅光暖暖：台灣生命禮俗的本色

　　由除夕夜的圍爐、紅包、元寶、敬天祭祖中的供品、香燭、春衣、橘桶、劃破黑空除舊布新的煙火鞭炮、正月初一廟宇眾神、信男信女、舞龍舞獅、跳加官，到元宵節的燈籠、天燈、蜂炮、乞龜儀式中的紅龜粿、金身龜……，這一切所呈現出的金光和紅光，擁抱長達一個多月的春節，展現台灣的生命力，因此充滿希望及溫暖的金色和紅色，可說是台灣生命禮俗的本色。（本文原發表於學學文創台灣文化色彩網站－色彩專欄，2012年1月）

註釋（相關文章引自下列網址）

① 光點台北之家（網址）：www.spot.org.tw

② 新竹市影像博物館（網址）：www.hcccb.gov.tw

③ 高雄市電影館（網址）：kfa.kcg.gov.tw

④ 嘉義新港文教基金會（網址）：www.hkfce.org.tw

⑤ 南投埔里桃米社區（網址）：www.taomi.org.tw

⑥ 嘉義山美社區（網址）：tanayiku.com.tw

⑦ 台南市金華社區（網址）：www.jinhwa.org.tw

⑧ 花蓮牛犁社區（網址）：www.nlica.org.tw

⑨ 西門紅樓（網址）：www.redhouse.org.tw

⑩ 金瓜石黃金博物館（網址）：www.gep.ntpc.gov.tw

⑪ 鶯歌陶瓷博物館（網址）：www.ceramics.ntpc.gov.tw

⑫ 華陶窯（網址）：www.hwataoyao.com.tw

⑬ 葫蘆墩文化中心編織工藝館（網址）：www.huludun.taichung.gov.tw

⑭ 駁二藝術特區（網址）：pier-2.khcc.gov.tw

⑮ 獅子鄉文物陳列館（網址）：http://tour.cultural.pthg.gov.tw/SceneriesDetail.
aspx?Cond=b5b556aa-717e-48c8-a91a-45e1ff89fca2

⑯ 松園別館（網址）：http://www.art-mall.com.tw/shop.php?html=action&Fid=15007&Tsubject=160
&actionmode=1222

⑰ 內本鹿布農文化生活館（網址）：www.bunun.org.tw

⑱ 蘭陽博物館（網址）：http://www.lym.gov.tw/ch/Index/index.asp

⑲ 北投圖書館（網址）：http://www.tpml.edu.tw/ct.asp?mp=104021&xItem=1140676&CtNo
de=33629

⑳ 壯圍圖書館（網址）：http://www.ilccb.gov.tw/ch/library-detail.php?menuid=31

㉑ 古坑圖書館（網址）：http://www2.ylccb.gov.tw/from_lib/index-1.asp?m1=14&m2=62&id=214

參考文獻

第一章

1. 申學庸，〈文化建設與社會倫理的重建〉，《國民黨中常會報告》。台北，1998。
2. 行政院文化建設委員會，《文化白皮書》。台北：行政院文化建設委員會，1998。
3. 行政院文化建設委員會，《文化白皮書》。台北：行政院文化建設委員會，2004。
4. 李亦園，《文化與修養》。台北：幼獅出版社，1996。
5. 林果顯，《文化、政治與時代》。台北：國家文化總會，2008。
6. 國家文化總會，《國家文化總會簡介》。台北：國家文化總會，2007。
7. 陳恆鈞，〈國家機關能力對政策執行效果之影響〉，《公共行政學報》，第 8 期，2003。
8. 陳郁秀，《文化土壤 接力深耕──文建會二十年紀念集》。台北：行政院文化建設委員會，2003。
9. 陳郁秀，《台灣文化新思維》。台北：行政院文化建設委員會，2004。
10. 漢寶德，〈國家文化政策的回顧〉，財團法人國家政策研究基金會「國政研究報告」，2001 年 6 月 13 日。
11. E. B. Taylor. Primitive Culture. New York: 1871.
12. 國家文化總會，《文化印記》。台北：國家文化總會，2008。

第二章

1. 王必昌，《重修台灣縣志》。台北：台銀本，1752。
2. 王禮主修、陳文達編纂，《台灣縣志》。台北：台銀本，1720。
3. 立法院秘書處，《文化資產保存法案（附古物保存法廢止案）》（法律案專輯第 47 輯教育 17）。台北：立法院秘書處，1983。
4. 行政院，「加強文化及育樂活動方案」（修訂版）。台北：行政院文化建設委員會，1983。
5. 行政院，「加強文化及育樂活動方案」，《行政院公文影本》。台北：行政院，1978。
6. 李亦園，〈邵族的經濟生活〉，《日月潭邵族調查報告》。台北：南天書局，1996，頁 51-98。
7. 李國玄，《日治時期台灣近代博物學發展與文化資產保存運動之研究》。中原大學碩士論文，2006。
8. 周于仁、胡格，《澎湖志略》。台北：台銀本，1736。
9. 周鍾瑄、陳夢林，《諸羅縣志》。台北：台銀本，1717。
10. 林會承，《2002 台灣文化資產保存年鑑》。台南：文資中心，2003。
11. 林會承，《台灣文化資產保存史綱》。台北：遠流出版事業，2011。
12. 林會承，《望安島六聚落之空間及形式之建構》。台北：國科會專題研究計畫報告，1998。
13. 林豪，《澎湖廳志》。台北：台銀本，1893。
14. 教育部，《研訂文化資產保存法草案資料彙編》。台北：教育部，1981。
15. 莊芳榮，《古蹟管理與維護》。台北：台灣學生書局，1983。
16. 許雪姬，〈台灣日治時期的史蹟保存〉，《錢穆先生紀念館館刊》，第 6 期，1998，頁 11-25。
17. 陳奇祿，〈現階段文化建設的幾個問題〉，《民族與文化》。台北：黎明文化事業公司，1981，頁 67-85。
18. 陳培桂，《淡水廳志》。台北：台銀本，1870。
19. 陳壽祺，《重纂福建通志》。台北：台銀本，1829。

20. 黃俊銘，《日據時期台灣文化資產研究與保存文獻彙編：以史蹟名勝天然紀念物為主》。台北：行政院文化建設委員會，1996。

21. 臧振華，《台灣考古》。台北：行政院文化建設委員會，1999。

22. 蔣毓英，《台灣府志》。台中：台灣省文獻委員會，1685。

23. 薛紹元，《台灣通志》。台北：台銀本，1895。

24. 國家文化總會，《劃破時空 看見台 灣來時路》。台北：國家文化總會，2008。

25. 行政院文化建設委員會，《台灣歷史建築百景專輯》。台北：行政院文化建設委員會，2003。

26. 行政院文化建設委員會，《文化台灣－新世紀、新容顏》。台北：行政院文化建設委員會，2004。

27. 陳郁秀、劉育東，《創意島嶼狂想曲 2050 願景台灣》。台北：遠流出版事業，2005。

28. 林會承，《台灣文化資產保存史綱》。台北：遠流出版事業股份有限公司，2011。

29. 中原大學，《國際工業遺產葉產保存委員會 2012 第 15 屆會員大會暨學術委員會成果報告書》。2012 年 12 月 20 日。

30. 國家地震工程研究中心，《九二一集集大地震全面勘災精簡報告》（報告編號：NCREE-99-033），1999 年 12 月。

亞洲工業遺產台北宣言

1. 陳郁秀編著，《文化台灣》。台北：行政院文化建設委員會，2004。

2. 中原大學，國際工業遺產葉產保存委員會 2012 第 15 屆會員大會暨學術委員會成果報告書，2012 年 12 月 30 日。

3. 國家地震工程研究中心，《九二一集集大地震全面勘災精簡報告》（報告編號：NCREE-99-033），1999 年 12 月。

深秋南台盛事

1. 謝宗榮，〈驅瘟、逐疫、燒王船〉，《傳統藝術雜誌》，第 100 期。國立傳統藝術中心，2012 年 6 月，頁 94。

2. 黃文博，〈台南縣西港鄉慶安宮的「香醮文化」〉，《傳統藝術雜誌》，第 82 期。國立傳統藝術中心，2009 年 6 月，頁 105。

3. 林聖凱，〈從台灣民俗大展談王船祭典〉，《傳統藝術雜誌》，第 79 期。國立傳統藝術中心，2008 年 12 月，頁 39。

4. 謝宗榮，〈王爺－出風浪年‧東港王船祭〉，《新活水雜誌》，第 5 期。國家文化總會，2006 年 3 月，頁 39。

5. 謝宗榮，〈代天巡狩祈驅疫、王爺祭典〉，《新活水雜誌》，第 10 期。國家文化總會，2007 年 1 月，頁 52。

6. 《東港采風第四期》，庚辰正科東港迎王祭典特刊（東港鎮文史學會）。

7. 〈東港迎王祭典程序〉，陳進成提供。

8. 〈王船之美〉，鄭義隆提供。

9. 祭典資訊站，孔志明提供。

10. 〈宋江護鄉里神將安民心〉，陳進成提供。

參考文獻

第三章

1. 「故宮簡史」，國立故宮博物院官方網站，網址 www.npm.gov.tw

2. 于國華，〈推動文化產業，將闢五個創意園區〉，《民生報》，2002 年 4 月 30 日，A10。

3. 中華民國表演藝術協會，《台北市新興表演類藝術空間營運模式研究計畫成果報告（電子版）》，網址 www.ncafroc.org.tw

4. 行政院文化建設委員會，《95 年度區域型文化資產環境保存及活化計畫》。台北：行政院文化建設委員會，2006。

5. 行政院文化建設委員會，《文化政策白皮書》。台北：行政院文化建設委員會，1998。

6. 行政院文化建設委員會，「文建會 90 年度試辦閒置空間再利用實施要點」。台北：行政院文化建設委員會，2001。

7. 行政院文化建設委員會，「社區總體營造心點子創意計畫」。台北：行政院文化建設委員會，2001。

8. 行政院文化建設委員會，《舊空間新視野──推動閒置空間再利用操作參考手冊》。台北：行政院文化建設委員會，2003。

9. 辛晚教，《文化生活圈與文化產業》。台北：詹氏出版社，2005。

10. 辛晚教，《新竹文化生活圈調查之研究》。台北：行政院文化建設委員會，1996。

11. 辛晚教等，《全國文化生活圈整體規劃先期研究案──全國文化生活圈文化硬體（展演）設施發展綱要計畫》。台北：行政院文化建設委員會，1996。

12. 林天祐等，《台灣教育探源》。台北：國立教育資料館，2000。

13. 林會承，《台灣文化資產保存史綱》。台北：遠流出版事業股份有限公司，2011。

14. 張仁傑，〈文化中心〉，《台灣大百科全書》。台灣大百科全書網站：taiwanpedia.culture.tw

15. 張瓏，《台灣建築類文化資產保存之推動策略研究》，台灣大學高階公共管理組碩士論文，2005。

16. 陳其南，〈造人的永續工程──社區總體營造的意義〉，社區學院城市論壇。

17. 陳郁秀，〈全國文藝季〉，《台灣大百科全書》，台灣大百科全書網站：taiwanpedia.culture.tw

18. 陳郁秀，《鑽石台灣──多元歷史篇》。台北：玉山社，2010。

19. 曾永義，《台灣歌仔戲的發展與變遷》。台北：聯經出版公司，1988。

20. 曾梓峰，〈「推動閒置空間再利用相關法令之探討與研擬」之研究〉。

21. 黃水潭，《台灣閒置空間再利用文化政策評估：以台中二十號倉庫藝文空間為例》，東海大學公共事務研究所碩士論文，2002。

22. 黃國楨，〈文建會釋出五千五百萬試辦閒置空間〉，《自由時報》，2001 年 3 月 26 日，藝術特區。

23. 漢寶德，〈閒置空間再利用政策之檢討〉，國家政策研究基金會，網址：http://www.npf.org.tw/post/2/4332

24. 劉舜仁，〈超越建築──以藝術介入為基調之都市空間改造〉，《速度的政治經濟學：亞洲當代藝術論壇》（C06 台灣前衛文件展），2006，頁 86-91。

25. 劉舜仁，《台灣七大經典車站建築圖集》。台北：行政院文化建設委員會，2001。

26. 鄭晃二，《友善空間──創造對話的參與式營造》。台北：田園城市文化事業有限公司，2003。

27. 陳郁秀，《行政法人之評析－兩廳院政策與實務》。台北：遠流出版事業股份有限公司，2010。

28. 國家文化藝術基金會，網址 www.ncafroc.org.tw

29. 富邦藝術基金會，網址 www.fubonart.org.tw

第四章

1. 文化部，網址：www.moc.gov.tw

2. 文化部「台灣社區」，網址：www.moc.gov.tw

3. 文化部「地方文化館」，網址：http://superspace.moc.gov.tw

4. 文化環境基金會，《台灣社區總體營造的軌跡》。台北：行政院文化建設委員會，1999。

5. 台灣省手工業研究所，《「文化‧產業」研討會暨社區總體營造中日交流展論文集》。南投：台灣省手工業研究所，1995。

6. 台灣省政府建設廳手工業研究所，《社區總體營造：社區總體營造的理論與實務》。台北：行政院文化建設委員會，1995。

7. 申學庸，〈文化建設與社會倫理的重建〉，國民黨中常會報告，1993。

8. 仰山文教基金會、文化環境工作室，《1997 台灣社區總體營造博覽會紀事》。宜蘭：宜蘭縣文化中心，1997。

9. 行政院文化建設委員會，「社區總體營造心點子創意計畫」。台北：行政院文化建設委員會，2001。

10. 行政院主計處，〈重建區失業問題與對策專題報告〉，《人力資源月刊》，1999 年 10 月 -11 月。

11. 辛晚教，《文化生活圈與文化產業》。台北：詹氏出版社，2005。

12. 辛晚教，《新竹文化生活圈調查之研究》。台北：行政院文化建設委員會，1996。

13. 辛晚教等，《全國文化生活圈整體規劃先期研究案——全國文化生活圈文化硬體（展演）設施發展綱要計畫》。台北：行政院文化建設委員會，1996。

14. 林振春，〈終生學習與社區教育〉，《終生學習與教育改革》。台北：師大書苑，1996，頁 181-240。

15. 林會承，《台灣文化資產保存史綱》。台北：遠流出版事業股份有限公司，2011。

16. 翁徐得、宮崎清編著，《人心之華——日本社區總體營造的理念與實例》。南投：台灣省手工業研究所，1996。

17. 陳其南，〈造人的永續工程——社區總體營造的意義〉，「社區學院城市論壇」。

18. 陳國寧總編，《文建會社區博覽會與文化產業研討會專輯》（未出版），2001。

19. 陳錦煌，〈災後重建〉，《中國時報》，2004 年 9 月 23 日。

20. 陳錦煌，〈社區總體營造與文化產業振興策略〉，《全國社區總體營造博覽會紀事》。台北：行政院文化建設委員會，2003，頁 37-44。

21. 黃世輝，〈地域設計與區域活化——日本的地域振興政策〉，《文化創意產業與區域經濟發展研討會》。台北：研考會，2003 年 8 月 26 日。

22. 黃世輝，〈社區產業重建與文化產業發展〉，《勁草社區協力報》，第 3 期，2000 年 5 月 16 日，頁 7-9。

23. 楊敏芝，〈文化產業理論思潮與時代發展脈絡〉，《文化視窗》，第 38 期，2002，頁 38-45。

24. 楊敏芝，〈地方文化產業與地域活化互動模式研究——以埔里酒文化產業為例〉，國立台北大學都市計畫研究所博士論文，2002，頁 9。

25. 廖淑容、古宜靈、周志龍，〈文化產業生根與地方發展〉，《都市與計畫》，第 27 卷第 3 期，2000，頁 319-342。

參考文獻

26. 謝長廷，〈有健康的社區，才有健康的台灣〉，《台灣健康社區六星計畫說明書第二版》。台北：行政院文化建設委員會，2005。

27. 曾旭正，《新故鄉社區總體營造計畫修正研究報告》。台北：行政院文化建設委員會，未出版，2004 年。

第五章

1. 內政部營建署，「國土規劃法」，網址：www.cpami.gov.tw

2. 文康，〈台北畫廊的滄桑史〉，《藝術家》，第 49 期，1979，頁 27。

3. 方芷絮，〈文創政策發展策略〉，《2010 全國文化論壇文創系列北區座談會會議手冊》，2010 年 5 月 26 日，頁 17。

4. 王本壯，〈淺談文化生活圈〉，「台灣社區通」，2008 年 10 月 12 日，網址：http://sixstar.moc. gov.tw

5. 行政院文化建設委員會，《2004 年文化白皮書》。台北：行政院文化建設委員會，2004。

6. 行政院文化建設委員會，《台灣文化新思維》。台北：行政院文化建設委員會，2004。

7. 行政院文化建設委員會，「文化創意產業專刊」，第 0004 期，2010 年 3 月 23 日電子報，網址：http://www.cca.gov.tw/epaper.do?method=find&id=135

8. 文化部「地方文化館」，網址：http://superspace.moc.gov.tw

9. 文化部「視覺藝術業務說明」，網址：http://www.moc.gov.tw/business.do?method=list&id=21

10. 參見文化部網站：www.moc.gov.tw，以「磐石行動」關鍵字搜尋。

11. 克里斯・史密斯（Chris Smith），《創意英國》。台北：五觀藝術事業有限公司，2005。

12. 公務出國報告資訊網，「陳主任委員應邀赴法至法蘭西翰林院學院演講暨參訪文化資產遺跡出國報告」，網址：http://report.nat.gov.tw

13. 根本昭，《日本之文化政策──建構「文化政策學」》。東京：盡草書局，2000。

14. 涂榮華，〈台灣商業畫廊經紀方式之研究〉，《復興崗學報》，第 81 期，2004，頁 251-258。

15. 國立中正文化中心，《兩廳院經營誌──台灣表演藝術文創產業實務案例》。台北：國立中正文化中心，2010。

16. 國家文化總會，《國家文化總會簡介》。台北：國家文化總會，2005。

17. 許仟，《歐洲文化與歐洲聯盟文化政策》。台北：樂學書局有限公司，1999。

18. 陳郁秀，《鑽石台灣：多樣性自然生態篇》。台北：玉山社，2007。

19. 曾梓峰，〈德國埃姆瑟國際建築博覽會〉，頁 3。

20. 黃郁惠，〈胸懷千里・承志長流〉，《藝術家》，第 310 期，2001，頁 190。

21. 經濟建設委員會，「挑戰 2008：國家發展重點計畫」，網址：http://www.cepd.gov.tw/m1.aspx?sNo=0001539&ex=1&ic=0000015

22. 行政院經濟建設委員會，網址：www.cepd.gov.tw

23. 聯合國教科文組織，網址：www.unesco.org

24. 露絲・溫斯樂（Ruth Rentschlen），《文化新形象／藝術管理》，羅秀吉譯。台北：五觀藝術事業有限公司，2003。

25. Jouanny, Robert. Dictionnaire culturel de la France au xx Siecle. Paris: Belin, 2008.

26. Moulinier Piere. L'evaluation au service des politiques culturelles. Paris: La Pocumentation francaise, 1994.

27. Moulinier, Pierre. Les politiques puliliques de la culture en France. Paris:Presses Universitairs de France, 1999. 3e edition mise a jour:2005 aout.

28. Mounnier, Gerard. L'art et ses institutions en France. Paris: Editions Gallimand, 1995.

29. Queyrane, Jean-Jack. Pour la culture. Lyon: Edition Stephane Baches, 2007.

第六章

1. 文化部「台灣社區通」，網址：http://sixstar.moc.gov.tw

2. 文化部「地方文化館」，網址：http://superspace.moc.gov.tw

3. 王鑫，《台灣地理學習百科》。台北：遠足文化，2007。

4. 王鑫，《台灣的特殊地景：南台灣》。台北：遠足文化，2004。

5. 王鑫，《台灣的特殊地景——北台灣（新版）》。台北：遠足文化，2009。

6. 行政院文化建設委員會，《文化白皮書》。台北：行政院文化建設委員會，2004。

7. 李淳陽，《昆蟲知己》。台北：遠流出版，2011。

8. 李淳陽，《昆蟲觀察三書（李淳陽昆蟲記＋蝴蝶 100 ＋鍬形蟲 54）》。台北：遠流出版，2006。

9. 周婉窈，《台灣歷史圖說（史前至 1945 年）》。台北：聯經出版公司，1997。

10. 周婉窈，《台灣歷史圖說（增訂本）》。台北：聯經出版公司，2009。

11. 袁青等，《時尚的樣子：不服輸的台灣衣裝史》。台北：行政院文化建設委員會。

12. 國立台中圖書館「公共圖書館家族」，網址：http://www.ntl.gov.tw/LibMap.aspx

13. 國家文化總會，《文化印記 2005-2008》。台北：國家文化總會，2008。

14. 國家文化總會，《劃破時空 看見台灣來時路》。台北：國家文化總會，2008。

15. 國家文化總會，《總統文化獎實錄》（第 1 屆至第 4 屆）。台北：國家文化總會。

16. 陳郁秀，《鑽石台灣：多元歷史篇》。台北：玉山社，2010。

17. 陳郁秀，《鑽石台灣：多樣性自然生態篇》。台北：玉山社，2007。

18. 陳郁秀編著，《文化台灣》。台北：行政院文化建設委員會，2004。

19. 陶福媛、鄭嘉蕙，《衣飾風華：2003 台灣衣 Prarty》。台北：行政院文化建設委員會。

20. 廖嘉展，《老鎮新生》。台北：遠流出版，1996。

21. 《新活水》雙月刊，創刊號至 21 期。

22. 《文化視窗》。

23. 國立中正文化中心，《兩廳院經營誌－台灣表演藝術文創產業實務案例》。台北：國立中正文化中心，2010。

24. 李道明，〈光影寫國族，前仆後繼－台灣電影的關鍵年代〉，《新活水雙月刊第 18 期》。台北：國家文化總會，2008。

25. 雲門舞集（網址）：www.cloudgate.org.tw

26. 優人神鼓（網址）：www.utheatre.org.tw

27. 紙風車文教基金會（網址）：www.paperwindmill.com.tw

圖片來源與致謝

第一章

第 035 頁　文建會成立◎文化部
第 038 頁　文建會主委交接◎白鷺鷥文教基金會；
　　　　　米龍◎白鷺鷥文教基金會；
　　　　　文資法修法完成◎文化部
第 042 頁　文化部成立◎文化部

第二章

第 048 頁　火化王船◎謝宗榮
第 050 頁　卑南玉玦◎國立臺灣史前文化博物館
第 052 頁　赤崁樓◎林會承
第 054 頁　彰化孔廟◎林會承
第 055 頁　鹽水八角樓◎林會承
第 061 頁　鹿港龍山寺◎林會承
第 071 頁　澎湖花宅◎林會承
第 085 頁　松園別館◎白鷺鷥文教基金會；
　　　　　集集車站◎吳志學；
　　　　　太子賓館◎瓜山國小；
　　　　　玫瑰天主堂◎白鷺鷥文教基金會
第 086 頁　馬祖芹壁◎郭娟秋／遠流出版事業股份有
　　　　　限公司
第 093 頁　西港慶安宮◎黃丁盛；
　　　　　東港東隆宮◎黃丁盛
第 094 頁　西港刈香◎謝宗榮
第 096 頁　王船遶船◎陳昭廷
第 099 頁　修護洞窟手印◎白鷺鷥文教基金會；
　　　　　修護洞窟防塵服◎白鷺鷥文教基金會
第 101 頁　梵谷咖啡廳◎白鷺鷥文教基金會
第 102 頁　聖保羅療養院◎白鷺鷥文教基金會；
　　　　　療養院說明牌◎白鷺鷥文教基金會
第 105 頁　梵谷自畫像◎白鷺鷥文教基金會翻攝

第三章

第 110 頁　臺灣歷史博物館◎國立臺灣歷史博物館
第 113 頁　李騰芳古厝◎廖泰基；
　　　　　林安泰古厝◎廖泰基；
　　　　　林家花園◎侯聰慧；
　　　　　臺灣博物館◎國立臺灣博物館；
　　　　　淡水紅毛城◎新北市立淡水古蹟博物館
第 115 頁　故宮博物院◎國立故宮博物院；
　　　　　國父紀念館◎國立國父紀念館；
　　　　　歷史博物館◎國立歷史博物館
第 119 頁　兩廳院◎許斌
第 124 頁　窄門咖啡館◎古宜靈；
　　　　　鹿角枝咖啡屋◎古宜靈
第 129 頁　北美館◎臺北市立美術館；

臺灣文學館◎林柏樑／國立臺灣文學館；
臺灣美術館◎侯聰慧；
臺灣歷史博物館◎國立臺灣歷史博物館；
傳藝中心◎吳志學
第 131 頁　嘉義表演藝術中心◎嘉義縣表演藝術中心
第 135 頁　解嚴遊行◎劉振祥
第 137 頁　新人新視野◎劉振祥；
　　　　　台灣藝極棒◎文化部；
　　　　　東鋼駐廠作品（兩張）◎劉柏村／國家文
　　　　　藝基金會
第 139 頁　粉樂町徐瑩醫作品◎富邦藝術基金會；
　　　　　海蒂・渥特作品◎富邦藝術基金會；
　　　　　粉樂町 DM◎富邦藝術基金會；
　　　　　藝術家阿咧◎富邦藝術基金會；
　　　　　張子隆作品◎富邦藝術基金會
第 140 頁　雲門《花語》◎林敬原
第 142 頁　紙風車劇團演出◎紙風車文教基金會

第四章

第 153 頁　宜蘭童玩節◎宜蘭縣文化局
第 154 頁　來吉部落木雕◎阿里山來吉部落；
　　　　　茶山破布子◎茶山社區發展協會
第 159 頁　秀林西寶國小◎大藏聯合建築師事務所；
　　　　　水里民和國小◎林洲民／仲觀聯合建築師
　　　　　事務所；
　　　　　內湖國小◎張宏仁／南投鹿谷內湖國小；
　　　　　潭南國小◎劉俊傑／姜樂靜建築師事務所
第 161 頁　北門燒蚵灰◎侯聰慧；
　　　　　太平社區竹編◎白鷺鷥文教基金會；
　　　　　小米◎王煒昶
第 167 頁　十三行博物館◎新北市立十三行博物館；
　　　　　鶯歌陶博館◎吳志學
第 169 頁　七星柴魚博物館◎吳志學；
　　　　　瓦盤鹽田◎侯聰慧；
　　　　　娃娃產業文化館◎新北市泰山區公所；
　　　　　蘆洲李宅開筆啓蒙◎許家榛／勞委會多元
　　　　　就業開發方案北基宜花金馬區就業服務中
　　　　　心；
　　　　　蘆洲李宅◎勞委會多元就業開發方案北基
　　　　　宜花金馬區就業服務中心
第 170 頁　七股鹽田◎吳志學
第 173 頁　六龜健康計畫◎王國良／農委會；
　　　　　磺潭社區◎勞委會多元就業開發方案北基
　　　　　宜花金馬區就業服務中心
第 178 頁　海安路◎臺南市文化局

圖片來源與致謝

	福佬說唱 © 謝三泰
第 243 頁	原住民 © 王煒昶
	客家衫走秀 © 白鷺鷥文教基金會
第 244 頁	原住民（六張）© 王煒昶
第 245 頁	原住民服飾（四張）© 王煒昶
第 246 頁	郭英男 © 潘小俠
	阿美族（三張）© 王煒昶
	泰雅族（五張）© 王煒昶
第 247 頁	布農族（三張）© 王煒昶
	排灣族（三張）© 王煒昶
第 248-249 頁	媽祖（四張）© 何培夫
	河洛漢人 © 白鷺鷥文教基金會翻攝
	客家野台戲 © 鄧南光／鄧世光
	上香 © 王永慶
	四四南村 © 吳志學
	義民廟 © 邱彥貴
	鍾屋夥房 © 中央通訊社
第 250 頁	翻脊與馬背 © 郭娟秋／遠流出版事業股份有限公司
第 251 頁	花窗造型 © 郭娟秋／遠流出版事業股份有限公司
第 252 頁	雲門《行草》© 劉振祥
第 254 頁	新古典舞團 © 李銘訓／新古典舞團
	光環舞集 © 李銘訓
	原舞者 © 李銘訓
	台北民族舞團 © 台北民族舞團
	太古踏舞團 © 太古踏舞團
第 255 頁	樊潔兮 © 柯錫杰
	無垢舞蹈劇場 © 無垢舞蹈劇場
	許芳宜 © 劉振祥
	羅曼菲 © 劉振祥
第 256 頁	陳冠華 © 白鷺鷥文教基金會
	王心心 © 陳鵬昌／心心南管樂坊
	邱火榮 © 林國彰／亂彈嬌北管劇團
	楊秀卿 © 白鷺鷥文教基金會
第 257 頁	陳慶松 © 鄭榮興
	原住民樂器 © 林道生／白鷺鷥文教基金會
第 258 頁	歐蘭朵 © 林敬原
	綠光劇團 © 綠光劇團
	果陀劇場 © 果陀劇場
	優人神鼓 © 優人文化藝術基金會
第 259 頁	表演工作坊 © 王錦河
	屏風表演班 © 王錦河
	當代傳奇 © 當代傳奇劇場
	紙風車劇團 © 紙風車文教基金會
	金枝演社 © 金枝演社劇團
第 260 頁	廖瓊枝 © 周文郁
	唐美雲 © 唐美雲歌仔戲團
	孫翠鳳 © 明華園戲劇團
	楊麗花 © 許斌
第 261 頁	皮影戲 © 遠流出版事業股份有限公司
	黃海岱 © 廖俊龍
	李天祿 © 白鷺鷥文教基金會
	國光劇團 © 劉振祥
	臺灣豫劇團 © 國立傳統藝術中心臺灣豫劇團
	榮興客家 © 鄭榮興
第 263 頁	黃土水 © 臺北市立美術館
	林玉山 © 林柏亭
	廖繼春 © 臺北市立美術館
	陳慧坤 © 白鷺鷥文教基金會
第 265 頁	林惺嶽 © 林惺嶽
	廖修平 © 廖修平
	劉國松 © 劉國松
	黃心健 © 黃心健
	楊英風 © 楊英風藝術教育基金會
	朱銘 © 朱銘美術館
第 267 頁	荔枝、楊桃 © 熙田廣告股份有限公司
	香蕉 © 俠林國際藝術設計股份有限公司
第 268 頁	新香米 © 柯乃文
	紅蟳油飯 © 劉慶隆
	三星蔥 © 柯乃文
	烏魚子 © 侯聰慧
第 269 頁	衣 party（兩張）© 中華民國織品服飾設計師協會
	台灣文創博覽會 © 中華民國織品服飾設計師協會
第 270 頁	石板屋 © 黃丁盛
	桃園神社 © 康鍇錫
	圓山飯店 © 左右設計股份有限公司
	濟南長老教會 © 遠流出版事業股份有限公司
	路思義教堂 © 謝三泰
	信義計畫區 © 空中攝影：齊柏林／台灣阿布電影股份有限公司
第 271 頁	溪頭竹廬 © 宗邁建築師事務所
	閩南聚落 © 金門縣政府
第 272 頁	華航 © 吳志學
	微笑單車 © 白鷺鷥文教基金會
	台灣高鐵 © 片倉佳史
	太魯閣號 © 莊幃鈞
	台北捷運 © 吳志學
第 273 頁	高雄港 © 交通部高雄港務局
	水社碼頭 © 吳志學

第 275 頁　鄧麗君 ◎ 鄧麗君文教基金會
　　　　　鳳飛飛 ◎ 江燕偉
　　　　　江蕙 ◎ 阿爾發音樂股份有限公司
　　　　　伍佰 ◎ 月光音樂有限公司
　　　　　閃靈 ◎ Freddy
第 277 頁　李行 ◎ 李行
　　　　　胡金銓 ◎ 財團法人國家電影資料館
　　　　　楊德昌 ◎ 彭鎧立
　　　　　侯孝賢 ◎ 潘小俠
　　　　　蔡明亮 ◎ 汯呄霖電影工作室
　　　　　李安 ◎ 歐新社
　　　　　臉 ◎ 汯呄霖電影工作室
　　　　　悲情城市 ◎ 年代網際事業股份有限公司
　　　　　海角七號 ◎ 果子電影有限公司
第 280-281 頁　駁二 ◎ 姚信伊
第 282 頁　高雄電影館 ◎ 吳志學
第 283 頁　台北光點 ◎ 財團法人台灣電影文化協會
　　　　　新竹影像館 ◎ 廖宇逸
第 286 頁　文創博覽會 ◎ 白鷺鷥文教基金會
第 288 頁　蜻蜓雅築 ◎ 蜻蜓雅築珠藝工作室
　　　　　木雕 ◎ 黃丁盛
　　　　　八家將圍巾 ◎ 潘黛麗 / 白鷺鷥文教基金會
　　　　　巫瑪斯 ◎ 潘小俠
　　　　　蝴蝶蘭胸針 ◎ 曾郁雯 / 白鷺鷥文教基金會
　　　　　Yuli Taki ◎ 連美惠
第 289 頁　鋼筆與手札 ◎ 自由落體設計公司
　　　　　金玉滿堂 ◎ 白鷺鷥文教基金會
　　　　　戲夢人生 ◎ 林磐聳
　　　　　玫瑰騎士 ◎ 侯聰慧
　　　　　竹椅 ◎ 國立臺灣工藝研究發展中心
第 290 頁　未來之眼 ◎ 蕭青陽 / 國立中正文化中心
　　　　　紀錄片雙年展 ◎ 文化部
　　　　　國際讀劇節 ◎ 中央通訊社
　　　　　童玩藝術節 ◎ 宜蘭縣文化局
　　　　　貨櫃藝術節 ◎ 林志銘
第 291 頁　海洋音樂祭 ◎ 蕭青陽
　　　　　里昂藝術節 ◎ 白鷺鷥文教基金會
　　　　　泰國國際書展 ◎ 駐泰國台北經濟文化辦事處
　　　　　亞維儂藝術節 ◎ 無垢舞蹈劇場
　　　　　亞太傳統藝術節 ◎ 陳衍吟
　　　　　德藝百年 ◎ 白鷺鷥文教基金會
第 292 頁　台灣燈會 ◎ 台達電子文教基金會
　　　　　放風箏 ◎ 謝三泰
第 293 頁　中華棒球隊 ◎ 中時網路科技股份有限公司
　　　　　國際電腦展 ◎ 台北市電腦商業同業公會
　　　　　夜市 ◎ 侯聰慧

青田七六 ◎ 黃金種子文化事業有限公司
誠品書店 ◎ 陳瑞憲
茶園 ◎ 廖泰基
霹靂布袋戲 ◎ 侯聰慧
電音三太子 ◎ 黃丁盛
簡單生活節 ◎ 白鷺鷥文教基金會
第 294-295 頁　跨年煙火 ◎ 吳志學
第 296 頁　燈籠 ◎ 自由落體設計公司
第 299 頁　台灣紅（10 張）◎ 自由落體設計公司
第 303 頁　龜山島 ◎ 空中攝影：齊柏林 / 台灣阿布電影股份有限公司
　　　　　台灣青（6 張）◎ 自由落體設計公司
第 307 頁　旱季的金門 ◎ 林惺嶽
　　　　　曬柿餅 ◎ 黃丁盛
　　　　　北港朝天宮 ◎ 白鷺鷥文教基金會
　　　　　101 避震球 ◎ 俠林國際藝術設計有限公司
　　　　　金針花 ◎ 俠林國際藝術設計有限公司
　　　　　香蕉 ◎ 俠林國際藝術設計有限公司
　　　　　芒果冰 ◎ 柯乃文
　　　　　鳳梨 ◎ 葉伶芳
第 308-309 頁　新屋稻田 ◎ 傅寶玉
第 311 頁　桃米生態村 ◎ 白鷺鷥文教基金會
　　　　　千人立柱 ◎ 顏新珠
第 313 頁　鄒族歌舞 ◎ 吳志學
　　　　　達娜伊谷 ◎ 吳志學
第 314 頁　金華社區（2 張）◎ 台南市南區金華社區發展協會
第 315 頁　牛犁社區（2 張）◎ 牛犁社區交流協會
第 316 頁　西門紅樓 ◎ 吳志學
第 317 頁　本山五坑 ◎ 新北市立黃金博物館
第 319 頁　彩雲呈祥 ◎ 新北市立鶯歌陶瓷博物館
　　　　　鶯歌陶博館 ◎ 新北市立鶯歌陶瓷博物館
第 320 頁　華陶窯 ◎ 華陶窯
第 321 頁　葫蘆墩（2 張）◎ 葫蘆墩編織工藝館
第 323 頁　駁二（2 張）◎ 吳志學
第 324 頁　獅子鄉（2 張）◎ 屏東縣獅子鄉公所
第 325 頁　松園別館 ◎ 吳志學
　　　　　詩歌節 ◎ 吳志學
第 326 頁　布農耆老 ◎ 白鷺鷥文教基金會
　　　　　內本鹿 ◎ 布農文教基金會
第 328-329 頁　蘭陽博物館 ◎ 吳志學
第 330 頁　北投圖書館 ◎ 吳志學
第 331 頁　壯圍圖書館 ◎ 侯聰慧
第 332 頁　古坑圖書館 ◎ 白鷺鷥文教基金會

國家圖書館出版品預行編目資料

文創大觀1：臺灣文創的第一堂課／陳郁秀，林會承，方瓊瑤 著.
-- 初版. -- 臺北市；先覺，2013.07
352 面；17×23公分. --（Creative系列；1）
ISBN 978-986-134-213-9（平裝）
1.文化產業 2.創意 3.臺灣

541.2933   102006794

The Eurasian Publishing Group
圓神出版事業機構
用心與你對話·美好無限寬廣

先覺出版社
Prophet Press

http://www.booklife.com.tw   inquiries@mail.eurasian.com.tw

Creative系列 01

文創大觀1——台灣文創的第一堂課

作　　者／陳郁秀、林會承、方瓊瑤
策　　畫／財團法人白鷺鷥文教基金會
發 行 人／簡志忠
出 版 者／先覺出版股份有限公司
地　　址／台北市南京東路四段50號6樓之1
電　　話／(02) 2579-6600·2579-8800·2570-3939
傳　　真／(02) 2579-0338·2577-3220·2570-3636
郵撥帳號／19268298　先覺出版股份有限公司
總 編 輯／陳秋月
資深主編／李美綾
特約文字編輯／張晴文
責任編輯／賴淑惠·李美綾
美術編輯／金益健
行銷企畫／吳幸芳·涂姿宇
印務統籌／林永潔
監　　印／高榮祥
排　　版／陳采淇
經 銷 商／叩應股份有限公司
法律顧問／圓神出版事業機構法律顧問　蕭雄淋律師
印　　刷／國碩印前科技股份有限公司
2013年7月　初版

定價 430 元　　　　ISBN 978-986-134-213-9